JN256487

慶應義塾大学出版会

Tandroy Malagasy

Descriptive Grammar, Text and Cultural Vocabulary

〈茨の国〉の言語

マダガスカル南部タンルイ語の記述

西本希呼

Nishimoto Noa

はじめに　〈茨の国〉へ

アフリカ南東部、西インド洋にある島、マダガスカル共和国。「アフリカに一番近いアジア」、「生物多様性のホットスポット」、「星の王子様に出て来るバオバブがそびえ立つ島」、「世界で４番目に大きな島国」などなど、さまざまな視点から形容され注目されている国である。

その最南端にタンルイ族が暮らしている。「タンルイ」ないし「アンタンルイ」とは、「棘のある地域、茨の土地」という意味である。その地域名から、民族名はタンルイ族と呼ばれる。タンルイは、降雨量がきわめて少ない乾燥地帯で、頻繁に飢饉に見舞われるため、タンルイ族は、水を求めて何十キロも歩く。

タンルイ族は必ずナイフを持って歩く。道すがら、サボテンの実や、マルーラの実を見つけたときに、それを確保するためや、ラヴィナラ（旅人の木）から水分を得るためだ。

このような厳しい自然環境と、マダガスカルの最南端に位置し、アクセス困難な土地であることから、タンルイはこれまで植民地時代の宗主国フランスや、マダガスカルの支配的民族メリナ族からの侵略を一度も受けることがなかった。マダガスカルには、20以上の民族がいるとされるが、皆マダガスカル語（マラガン語）を母語として話す一方で、自然環境に適応した独自の言語（方言）と文化を持つ。たとえば、メリナ族はメリナ語、タンルイ族はタンルイ語、というふうに。

マダガスカルで、ほかの民族は、タンルイ語と聞くと、口をそろえて「タンルイ語はほかのマダガスカル語とは違う、特殊で難しい」と言う。一方、タンルイ族は自身の言語と慣習に誇りをもち「私たちは独自の言語を話す、伝統文化を厳格に守り、次世代へ残していく。私たちの言語を他の民族は理解しない」と言う。言語学的には、「難しい言語」「特殊な言語」というのは存在しない。しかし、マダガスカル人のタンルイ語への主観的なコメントは、無視できない。一般的に「より複雑な構造、仕組み」をもつ言語は、「古い形」を保持している可能性が高い。さらに、タンルイ語は文字のない言語であり、言語学者による研究もほぼ行われてこなかったのである。

筆者は2006年から、タンルイ語の調査をはじめた。先行研究や資料が限られていたことから、ゼロから、タンルイ語の音、単語、文、表現、民話を集め、書き起こし、分析と記述を行った。タンルイ族の研究協力者とともに調査を続けてきて感じたことは、彼らの「忍耐力」である。ほかのどの民族よりも、彼らには忍耐力、持久力があり、面倒な調査にも、長時間にわたる調査にも我慢強くつきあってくれた。厳しい自然環境での生活に加え、タンルイ族の子どもへの教育で最重視されている「リンガ（格闘技、筋肉を鍛えるもの）」が磨き上げた魂によるものか。

本書ではそんな彼らの言語を記述する。本書で扱う単語、派生語、例文、民話とその対訳、諺や文化語彙はすべて、筆者がタンルイ族との調査で得た一次資料である。

マダガスカル各地でランバフアニという服として腰に巻く一枚布に、マダガスカル語で短い言葉が印字されて路上や市場で売られている。マダガスカル人は、直接的に思いを伝えることを避ける。そのため、彼らは相手に伝えたい思いが書かれたランバフアニを選んで贈るのだ。たとえば、泥棒には「悪事に罰はつきもの」、親には「愛してくれて幸せ」、村を出る人には「遠く離れても心は近い」という風に。毎朝7時から一緒に熱心に調査をしてくれた研究協力者が、帰国する前に私に贈ってくれたランバフアニに書かれていた言葉は「ザフ　ツィ　キヴィ（決してあきらめない）」。現地へ赴き、資料のない言語を話者と向き合って、ゼロから記述する作業は長期戦である。私は決してあきらめることなく、これからも研究を続けていこうと思う。

西本希呼

目　次

第３章　品詞の分類 ——— 61

序　章　マダガスカルの言語と民族

1.　マダガスカルの言語と民族

2.　〈茨の国〉の言語――マダガスカル南部タンルイ語

3.　タンルイ語を記述する

4.　本書の目的

本章では、はじめに、マダガスカルと東南アジアとの歴史・文化的繋がりについて具体的な単語の例と筆者のインドネシアでの体験談を交えて解説する。次に、多言語社会であるマダガスカルの国語・公用語問題について述べ、南部の公立小学校での現地調査を報告する。最後に、本書の主題である〈茨の国〉の言語とは何かを詳しく説明し、本書の学術的意義、研究方法、筆者が本書を通じて伝えたいことを述べる。

1. マダガスカルの言語と民族

1.1 マダガスカルと東南アジアとの歴史的・文化的連続性

マダガスカルは、「アフリカにもっとも近いアジアの国」と言われている。日本の約1.6倍の面積を持ち、世界で4番目に大きな島国である。言語、文化、民族ともに、東南アジアやオセアニアの島嶼国（ポリネシア、メラネシア、ミクロネシア）と歴史的連続性を持つ。これは、台湾の原住民の人びとが6000年前に南下して、西はマダガスカル、南はニュージーランドのマオリ、東はイースター島へと、航海術を使って民族移動を行ったことに起因する。一説によると、マダガスカル西南海岸沿いに住む漁民ヴェズ族（Vezo）の民族名の由来は、インドネシアの漂海民Bajauもしくは Bajoにあると言われている（崎山 2009）。

マダガスカルで話されている言語は、台湾とインドネシア、フィリピンといった東南アジア島嶼部、タヒチ、サモア、トンガなどのオセアニア地域で話されている言語と共通の祖先を持つものであり、それらはすべて1つの語族、オーストロネシア語族（Austronesian family, Austro- 南の、-nesia 島々）に属している。それらの言語が話されている地域、オーストロネシア語圏を地図1に示す。

マダガスカルは、地理的にはアフリカ大陸の東海岸に位置しているのに、

地図１　オーストロネシア語圏

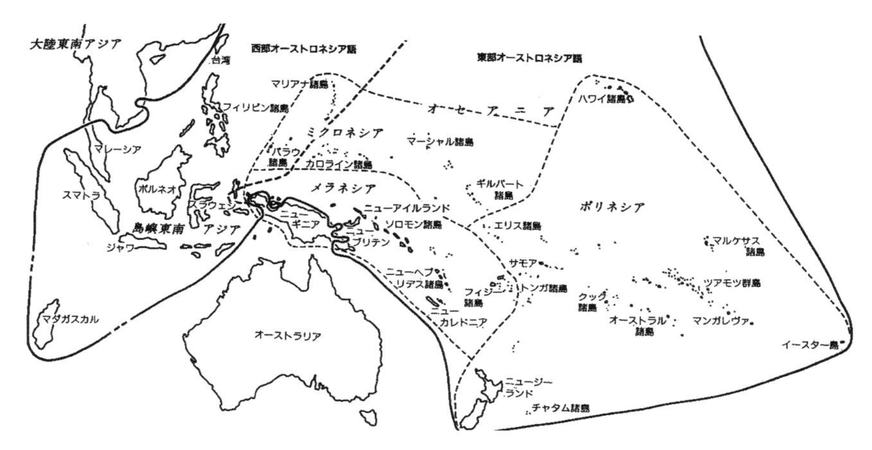

出典：ピーター・ベルウッド（1989）『東南アジアとオセアニアの人類史』法政大学出版局、（翻訳）植木武・服部研二。

遠く離れた東南アジアの島嶼部や、オセアニア地域と同系統の言語であることは、なかなか想像がつかないかもしれない。数詞の対応の例（第６章参照）がわかりやすいので、筆者がバリ島（インドネシア）へ調査に行った時の実体験を少し紹介したい。バリ島ではバリ語が話されているが、インドネシアの公用語は、バハサ・インドネシア（bahasa Indonesia）である。略してバハサと呼ばれている。屋台で片言のバハサを習いながら食事をしているとき、筆者はついうっかりマダガスカル語を話してしまった。支払いで数を数えていたときに、それが通じたのだ。もちろん、マダガスカル語話者は、バリ語やバハサをはじめとするインドネシアの諸言語を話す人びとと意思疎通はできない。しかし、それぞれ共通の祖先を持つ言語であるだけに、単語レベルで聞いてわかる言葉がたくさんある。指示詞（ここ、あそこ）も、おおよそ、言っていることがわかる。筆者がマダガスカル語の数詞を言ってしまったとき、バリ島の人からは、「ジャワ島から来たのか？」と言われた。

マダガスカル語（マラガシ語とも呼ばれるが、本書ではマダガスカル語と呼ぶ）は、マダガスカルの国民約2440万人（Central Intelligence Agency 2016）に話されている。マイヨット島（コモロ諸島、フランス海外県）では地域言語として話されている。

マダガスカル語が東南アジアの言語と関連性があることは、1603年のハウトマン（Houtman）によるマレー語－マダガスカル語単語集の頃から知られていた。20世紀になり、Dahl（1951）によって、マダガスカル語がインドネシアのカリマンタン島で話されているマアニャン（Ma'anjan）語が最も系統の近い言語ではないかという仮説が提示された。その後、Dyen（1953）、Dahl（1991）、Adelaar（1988, 1995a, 1995b）等による検証が進み、マダガスカル語がカリマンタン島で話されているマアニャン語を含む東南バリト語群に属する言語であることが有力な説となった。

マダガスカル語には、民族移動や貿易により、ジャワ語、サンスクリット語、アラビア語、バンツー諸語、旧宗主国のフランス語、最近では英語など多様な言語からの借用語がある。曜日名や月の呼び方は、アラビア語起源の言葉である（第7章参照）。Razafintsalama（1928）によるサンスクリット語起源の語とマレー語、マダガスカル語の対応語、スワヒリ語からの借用語を表1に示す。借用語の痕跡をもとに、それらの検証が進められているが、Dahl（前掲書）によれば、5世紀頃に、オーストロネシア語族の話者がこの地に移住したとされる。一方、Adelaar（1995）は、7世紀から13世紀にかけて話者が移住したとし、経路や移住時期については諸説ある。

言語だけではない。マダガスカルが、東南アジアやオセアニアの島嶼地域と歴史的・文化的連続性があることは、人類学的、考古学的、遺伝子学的側面からも明らかになっている（Bellwood 1997; Bellwood, Hurkes *et al*. 2005; Fox and Tryon 2006; Blust 2013; Kusuma *et al*. 2015; Brucato *et al*. 2016）。

たとえば、食事に関して言えば、いまもなお、インドネシア、台湾、フィリピンと同様に、主食は米である。幸い、日本人にとってマダガスカルの食事はすぐに受け入れやすいものだと思われる。4世紀以後に、アジア稲作圏の東南アジア島嶼部から、マレー系の人びとが移動し、アジアイネ（熱帯ジャポニカ）をマダガスカルにもたらし、その後、何回にもわたる航海によって、稲のみならず、東南アジア島嶼部の古い時代の稲作技術が伝わったとさ

表１　マレー語、サンスクリット語、マダガスカル語（メリナ語、タンルイ語、ほか地域の言語）の対応（Razafintsalama 1928）

マレー語	サンスクリット語	マダガスカルの諸言語
putih 白い	puti 純化	fotsy（メリナ語）白い oty（タンルイ語）白い
udang 雨	udan 雨	orona（メリナ語）雨 oroñe（タンルイ語）雨
lila 娯楽	lila 娯楽	lila（メリナ語）娯楽
samba 挨拶	samba 幸せ、幸運	sambatse（タンルイ語）嬉しい
dasa 10	dasa 10	dasa（サカラヴァ語）10
penuh 満杯	purna 満杯、豊富	feno（メリナ語、タンルイ語）満杯、いっぱい

表２　スワヒリ語からの借用語（前掲書）

スワヒリ語	マダガスカル語
ngombe 牛	omby（メリナ語、タンルイ語、マダガスカル全域）牛 agnombe（タンルイ語）牛
kuba 米粉	koba（メリナ語）米粉
kondo 羊	hondry（メリナ語）羊
mbua 犬	amboa（タンルイ語）犬
mbuzi 山羊	osy（メリナ語）山羊
mufu ケーキのかけら	mofu（メリナ語、ほか）パン
kanzu 服	akanju（メリナ語）服
ndia 道	dia（メリナ語）旅行、lia（タンルイ語）旅行

＊スワヒリ語からの借用語には、動物を表す語が比較的多く見られる。

れる（田中 2013）。マダガスカルの空港から首都アンタナナリヴまで走ること１時間、辺りには水田稲作が広がっていて、道端では人びとが七輪でお米を炊いている光景が目に入る。民宿ではお粥（vary sosoa）を朝食に出してくれる。海岸にアウトリガー・カヌーがある光景は、トンガやタヒチといったオセアニアの各地に見られるし、またマダガスカルやオセアニアの地域言語の解説書に使われる用例に「カヌー」の語が含まれることも多々あるのだ。

1.2 マダガスカルの言語多様性

マダガスカルにはマダガスカル語のさまざまな言語を母語として話す、約20以上の民族集団が存在する（地図2）。マダガスカル語のほかに、移民の言語として、アラビア語、中国語、フランス語をベースとした、モーリシャス・クレオール語やレユニオン・クレオール語、ニジェール・コンゴ語族のコモロの諸言語が話されている（Ethnologue 2017）。また、かつてアラブ系の商人との交易が盛んであったため、南東海岸で話されるアンタイムル（Antaimoro）語は、Sorabe（「大きな文字」という意味）と呼ばれるアラビア文字によって書記化され、伝統医療・呪術・歴史・占星術などの保存に用いられてきた。しかし、彼らはアラビア語を話せるわけではない。あくまでも、アンタイムルの地域言語の音声がアラビア文字によって記録されたのである。19世紀初頭に西洋からの宣教師がキリスト教を伝播する目的でラテン文字（英語などに使われているa, b, c …）を用いて以来、首都近郊で話されるメリナ語の書記化が進んだ。今日の新聞やテレビで用いられるマダガスカル語標準語は、メリナ語を基盤にしている。一般にマダガスカル語として入手可能な資料はメリナ語を基盤としたマダガスカル語標準語である。しかし、マダガスカル語標準語はあくまでも、テレビ、ラジオ、新聞、雑誌、教科書で使われる言語である。マダガスカル人のほとんどが、それぞれの地域言語と標準語のバイリンガルか地域言語のモノリンガルであり、農村部に行くと標準語は通じない。聾啞者は、マダガスカル手話を話すが、マダガスカル手話はノルウェー手話の影響を受けたものと言われている。後ほど詳述するが、マダガスカルの国語はマダガスカル語である。近隣の村に系統の異なる言語がいくつも存在するアフリカ諸国と比べると、マダガスカル国内では、マダガスカル語という単一系統の言語のみが話されている点に注目が集まる。

その一方で、マダガスカルには、熱帯雨林気候、熱帯モンスーン気候、サ

地図２　マダガスカルの民族分布　Dahl（1991）をもとに筆者が編集

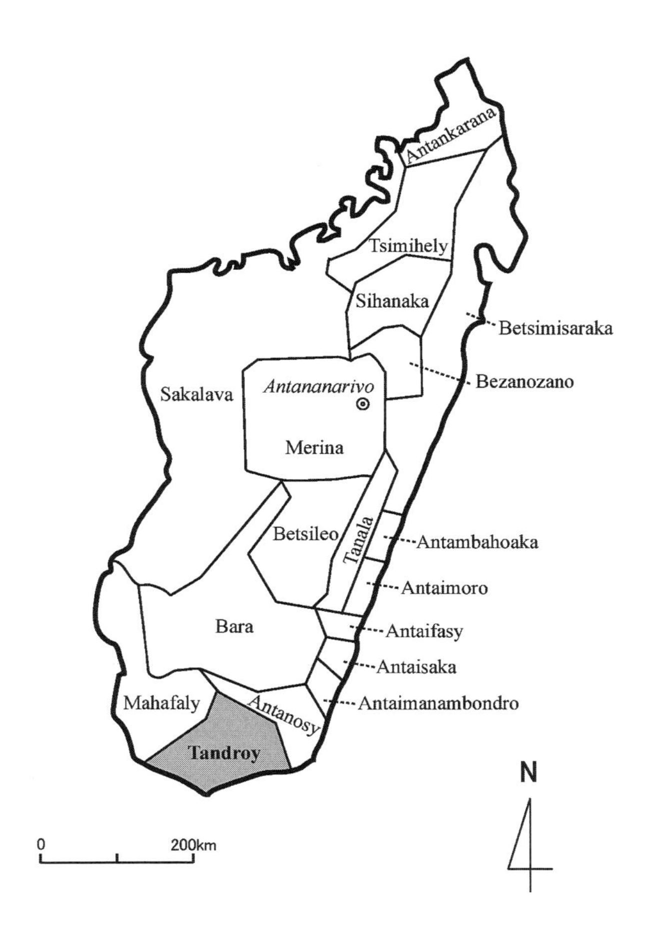

バンナ気候、砂漠気候、ステップ気候、温帯夏雨気候、西岸海洋性気候、温暖湿潤気候など、さまざまな気候が幅広く分布しており、それぞれの民族がさまざまな自然環境に適応して、独自の文化を保持して暮らしている。そういった地域それぞれの多様な生活様式や文化、伝統、動植物に関する豊かな知識は言語に生き生きと映し出される。だが、こうしたマダガスカルの言

語・文化的な多様性は、マダガスカル人とマダガスカルで研究をする一部の研究者を除けば、あまり知られてはいない。それぞれの民族や地域言語の研究が進んでおらず、資料が乏しいこともあり、マダガスカル諸言語の研究は発展途上にある。

フランス語で現地語を言う場合、「方言」と現地の人は言う。マダガスカル語で現地語を言う場合は、teny「言葉」という語に民族名を修飾語として用いて「～語」と呼ぶ。つまり、本書が対象とするマダガスカル南部のタンルイ族の場合、フランス語ではその言葉を「タンルイ方言 dialecte Tandroy」と呼ぶが、マダガスカル語標準語では teny Tandroy「タンルイ語」と呼ぶのである。マダガスカルには、同じ類縁関係にあるが、地域言語よりも社会的地位の高い、書記化された「マダガスカル語標準語」があるため、地域言語は「方言」とみなすことができる。「方言」と言うと劣った印象を持つことがあるかもしれないが、言語学的には「方言」でも「～語」でも差は無いため、本書では、「方言」とは呼ばず、タンルイ「語」と呼び、それぞれの民族の言語も、メリナ語、タヌシ語と呼ぶ。他の地域出身のマダガスカル人同士の相互理解は、海岸沿い同士では可能だが、首都近辺の中央高地で話されているメリナ語やベツィレウ語と、海岸沿いの言語は相互理解が難しい。タンルイ語は特に「特殊」な言語のようである。言語学的には、「簡単な言語」「特殊な言語」「美しい言語」といった主観的な見方は科学的ではなく、そのような言語は存在しない。しかし、マダガスカル人の主観によれば、タンルイ語はやはり「特殊な言語」であり、「非常に難解な言語である」と答える。たしかに、メリナ族をはじめ、他の民族の多くはタンルイ語を理解できない。したがって、他民族との意思疎通のために、タンルイ族はマダガスカル語標準語ないしフランス語を介して、コミュニケーションを取る。また、メリナ族や他の民族が、タンルイ語を意識的に学習しようという傾向は見られない。南部で隣接しているタヌシ族だけは唯一、タンルイ族と生活を共にする機会が多いため、タンルイ語をある程度理解する民族である。

1.3　マダガスカルの国語・公用語について

2010年11月に改正されたマダガスカル共和国憲法第4条によると、国語はマダガスカル語、公用語はフランス語とマダガスカル語である。上述のように、首都近辺では、メリナ族のメリナ語を基盤としたマダガスカル語標準語が学校教育で教えられる。しかし、マダガスカルにおける公用語問題、初等教育での言語教育をはじめとする言語政策は、きわめて不安定である。2007年のマダガスカル共和国憲法改正によって、公用語に新たに英語が加えられ、マダガスカルの公用語は、マダガスカル語、フランス語、英語の3つとなった。そして初等教育での英語の試験的導入が開始されたが、今も昔も英語を母語や第1言語として話すマダガスカル人はほぼいない。そのため、先述のように2010年の憲法改正によって、英語は公用語から除外され、現在、フランス語とマダガスカル語の2言語となっている。

また、マダガスカルの就学率は低く、誰もがマダガスカル語標準語を理解するわけではない。同じマダガスカル語なので、どの地域でも単語レベルでは理解できても、「国語」でありながら、流暢に話したり、理解することは、学校教育を受けないかぎり難しい。また、上述のように、海岸沿いの各地域出身の言語話者同士の相互理解は比較的容易だが、中央高地近辺のメリナ語話者と、海岸沿いの話者とのコミュニケーションは、マダガスカル語標準語もしくはフランス語で行われる。メリナ語が支配的な言語であるため、多くの場合、タンルイ語話者が学校で学習したマダガスカル語標準語を話すことにより、相互理解が可能となる。

筆者は、2006年にトゥリアラ市の公立小学校での参与観察を行った。筆者自身が現地語を習得するためでもあるが、媒介言語はどの言語か、小学校ではどのような科目がどのように教えられているのか、小学生同士はどの言語を話しているのか、といった言語の使用実態を把握するためである。主に、日本の小学校中学年に当たるクラスに参加させてもらった。教師も生徒もほとんどが南部の出身のため、南部で話されている地域言語を介して会話する。

授業科目には、マダガスカル語標準語とフランス語があり、歴史、算数、体育、手芸といった科目の授業時間と比べると、それらの言語（マダガスカル語標準語とフランス語）を学ぶ時間が圧倒的に多かった。また、マダガスカル語とマダガスカルの伝統に関する科目（手芸、図工）以外の、フランス語、算数、歴史、地理は、フランス語を介して授業が行われる。

マダガスカル国内では、言語教育や国語、公用語をめぐる問題は日々話題となっている。ある日刊新聞（Taratra 2008年8月27日）には、『携帯電話、ゲーム、コンピュータ、テレビ、時計といった新しく入ってきたものは、フランス語をそのまま借用するのではなく、マダガスカル語にしよう。たとえば、携帯電話はfinday、ゲームはkilalao、コンピュータはmpandahatra、テレビはfahitalavitra、時計はfamantaranandroというように（それぞれ、マダガスカル語で「持ち運ぶこと」、「遊び」、「うまく機能する人」、「遠くを見ること」、「日を示すこと」という意味）』という記事や、『国立マダガスカル語研究所（Académie Malgache）によると、マダガスカル人の99.4%がマダガスカル語を話し、フランス語を流暢に話せる人は0.6%しかいないのに、なぜマダガスカル語ですべての科目教育を行わないのか、日本では日本語、ヴェトナムではヴェトナム語、韓国では韓国語が用いられているのに』といった記事が掲載されていた。

また、現在、マダガスカルの首都アンタナナリヴにあるアンタナナリヴ大学と国立マダガスカル語研究所が主導して、学術用語のマダガスカル語化や、マダガスカル語標準語をできるだけ多くのマダガスカル人に普及するために、ラジオ放送にマダガスカル語標準語講座を開設するなど、マダガスカル語標準語を中心とした「国語教育、国語政策」に力を注いでいる。

2. 〈茨の国〉の言語——マダガスカル南部タンルイ語

本書が対象とする「タンルイ」（Tandroy）とは「茨の国の人びと」という意味である。彼らの居住地は、場所を表す接頭辞an-が付加され、「アンタンルイ」(Antandroy) と呼ばれる。これは、「茨の国に住む人びとの地域」を意味する。本書では、彼らを「タンルイ族」、彼らの言語を「タンルイ語」と呼ぶ。タンルイ語は主にマダガスカル南端部で話され、約50万人の話者を持つ。タンルイ族の居住地域は、乾燥した厳しい自然環境であるため、人口の約30%が職を求めてマダガスカル沿岸部一帯に移住し (Rajaonarimanana and Fee 1996)、主に人力車(プスプスと呼ばれている。フランス語のpousser「"プセ"押す」が語源)を引いて生計を立てている。そうした厳しい自然環境やマダガスカル南部での移動手段が乏しく、道路が未整備であるといった事情から、先述のように、タンルイ族は、マダガスカルの支配民族であったメリナ族や、フランスによる植民地時代にフランス人による支配を受けなかった。歴史上、一度も、他国や他民族による植民地支配を受けることなく、古来の文化や伝統を保持してきた社会なのである。

また、特筆すべきは、タンルイが「無文字社会」であるという点である。タンルイでは、古代から、彼らに固有の生活技術や歴史的・社会的な原理原則、生きるための智慧や工夫が口頭伝承によって世代を超えて伝えられている。タンルイ語の書記法に関しては、現在、マダガスカル政府や国立マダガ

地図3 タンルイ族の主な居住地

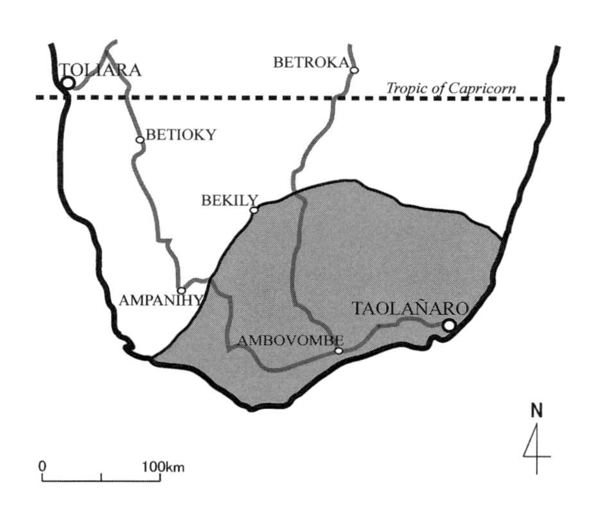

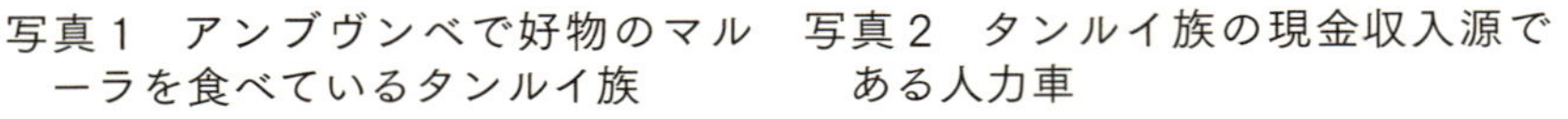

写真１　アンブヴンベで好物のマルーラを食べているタンルイ族

写真２　タンルイ族の現金収入源である人力車

スカル語研究所が中心となって、マダガスカル語標準語に無い音（たとえば軟口蓋鼻音や声門閉鎖音）の表記を定めるなどして整備を図っている。

2.1　文字のない社会、文字のない言語とは

「文字のない社会」と言うと、「言語のない社会」と勘違いされることは、有識者や他分野の学者との対話でさえ珍しくない。文字がないだけで、もちろん彼らには固有の母語があり、言葉を話し、近場のみならず遠方の人とも意思疎通を行っている。文字のない社会とは、文字に依存しない伝統社会を保持し、その土地の歴史や、植物の栽培技術・利用についての豊かな知識、動植物との共生の仕方、そのほか、土地に根付く価値観やモラル、生きる智慧などを世代から世代へと、歌や民話、諺といった口頭伝承で伝え、現在もそれを実生活に生かしている社会である。それを書き起こせば「文学」と言える。ただ、それを文字化して紙の中に封印すると、口頭で伝えられてきた口承文芸は化石化してしまう。私たちの社会には、コピー機やパソコンといった外部記憶装置があるが、彼らはそういった外部記憶装置なしで、すべてを記憶・記録して、次世代に伝えているのである。

現在、世界には6000以上の言語があるが、実は、その多くが文字を持たない言語である。言語の意思疎通の基本は音声であり、言語学の主な研究対

象も音声であるため、文字と音は必ずしも一致しない。文字がないからと言って、決して「未開」であるとか、「文化がない」わけではない。世界では、1つの国や地域で単一の言語のみが話されているのは極めて稀で、文字を書かなくても、5，6の言語を話すことができ、行く場所や話し相手により使い分けている人は珍しくない。むしろ、彼らは紙や外部記憶装置に頼らずに、知識や技術を記憶・記録し、応用するため、私たち以上に頭脳を使っている。

文字のない社会で研究を続けていると、そういった現地の驚くべき在来知識や、その土地の自然環境や生物の生活への巧みな応用が観察される。伝統的な智慧には、必ず科学的な根拠がある。近代科学が経験を積み重ねる以前から、彼らは伝統的な智慧を日常生活に活かしてきた。わかりやすい例が、植物の薬用利用である。研究協力者と道を歩いていると、彼らはほぼすべての植物に精通しており、それらを怪我や病気を治す薬や道具として活用している。また、タンルイは常に干ばつに悩まされる地域であるため、どこで水を確保できるか、どの樹木が水を蓄えているかといったことをほとんどのタンルイ族は熟知している。

3. タンルイ語を記述する

筆者は2006年から2016年までの10年間、マダガスカルでの現地調査を断続的かつ継続的に行ってきた。主な調査目的は、マダガスカル南部タンルイ語の分析と記述である。言語を「記述する（describe）」というのは、実際に話されている言語をありのままの姿で書くことである。いわゆる「文法的に“正しい”使い方、どの教科書にも同じ説明が書かれている文法」とされ学校で規範として教えられる伝統文法（規範文法 prescriptive grammar）とは異なる。対象となる言語の音、語の成り立ち、語と語のあいだの関係、文中での語の並び方、文の構造と意味といった文法現象を話者の自然会話を観察し、詳細に書き記したものが記述文法である。それは、規範文法では「誤った」ものであっても、記述文法では、対象言語の1つの言語現象であり、体系

写真３　トラニャロでの調査風景

的に分析するための重要な資料となる。むしろ、規範文法とは異なる、「誤った」現象や、「例外」のほうが、言語を研究するにあたっては興味深いことである。観察対象地域の学校や教科書で学んだ知識による先入観で、「誤った」現象を誤用と判断し、「例外」を見過ごしてしまうことのほうが記述研究においては危険なのだ。

筆者がタンルイ語を記述研究の対象に選んだ理由は、何よりもまず、資料が少ない言語、未記述の言語であることだった。また個人的には、海に近い南部地域で調査をしたかったこと、そして、運良く初めてのマダガスカルでの予備調査で非常に熱心なインフォーマント（言語調査をする際に、調査に協力し対象言語の情報を提供してくれる人。最近では、「インフォーマント（informant）」が英語で「スパイ」という否定的な意味を持つことから、調査協力者、言語資料提供者、母語話者という言い方を使うこともある）に巡りあえたことも理由の１つである。

渡航前に、マダガスカル語標準語を学び、ある程度予備知識を得たが、いざタンルイ語の調査を始めると、筆者の学習したマダガスカル語標準語の知識とは異なることばかりであった。研究者の視点で、これほど魅力的な言語はない。そう思って、ゼロからこの言語を記述しようと心に決めた。

言語調査は、基礎語彙の収集から始まる。基礎語彙とは、世界のどの言語、どの話者地域にもあると想定される語彙（身体部位、太陽や空といった自然に関する語彙など）を示す。そして、インフォーマントとの信頼関係を構築し、まず基礎語彙調査として、身体部位の調査から始めた。まずは、「頭」から。インフォーマントは即座に「タンルイ語には「頭」を表す単語は２つある。ほかのマダガスカルの言語にはない」と強調した。「頭」のみならず、身体部位を表す語彙には、２つの言い方があった。それは、普通語と敬語である（詳細は、第８章参照）。

これは、筆者が事前に得たマダガスカル語標準語の情報にはなかった。2006年から2008年に調査していた地域（トゥリアラ市）にはヴェズ族やマハファリ族がいたが、普通語は共通していても、敬語に相応する単語は確認できなかった。

そして、2006年の夏、３ヶ月の調査を終えて首都に帰り、アンタナナリヴ大学でマダガスカル語音声学や形態論の教鞭をとり、マダガスカル国内でマダガスカル語研究に携わる言語学者Rajaona教授（Rajaona 1926a, 1926b, Rajaona 2003, Rajaona 2004）から、「タンルイ語には東南アジアとの何らかの繋がりの痕跡が見られるかもしれない。タンルイ語はほかのマダガスカルの言語のなかでは、異なる構造が多い」と聞くことになる。

先に触れたとおり、タンルイ語はマダガスカルの諸言語のなかで唯一「敬語」が存在する言語である。一般的に、同じ語族のなかで、ほかと比べて複雑な構造や仕組みを持つ言語は、より古い形を残した言語であるとされる。

3.1　先行研究

オーストロネシア語族の詳細な系統はまだ確率されていない。特にマダガスカル語が属する西部マレー・ポリネシア語派は、調査や研究が行き届いておらず（図 1)、分類がいまだ不明確な言語が雑多に「とりあえず」分類されているだけである（Adelaar 2005, ベルウッド 1989、Blust 2013)。

筆者が修士課程でタンルイ語研究を始めた当初のことについては、オーストロネシア語圏の危機言語について扱った書籍、M. Florey（ed.), *Endangered Language of Austronesia*, Oxford University Press, 2010 にも記されている。そこでも述べられているように、マダガスカル語はオーストロネシア語圏の言語のなかでも、言語ドキュメンテーションプロジェクト（言語ドキュメンテーションとは、対象言語の言語学的記述のみならず、言語話者地域の文化の音声資料・映像資料の録音・録画を含めた包括的な記録を行うこと）がなく、資料の少ない言語、消滅の危機に瀕する言語の 1 つである。マダガスカルで話さ

図 1　オーストロネシア語族の系統図の概略

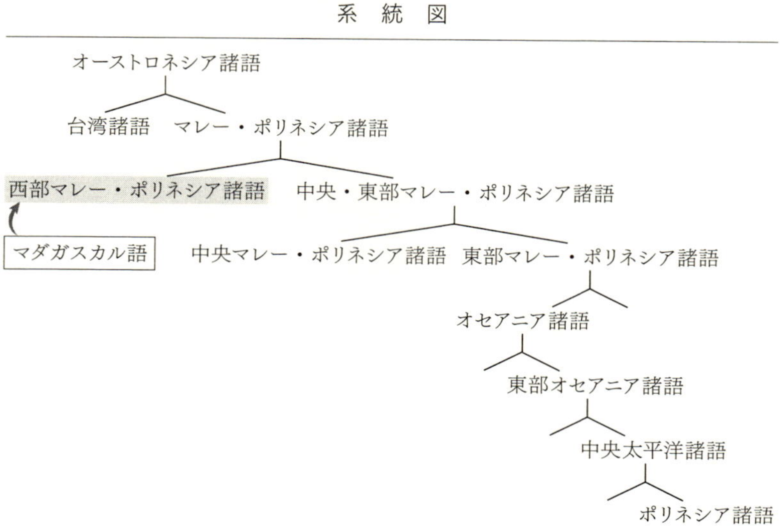

系　統　図

オーストロネシア諸語
台湾諸語　マレー・ポリネシア諸語
西部マレー・ポリネシア諸語　中央・東部マレー・ポリネシア諸語
マダガスカル語
中央マレー・ポリネシア諸語　東部マレー・ポリネシア諸語
オセアニア諸語
東部オセアニア諸語
中央太平洋諸語
ポリネシア諸語

れている言語に関しては、南部のタンルイ語のみならず、ほかの地域言語に関する詳細な研究についても進んでいない。マダガスカルのなかで、資料が豊富にある言語は、首都で話されているメリナ語と、かつてアラビア文字による書記化が行われていたアンタイムル語のみである。メリナ語に関しては英語、フランス語、イタリア語、ロシア語などで書かれた辞書や学習用教材が豊富にある（Webber 1853, Richardson 1885, Abinal and Malzac 1899, Korneev 1966, 1970, Stark 1969, Sims and Kingeztt 1970, Raolison 1971, Dez 1988, Bergenholtz 1992, Rasoloson 1997, Rajaonarimanana 2001, Randriamasimanana 2007 など）。ほかの地域言語に関しては、現代言語学的視点からの研究は非常に乏しいが、いくつかの辞書や語彙集が存在する。アンタイファシ語（Tata 1954）、ツィミヘティ語（Manoro 1983）、バラ語（Baujard 1998）、アンタンカラナ語（Velonandro 1983）、ベツィレウ語（Dubois 1917）、ベツィミサラカ語（Dalmond 1844）などである。しかし、マダガスカルで話されている言語は同系統の言語であることは明らかだが、それらの下位分類は未解決である（Verin et al. 1969; Dez 1963, 1980; Simon 1988; Mahdi 1988）。

タンルイ語に関しては、Decary（1928）が、タンルイ語－フランス語語彙集とタンルイ族の民族誌を残している（Decary 1930–1931）。また、Rajaomarinanana and Fee（2001）が語彙集を記しているが、マダガスカル語伝統文法に則した説明が少しあるだけで、体系的な記述には至っていない。

3.2 調査方法および本書で用いるデータ

筆者は、2006年からマダガスカル南部のトゥリアラ、フォールドーファン、アンブヴンベを中心に滞在し（写真1、2、3参照）、言語調査を行った。2006年、2007年、2008年はそれぞれ約3ヶ月滞在し、調査を行ったが、2009年に政情が不安定となり、調査が困難となったため、フランス国立東洋言語文化研究所で客員研究員として滞在中に、2006年からインフォーマントとして言語調査に協力してくれた女性の親族に頼んでパリで調査を継続した。その後、2011年から現地調査を再開し、現在（2017年）に至る。

はじめに、『アジア・アフリカ言語調査票〈上〉』（東京外国語大学アジア・アフリカ言語文化研究所）をもとに、基礎語彙を1000語集め、そこから音声の構造分析を始めた。その後、基礎語彙を元にさらなる質問を繰り返し、例文を集め、文の構造を分析した。自然会話を聞き、どのように使われているか、収集したデータが正しいか、実際に自分で使ってみたり、自然会話を市場や集会場所で聞くことで何度も確認した。次第に調査が進むと、長いテキストを集めるため、モノリンガルの話者に依頼して、民話を語ってもらい、録音した。古来から現在まで語り継がれてきた民話は、構造的意味分析に役立つ。その土地固有の植物や動物、タブーや伝統行事、冠婚葬祭に出くわせば、インフォーマントがその都度教えてくれた。呪術師（mpisikily, mpamosavy）や占い師（mpimasy）の家を訪問する機会も度々得た。

このようにして、基礎語彙、派生語、語形変化、例文、民話、諺や慣用句、タンルイ社会固有の語彙、敬語表現を収集した。それでも、未知の言語をできるかぎり正確に記述し、記述文法を作り上げるには長い歳月を必要とした。本書で用いるデータは、筆者がタンルイ語話者の協力を得て集めた一次資料である。データを集めるにあたって、非常に多くのタンルイ語話者が筆者を暖かく迎えてくれ、忍耐強く協力してくれた。データやその解釈には、筆者の理解不足による誤りや、分析結果を出すには不十分なデータもありうるだろう。だが、その責任はすべて筆者が追うべきものである。

4.　本書の目的

4.1　学術的意義

繰り返すが、本書の目的は、マダガスカル南部のタンルイ語を体系的に記述することである。タンルイ語の資料を公開することは、1200余りあるうちの一部しか資料が揃っていないオーストロネシア諸語の言語データベースに1つの新たな言語を追加することを意味する。

本書を通じて、遠く古代にまでさかのぼり、マダガスカル国内でどのような人口移動が起きたのか、ひいては、遠く台湾からどのようにして海を越えて人びとが移動し広がったのか、その痕跡を辿る手がかりとなることを期待する。

また、新たに未記述の言語の資料を提供することで、「できるかぎり多様な世界の諸言語の資料に基づいて、観察し、語族や地理的偏りを避け、人間の言語の共通点を明らかにすること」を目的とする言語類型論研究にとって有益な資料となり、さらなる科学的好奇心を生み出す一端を担えれば幸いである。

そして、タンルイ語の語彙や民話などのタンルイ語と英語の対訳資料を少しでも多くの国内外の研究者と共有し、批判的視点で読み進め、タンルイ語をはじめとするマダガスカルの言語研究を今後さらに深化させたい。

4.2 消滅危機言語の記録と無形文化遺産（Intangible Cultural Heritage）の保存

近年、国連教育科学文化機関（UNESCO）をはじめとする国際機関は、言語・文化の多様性を特に重視するようになりつつある。国連は1993年を「世界先住民の国際年」とし、翌年1994年から10年間を「世界先住民の国際の10年」と定めて、先住民の文化や人権に関する問題についてさまざまな取り組みを行った。民話や謎々、ことば遊びといった文化的表現は、「フォークロア」とも呼ばれ、現在、世界知的所有権機関（WIPO）やユネスコがその保護に取り組んでいる（青柳・田上2011）。

文字のない言語は一度滅びれば、資料は一切残らない。その言語の構造のみならず、言語話者の暮らしや思想、歴史や知識を含めたすべてが記録されないまま滅びてしまう。1876年にタスマニア人が絶滅し、話者がいなくなったオーストラリアのタスマニア語がその一例である。一定の話者数がいても、村落単位で話されている少数言語、文字のない言語はいつ滅びるかわからない。たとえば、十分な防災対策がなされていない土地で甚大な災害が起きた場合、話者地域すべてが破壊され、話者がいなくなる可能性がある。あるいは、免疫のない病気が外部からもたらされ、話者が次々に病死したり、植民地支配による民族浄化や民族間紛争による虐殺など、少数言語が滅びる要因はいくらでも考えられる。また、少数言語話者の若い世代が、いわゆる国際語と唱われている英語やフランス語に関心を抱き、親世代の言語を使わなくなれば、その言語は消滅してしまうだろう。

筆者は、上述のように、2006年から現地調査を進めてきたが、マダガスカルの国内環境はここ10年で大きく変わり、先進国の人間にとっても随分と住みやすい環境になりつつある。調査を開始した最初の数年は、日の明るい安全な時間帯に、インターネットカフェへ赴かなければならず、接続はしばしば不安定であった。今では地方都市の三ツ星の民宿の多くで、無線のインターネットに接続できる環境が整っている。農村部へのアクセスも徐々に幹線道路が整備され、より安全に移動できるようになった。インフラの整備が整い、情報化や都市化が進むと人びとの生活は便利で快適になる一方で、アイデンティティが画一化される傾向も見受けられる。タンルイ語話者は、マダガスカルのなかでも自らの文化と伝統に誇りを持つ民族だが、それでも調査をしていると、若い世代はタンルイ語を母語として話すものの、フランス語や英語へのあこがれや向学心は高く、特に昆虫や魚、植物の名前や、諺、占星術、口承文芸などは、誰もが正確に受け継いでいるとは言い難い側面がある。

少数言語、消滅の危機に瀕する言語、十分な記述資料のない言語は、学術的貢献に付与する資料のみならず、その言語および言語話者の全体像をできるかぎり記録した包括的な資料を残すことが急務である。つまり、言語学的文法記述や辞書の作成のみならず、言語話者の映像資料、口承文芸の文字起こしと対訳および解説、伝統知識を映し出す言語表現の記録が求められるのだ。本書では、タンルイ語話者の協力により、言語の内的構造のみならず、生き方や実生活に根付いた言語資料の収集をめざした。本書では、基礎語彙と民話集（巻末資料参照）を紹介するが、それ以外にも、薬用植物の利用を解説する映像を録画・録音し、タンルイ語のドキュメンテーションも担うよう努めた。これらの作業を通じて、消滅危機言語の言語ドキュメンテーションを整備することで、近年ユネスコが重視している無形文化遺産（Intangible Cultural Heritage）の保存にも貢献していきたい。

4.3　最後に——幅広い読者層へ向けた発信

本書では、言語学者やマダガスカル研究に従事する学術関係者のみならず、専門外の研究者や学部生、一般の読者にも読んでもらえるように、できるだけ平易な記述を心掛けた。これまでに刊行されたマダガスカルに関する書籍は、霊長類学者による研究書や、生物に関する図鑑、解説書がほとんどである。メディアで取り上げられるドキュメンタリーも、マダガスカルの動物や自然環境問題、観光名所の紹介などが多く、マダガスカルの人や言語についてはほとんど触れられていない。せいぜい、マダガスカルでは、旧宗主国の言語、フランス語が話されているという情報程度である。マダガスカル語の存在や、本書が指摘する東南アジアやオセアニアとの言語学的な共通性があることなど、まったく知られていないだろう。したがって、日本語でマダガスカル語そのものを詳細に取り扱うのは、本書が本邦初である。地理的にはアフリカに位置しながら、アジアの文化圏に属するマダガスカルについて、本書を通じて、少しでもより多くの人に知ってもらい、マダガスカルへの親しみをもっていただければ幸いである。

タンルイ族は南部の民族だが、マダガスカルの海岸沿いの平地のいたるところに居住し、木陰で人力車に乗る客を待っていることが多い。特に雨季は稼ぎ時で、彼らの人力車は、地元民のみならず観光客にとっても大事な足である（初乗り35円から50円ほど）。ベッドや家具を運ぶ人力車、スーツケースを持った客を運ぶ人力車など、マダガスカル沿岸部で彼らを見かけない日はない。

本書によって、読者の皆様が、普段あまり見聞きすることのない言語に触れ、マダガスカルの言語や文化についての新たな地平を開くきっかけになればと切に願う。

第1章　音声

1.　音声

2.　母音

3.　音節構造と強勢の規則

本章では、はじめに、タンルイ語の子音、母音と本書での書記法を説明する。次に、マダガスカルの諸言語に特徴的な弱変化語尾について、マレー語から語を取り入れた際に起きた規則を示し、解説する。最後に、強勢（アクセント）の位置とその規則について述べる。

1. 音声

1.1 子音

タンルイ語には次のような子音が存在する。括弧で示した文字は、マダガスカル語標準語の正書法および、南部の地方の人々や国の言語政策に従事するマダガスカル人が南部の言語を書記化する際に用いられる正書法に基づいている。本書でもこの正書法に従う。p(p), b(b), t(t), d(d), k(k), ɡ(g), ʔ(ʔ), mp(mp), mb(mb), nt(nt), nd(nd), ŋk(nk), ŋg(ng), f(f), v(v), s(s), z(z), h(h), r(r), t͡s(ts), d͡ʒ(j), ʈ(tr), ɖ(dr), nt͡s(nts), nd͡ʒ(nj), nɖ(ndr), m(m), n(n), ɲ(ñ), l(l)の合計31の子音が観察される。表1に子音の体系を示す。

意味の区別を持つ音のそれぞれを、音素と言う。ある音素が同じ位置に1つの違いを除けば音の上で同一である場合、そうした2語を最小対（minimal pair）と言い、最小対を探すことは、未知の言語をゼロから記述するうえで、その言語で、2つの音素が異なるのかを確かめるための重要な方法である。ただし、対立する音素が必ずしも最小対を持っているとは限らず、最小対がないからと言って、対立がないとは言えない。閉鎖音（破裂音）から順に、調査で明らかとなった最小対の例を示す。

表1　タンルイ語の子音

	両唇音	唇歯音	歯音	そり舌音	軟口蓋音	声門音
閉鎖音（破裂音）	p　b		t　d	ʈ　ɖ	k　g	ʔ
前鼻音化破裂音	mp　mb		nt　nd	nʈ　nɖ	ŋk　ŋg	
摩擦音		f　v	s　z			h
ふるえ音			r			
破擦音			t͡s　d͡ʒ			
前鼻音化破擦音			nt͡s　nd͡ʒ			
鼻音	m		n		ŋ	
側面接近音			l			

例：

p vs. b

poake　「爆発」　vs. boake　「〜から来る」

po　「表意音」（いびき、バイクの走る音など）　vs. bo　「埃」

t vs. d

mitare　「気にしない」　vs. midare　「注意をする」

tika　「私たち」　vs. dika　「説明、意味」

k vs. g

koaike　「うめき声をあげること」　vs. goaike　「カラス」

kea　「おそらく」　vs. gea　「やあ！」（女性同士の挨拶）

kakake　「鶏の鳴き声」　vs. gagake　「カラスの鳴き声」

1.1.1　声門閉鎖音ʔ

声門閉鎖音は、タンルイ語の特徴の１つである。声門閉鎖音が現れる環境は次のように分類される。

(1) 母音が語頭に来る接辞型人称代名詞が付加される場合

例：

vali-ʔe

配偶者－彼／彼女の

「彼／彼女の配偶者」

raha-ʔo

物－あなたの

「あなたの物」

ala-ʔe

取る－彼が

「彼が取る」

(2) すでに単語の一部として限定詞（3人称単数の所有人称代名詞）の付いている語彙が見られる。特に、植物の語彙、場所を表す語彙、量を表す数詞に散見される。

例：

hetaʔe　「枝」
raveʔe　「葉」
rantsaʔe　「茎、幹」
voaʔe　「果物」
sampaʔe　「枝」
fotoʔe　「幹」

たとえば、「彼の枝」だと、hetaʔeʔe となる。

(3) 場所を表す語彙

例：

ampoʔe 「内側」

añateʔe 「内側」

ivelaʔe 「外側」

lohaʔe 「頂点」

(4) 数を表す語彙

例：

antsasaʔe 「半分」

ilailaʔe 「いくつか」

faraʔe 「最後」

voalohaʔe 「最初」

声門閉鎖音は、タンルイ語では今もなお生きているが、マダガスカル語標準語の教育や、都市化の影響、人々の移動による言語接触の影響を受けて、衰退しつつある。

1.1.2 摩擦音

例：

afake	「自由、適切な」	vs. avake	「別れ、分離」
ofoke	「色を変えるという概念」	vs. ovoke	「断るという概念」
folo	「10」	vs. volo	「毛」
fale	「タブー」	vs. vale	「配偶者」

f vs. h

fere	「櫛」	vs. here	「強いという概念」
foy	「壊れた」	vs. hoy	「〜と言った(主に語り、民話で)」
fafa	「掃除するという概念」	vs. hafa	「違う」

havia　「左」　vs. avia　「こっちへ来て！」

＊首都近辺で話されているメリナ語では、しばしばhは脱落し、発音されないが、タンルイ語では、はっきりと発音される。

例：

s vs. z

vosake　「怒る」　vs. vozake　「疲れた」

saka　「猫」　vs. zaka　「語、会話」

ase　「黄身」　vs. aze　「彼、彼女、それ」

1.1.3　破擦音

例：

ts vs. ʤ

hetse　意味のない語　vs. heje　「嫌うという概念」

tsirike　意味のない語　vs. jirike　「太陽が昇り始める」

＊"意味のない語"とは、最小対を探す際に、インフォーマントに尋ねたときに、そのような単語はこの言語には存在しないという意味である。たとえば「hetse」という語を使ってみても、現地の人には何も通じないし、何を言っているかもわからない。

ʈ vs. ɖ

setra　「サイザル」　vs. sedra　意味のない語

traño　「家」　vs. draño　意味のない語

［ɖ］は話者によっては、［ʤ］と発音される。文字での表記は、jを用いる慣習がある。

jara　「金」　＜drala　「お金」（英語のdollarからの借用語）

anjomba　「家」　＜andromba　「家」

1.1.4　鼻音

タンルイ語には /m/、/n/、/ŋ/ の 3 つの鼻音がある。

例：

m

maroy　「髪の毛」（敬語）

mamitse　「祝福のための水」

mony　「吹き出物」

somotse　「あご」

mañome　「与える」

n

nify　「歯」

nahoda　「高齢者」

nofotse　「身体」

hana　「サンダル」

hariñe　「食べ物」

ŋ

/ŋ/ は語頭には現れない。ただし、タンルイ語の隣の地域で話されているタヌシ語では、語頭にも現れ、たとえば冠詞 ñy が用いられる。ñy はメリナ語の ny と同じ使い方である。

例：

mañampe　「助ける」

añarañe　「名前」

vasiañe　「星」

lohavoñe　「初任給」

intañe 「どのように」
soñy 「唇」

n vs. ŋ

manoro	「示す」	vs. mañoro	「焼く」
maneo	「編む」	vs. mañeo	「音を立てる」
manohatse	「試す」	vs. mañohatse	「測る」
manolotse	「与える」	vs. mañolotse	「助ける」

1.1.5 前鼻音化子音

すべての閉鎖音（物理上発音不可能の声門閉鎖音を除く）と、破擦音は前鼻音化する。前鼻音化子音は、語中に現れる。ただし、「人」を表す接頭辞 *mp-* は語頭につき、[p] と発音される。以下に例を示す。

例：

a**mp**e 「十分な」
rano**mp**ihaino 「涙」（敬語）
a**mb**oa 「犬」
a**nt**etse 「古い」
a**nt**ara 「池」
fa**nd**ia 「足」（敬語）
to**mp**ontraño 「住人、家主」
ri**nd**riñe 「壁」
voa**nk**azo 「実、果物」
bo**ng**ady 「お金」
mani**nts**y 「寒い」
ma**nj**ary 「〜になる」

前鼻音化子音が例外的に語頭に出る例があることをメリナ方言の分析で

Keenan and Polinsky（1998）が指摘しているが、同様のことが、タンルイ方言にも当てはまる。前掲書によると、語頭の母音が、歴史的に脱落して今の形になったとされる。

タンルイ語にもいくつか例が見られるので、以下に例を示す。

例：

ndaty　「人」　＜ondaty
　　　cf. rae'ondaty「大家族の族長」
ntandroy　「タンルイ」　＜antandroy
ndevo　「奴隷」　＜andevo

［mb］は頻度は多くないが、語頭に現れることもある。以下に例を示す。

例：

mbole　「まだ」
mbe　「まだ」
mbiasa　「呪術師」　＜ombiasa
mbia　「いつ」　＜ombia

1.2　子音挿入

母音連続を避けるために、母音ではじまるII型動詞（第3章参照）の命令形接頭辞がつく場合、子音（-s、-v、-z、-n、-av-、-az-）が挿入される。どのような環境でこれらの子音が挿入されるかは、語彙的なもので、規則は見られない。子音挿入の箇所を太字で示す。

例：

rae	「取る」	＋-o（命令形接頭辞）	→rae**s**o!	「とれ！」
lay	「走る」	＋-a（命令形接頭辞）	→ai**s**a!	「走れ！」

tea	「好きである」	+-o（命令形接頭辞）	→tea**v**o	「愛せよ！」
rohy	「手錠をかける」	+-o（命令形接頭辞）	→rohi**z**o	「手錠をかけよ！」
ambe	「守る」	+-o（命令形接頭辞）	→ambe**n**o	「守れ！」
pay	「探す」	+-o（命令形接頭辞）	→pai**av**o	「探せ！」

2. 母音

タンルイ方言には4つの母音、i(i, y)、e(e)、a(a)、u(o) と ai(a͜i), ao(a͜u), ia(i͜a), io(i͜u), ea(e͜a), eo(e͜u), oa(u͜a), oi(u͜i), oe(u͜e) の9つの二重母音がある。括弧はマダガスカル語標準語の書記法に従っている。radiô（ラジオ）といった借用語や、ô!（おお！）のような感嘆詞にのみ、o（ô）が発音される。語末にくる［i］は、y と綴る慣習がある。

2.1 母音省略

母音省略とは、本来は語の一部としてあるべき母音だが、省略される場合を言う。語頭の i は、任意的に、話者によっては省略される傾向にある。語末の i はマダガスカルの書記法に従い、y と示す。

例：

raike 「1，1人だけ」＜iraike

zaho 「私」＜izaho

aby 「すべて」＜iaby

2.2 母音脱落

2つの語が組み合わさるとき、2つ目の語の語頭が母音ではじまる場合、1つ目の語末の母音は脱落する。アポストロフィ（’）は、母音が脱落したときに用いられるマダガスカル語標準語の書記法である。

例：

anak'ampela　「女の子」＜anaka「子ども」＋anpela「女」
ajaja miarak'añondry　「羊飼いの子」＜ajaja「子ども」＋miaraka「〜と一緒に」añondry「羊」
ami'izao　「そして、今から」＜ama「〜で、〜に」＋izao「今」
f'ie　「しかしながら」＜fa「しかし」＋ie「そして」

2.3　音挿入による母音の変化

形態変化の過程で、o［u］、e［e］が後に接辞としてつく場合y、i［i］はe［e］に変化する。

例：

hery　「強い」＋z（子音挿入）＋eñe（動詞化接尾辞）＞herezeñe「強くする」
hery　「強い」＋z（子音挿入）＋-o（命令を示す接尾辞）＞herezo!「強くあれ！」
jery　「見る」＋-o（命令を示す接尾辞）＞jereo!「見て！」

3.　音節構造と強勢の規則

3.1　弱変化語尾

語末の -ke, -tse, -ñe を本書では弱変化語尾と呼ぶ。弱変化語尾はマダガスカルの諸言語に見られるが、地域差、言語による差がある。表2に、タンルイ語、タヌシ語（マダガスカル南東部）、メリナ語（マダガスカル中央高地）の例をあげた。

表２　タンルイ語、メリナ語、タヌシ語の弱変化語尾

意味	タンルイ語	タヌシ語	メリナ語
帽子	satro**ke**	satro**ky**	satro**ka**
亀	soka**ke**	soka**ky**	soka**tra**
蠅	lali**tse**	lali**tsy**	lali**tra**
体	nofo**tse**	nofo**tsy**	nofo
雨	oro**ñe**	oro	oro
月	vola**ñe**	vola	vola**na**

弱変化語尾そのものには、意味も機能もない。弱変化語尾に強勢が置かれることもない。同じ語根の語でも、異なる弱変化語尾がつき、同じ意味を持つ語もある。弱変化語尾は、語形成の時に脱落する。語形成の詳細は次の第２章で詳しく述べる。

例：

fantatse	「知る」	＋-ko「私」	→	fantako	「私は知っている」
taolañe	「骨」	＋maleme「柔らかい」	→	taolamaleme	「軟骨」
mitioke	「風が吹く」	＋mitioke「風が吹く」	→	mitiotioke	「少し風がある」
lavitse	「遠い」	＋lavitse「遠い」	→	lavilavitse	「少し遠い」

このように、さまざまな形で不規則な形式を持つ弱変化語尾は、歴史的には、マダガスカル語では語を取り込む際に、開音節構造（CV構造）にするために、/a/ が付加された結果が反映されたものである（Rasoloson and Rubino 2005）。接辞をつける以外に、マダガスカルの言語はオーストロネシア祖語に弱変化語尾をつけるか、語末の子音を脱落させている。表３にいくつか例を示す。

表3　オーストロネシア祖語とマレー語、マダガスカルの諸言語（タンルイ語、メリナ語）

オーストロネシア祖語	意味	マレー語	タンルイ語	メリナ語
*bulaN*1	月	bulan	volañe	volana
*taqun*2	年	tahun	taoñe	taona
*lanŋiC*1	空	langit	lañitse	lanitra
*quzaN*1	雨	hujan	orañe	orana
*aNak*1	子ども	anak, kanak	anaka	zanaka

*1 オーストロネシア祖語は Greenhill, S. J., Blust. R, & Gray, R. D.（2008）より引用。
*2 マレー・ポリネシア祖語、オーストロネシア祖語いずれも Greenhill, S. J., Blust. R, & Gray, R. D.（2008）より引用。

3.2　開音節（CV）構造

タンルイ語は子音連続を嫌う言語であり、開音節構造を持つ言語である。開音節構造の例をいくつかあげる。

例：

lo	「腐った」	CV
elo	「傘」	VCV
hete	「はさみ」	CVCV
añivo	「〜の間」	VCVCV
orañe	「雨」	VCVCV（語末が弱変化語尾）
bevoka	「妊娠している」	CVCVCV
jakake	「貝」	CVCVCV（語末が弱変化語尾）

語末が弱変化語尾か否かは、-ke、tse、ñe がついているかどうかの見かけ上以外に、強勢の位置によって区別される。

3.3 強勢の規則

自由語根及び語は、後ろから２番目（penultimate）の音節に強勢が置かれる。弱変化語尾には強勢が置かれないため、弱変化語尾を音節と数えないで後ろから２番目、もしくは、弱変化語尾のついた語は、後ろから３番目（antipenultimate）に強勢が置かれる。次の例の鋭アクセント記号（´）は、強勢の位置を示している。

(1) 弱変化語尾を伴わない語

例：

bétro 「脳」

ráty 「悪い」

mitóvy 「同じ」

ajája 「子ども」

añatéʔe 「中」

mambóle 「耕す」

mampiása 「使う」

(2) 弱変化語尾のついた語

例：

méreñe 「蛇」

nófotse 「体」

sátroke 「帽子」

mañóhatse 「測る」

mahafináritse 「喜ばせる」

４音節以上の語についても同様の規則があてはまる。後ろから２番目、弱変化語尾を伴う場合は後ろから３番目に第１強勢が置かれる。次に、第２

強勢が接辞、複合、重複といった形態過程を経る前の場所に置かれる（第1強勢を鋭アクセント（´）、第2強勢を重アクセント（`）で示す）。

例：

rànomáso　「涙」
ànakampéla　「娘」
tràñombóroñe　「鳥の巣」
ampèlanèsendráno　「人魚姫」
làvilávitse　「少し遠い」
mitòvitóvy　「似ている」

数は少ないが例外がある。

例：

tanáñe　「村」
laláñe　「規則」
sambá　「サンダル」
amá　「ああ（口頭伝承、民話での間投詞）」

強制は音素であり、音素の位置で語を区別する。多くはないが、例を示す。

例：

tánañe	「手」	vs. tanáñe	「村」
lálañe	「道」	vs. laláñe	「規則」
sámba	「興味をもって見る」	vs. sambá	「サンダル」
áma	「〜中」	vs. amá	「ああ、そして（口頭伝承での間投詞）」
báraka	「まっすぐ立つ」	vs. baráka	「恥、不名誉」
mánda	「塁壁、防御物」	vs. mandá	「拒否する」

命令形接尾辞 -o がつくことによって、強勢の位置が移動する。命令形の詳細は第 4 章を参照。

例：

vóno　「殺す」　→　vonó「殺せ！」

tsiáro　「覚える」　→　tsiaró「覚えろ！」

íno　「信じる」　→　inó「信じろ！」

強勢の位置は、上で説明した規則どおりであるため、本書では、次章以後、強勢記号は省略する。

第２章　語の成り立ち

本章では、タンルイ語の形態論的側面、つまり、語の成り立ちの過程について述べる。語を分析できる最少の単位に分け（形態素分析）、どのようにして単語ができるのか、どのような派生があるのかを見ていく。タンルイ語の名詞には、スペイン語やフランス語などよく知られているインド－ヨーロッパ語族のような、女性名詞、男性名詞の区別（性の区別）や、単数、複数の区別をするための変化はない。複数を表す必要がある場合は限定詞（第3章参照）や複数を表す接辞をつけることで示される。

一方、接辞や重複による派生といった語形成過程によって作られる語は非常に多い。派生とは、ある語（もしくは語根）から新しい語を作り出す方法を言う。タンルイ語の語形成はきわめて生産性が高いと言える。

1. 語根について

語根とは、これ以上分析することのできない、意味を持つ最少の単位である。語根にさまざまな語形成過程を経ることで、新たな意味や機能を持つ語が生まれる。表1に語根とその派生形を示す。

表1　語根と派生形

語根	派生形	意味
lalo（「通過」という意味）	mandalo	通過する
	mandalodalo	ゆっくり通過する
	mpandalo	通行人
	mampandalo	通過させる
asy（「尊敬」）という意味）	asiañe	尊敬する
	miasy	尊敬する
	fiasiañe	尊敬、敬語
	mifamiasy	互いに尊敬する
	asio	尊敬せよ（命令形）
	mampifamiasy	尊敬させる

表１に示したとおり、１つの語根から、元の語根の意味に沿った動詞や名詞、意味が変化した語、動詞の命令形になった語ができる。

原則として、表１の語根そのものには、意味はあるが、語根だけで使うことはできない。派生形になって初めて、文の一部として使うことができる。

1.1 拘束語根

拘束語根とは、語根に意味や概念はあるが、語根そのものでは使うことができないものを言う。拘束語根は形態変化の過程を経て、文に使うことができる。表２に拘束語根と、接辞化や重複といった形態変化を経て、文中で意味を持つ語として使うことができる派生を示す。

表２　拘束語根と派生語

拘束語根	意味	派生形	意味
fana	暑いという概念	mafana	暑い
rare	病気という概念	marare	病気だ
leha	行くという概念	mandeha	行く
lalo	通過するという概念	mandalo	通過する
lio	明るいという概念	madio	明るい
vao	新しいという概念	vaovao	新しい
eritse	熟考という概念	erieritse	熟考

1.2 自由語根

自由語根とは、これ以上分解することのできない最少単位の語で、派生や重複などの形態変化を伴わなくても、その語だけで使うことができる語根である。以下に自由語根と、その使用例を示す。名詞も接辞をつけることで、動詞や動作主名詞となり、語根になりうる。

表 3　自由語根

語根	意味
ampe	助ける、十分な
hay	できる、理解する
mae	暑い
efatse	4

例：

Efa　　　ampe.
すでに　十分な
「もう十分です。」

Haiko.
わかる－私
「私はできます／私はわかった。」

2.　語の音節構造

たいていの語は、2 音節か 3 音節である。しかし、限られた数ではあるが、1 音節の語も観察される。1 音節から順に例を示す。また、強勢規則はすでに第 1 章で述べたが、ここであらためて、語の音節構造と並べて説明する。

2.1　1 音節の語

例：
vy　「金属」
fo　「心臓」

lo　「腐った」
fia　「魚」
lio　「綺麗であるという概念」

2.2　2 音節の語

2 音節の語根は多く観察される。強勢（アクセント）は、たいてい最後の音節から 2 番目の音節（penultimate）に置かれる。太字に示した箇所がアクセントの位置である。

例：
b**i**by　「魚」
v**a**ly　「配偶者」
f**o**ty　「白い」
r**a**ty　「悪い」

例外的に、場所を表す指示詞の強勢は最後の音節に置かれる。

例：
er**oa**　「向こう」
ir**y**　「この」

2.3　3 音節の語

3 音節の語は非常に多い。3 音節の語には、2 つの区別がある。1 つ目は、弱変化語尾である、-ke, -tse, -ñe のつくものである。2 つ目は、弱変化語尾のつかないものである。

順に例をあげる。弱変化語尾を伴う語は、後ろから 3 音節目に強勢（アクセント）が置かれる。

(1) 弱変化語尾を伴う語

例：

r**a**rake 「貧しい」

j**a**kake 「蟹」

f**a**ntatse 「知る」

anatse 「助言」

eretse 「注意」

h**a**neñe 「肉、栄養」

(2) 弱変化語尾を伴わない語

例：

om**a**le 「昨日」

tañ**o**ra 「若い」

ad**a**la 「バカな」

aj**a**ja 「子ども」

at**i**mo 「南」

3. 派生における形態変化と音交替規則

3.1 派生の際の音交替の規則

タンルイ語の派生は、接辞と語根もしくは語の重複がきわめて生産的であるほか、複合による語形成が観察される。先行する語の語尾、後続する語頭の音とのあいだでさまざまな音交替が生じる。語形成について説明する前に、接辞、重複、所有連結辞がつく際の音交替規則を整理する（>は「〜になる」という意味を表す記号）。

3.2　弱変化語尾 -ke、-tse、-ñe を伴う語の派生の際の音交替規則

3.2.1　弱変化語尾 -ke、-tse を伴う語の場合

複合や重複の際、弱変化語尾は脱落し、表 4 のような音交替が起きる。

表 4　弱変化語尾 -ke, -tse を伴う語の派生の際の音交替規則

音交替	例
f＞p	efatse「4」＋**f**olo「10」＞efa**p**olo「40」
l＞d	laleke「深い」＋**l**alake「深い」＞lale**d**aleke「少し深い」
s＞ts	misitse「動く」＋-**s**itse「動き」＞misi**ts**itse「ごそごそ動く」
z＞j	zatse「慣れた」＋**z**atse「慣れた」＞za**j**atse「慣れてきた」
r＞dr	lahatse「規律、規則」＋**r**azañe「両親」＞laha**dr**aza「謎々」
h＞k	hotsoke「痛み」＋**h**otsoke「痛み」＞hotso**k**otsoke「痛み」

重複語では、lavilavitse「少し遠い」（＜lavitse「遠い」）のように、l が変化しない場合もある（つまり、Lavidavitse とならない）。

次に結合する語が母音で始まる場合と、すべてではないが派生の過程で無音の扱いを受ける h で始まる語の語頭音は脱落し、脱落したときは、マダガスカル語標準語の書記法に従い、アポストロフィで示す。

例：

anake「子ども」 ＋ampela「女の子」 → anak'ampela「少女、女の子」
halatse「盗む」 ＋añombe「牛」 → halats'añombe「牛を盗む」
holitse「皮」 ＋hazo「皮」 → holitsazo「樹皮」

3.2.2 弱変化語尾 -ñe を伴う語の派生および所有連結辞 -n- がつく場合の音交替規則

弱変化語尾 -ñe を伴う語が先行する場合および所有連結辞 -n- が語と語のあいだに挿入される場合、すなわち、先行する語の語末に鼻音を伴う際の音交替規則を表 5 にまとめる。

表 5　先行する語の語末に鼻音を伴う際の音交替規則

音交替	例
ñ, n＋p＞mp	ajaja「子ども」＋-n-＋piso「猫」＞ajaja**mp**iso「子猫」
ñ, n＋b＞mb	raveñe「葉」＋balahazo「さつまいも」＞rave**mb**alahazo「サツマイモの葉」
ñ, n＋f＞mp	rano「水」＋-n-＋falie「口」＞rano**mp**alie「つば」
ñ, n＋v＞mb	manañe「持つ」＋valy「配偶者」＞mana**mb**aly「既婚の」
ñ, n＋t＞nt	traño「家」＋-n-＋tantely「蜂」＞trañonta**nt**ely「蜂の巣」
ñ, n＋d＞nd	rae「父」＋-n-＋Dame「ダメ（人名）」＞rae-**nD**ame「ダメの父」
ñ, n＋l＞nd	aiñe「命」＋lahe「人」＞ai**nd**ahe「人の命」
ñ, n＋ts＞nts	haneñe「食べもの」＋tsiriry「あひる」＞hane**nts**iriry「あひるの餌」
ñ, n＋j＞nj	afo「火」＋-n-＋jiro「ろうそく」＞afo**nj**iro「ろうそくの火」
ñ,n＋s＞nts	volo「髪」＋-n-＋sandry「体」＞volo**nts**andy「体の毛」
ñ, n＋z＞nj	rantsañe「枝」＋zañe「バオバブ」＞rantsa**nj**añe「バオバブの枝」
ñ, n＋tr＞ntr	tafo「屋根」＋-n-＋traño「家」＞tafo**ntr**año「家の屋根」
ñ, n＋dr＞ndr	sokake「亀」＋-n-＋riake「海」＞soka**ndr**aike「ウミガメ」
ñ, n＋k＞nk	rantsañe「枝」＋kile「タマリンド」＞rantsa**nk**ile「タマリンドの枝」
ñ, n＋h＞nk	rantsañe「枝」＋-n-＋hataʔe＞rantsa**nk**ataʔe「木の枝」
ñ, n＋g＞ng	loha「頭」＋-n-＋ganagana「あひる」＞loha**ng**anagana「あひるの頭」

派生の際に、弱変化語尾 -ñe の母音 e が脱落し、後続する語頭の音と同化し、前鼻音化する。後続する語の語頭の母音が鼻音（n, m）の場合は、後続する語頭音に同化する（例：ravembalahazo「サツマイモの葉」、manambaly「既婚の」など）。

4. 接辞による語形成

タンルイ語には、接辞が豊富で、接辞による語形成はきわめて生産的である。接頭辞、接中辞、接周辞（第3章参照）、接尾辞がある。

4.1 接頭辞

タンルイ語の接頭辞の例を表6にまとめる。

表6 タンルイ語の主な接頭辞

接頭辞	機能
mi-	I 型動詞を作る
man-	I 型動詞を作る
maha-	使役を表す
mamp-	使役を表す
mif-	相互を表す（互いに〜）
miha-	使役を表す
maha-	物事の経過・進行・到達を表す
a-	II 型動詞を作る
mp-	動作主名詞を作る
ki-	抽象名詞を作る
f-	抽象名詞を作る
ha-	抽象名詞を作る
re-	複数を表す
a-	場所を表す
añ-	場所を表す

例：

mi-	＋teny「言葉」	→miteny「話す」
man-	＋ente「観察」	→mañente「観察する」
maha-	＋finaritse「喜び、幸福」	→mahafinaritse「喜ばせる」
mamp-	＋mamoño「包む」	→mampmamoño「包ませる」
mifa-	＋man-＋vono「殺す」	→mifamamono「互いに戦う、喧嘩する」
miha-	＋motso「失った、迷った」	→mihamotso「迷わせる、失わせる」
miha-	＋raty「悪い」	→miharaty「悪くなる」
a-	＋tonta「落ちる」	→atonta「落ちる」

mp-, ki-, f-, ha- は第7章を参照。

re-	＋i…o「その」	→i…reo（i と reo はセットで使われ指示する語を挟む。）
a-	＋timo「南」	→atimo「南（の方向）」
an-	＋tandroy「タンルイ民族」	→antandroy「タンルイ民族の住む土地」

4.2　接中辞

接頭辞の項目にあげた、複数を表す接辞 re- は、特に、指示代名詞や場所を表す表現において、接中辞としても働く。たとえば、io「これら」に接中辞を入れ、ireo「これら」と表す。メリナ語では、接中辞 -om- と -in- の数は非常に少なく、現在では、語形成には使われておらず、化石化した接中辞である。タガログ語では、-um- は行為者焦点を表すとき、-in- は目的物焦点を表すときに用いられる接中辞である。イロカノ語でも -um- は行為者焦点を表す。ここで言う「焦点」とはオーストロネシア言語学で用いられる用語で、動詞に見られる特徴を示し、行為者、目的物、場所、道具、手段、時間に焦点をあてるときの文法体系である。タンルイ語には、数は多くはないが、日常的に使われている語で、これらの接中辞のついた語がいくつか散見される。しかし、「焦点」としての機能はない。

どちらも、語根につき、II型動詞（第3章参照）を作る。

（1）接中辞　-in-

例：

vono	「殺す」	＋-in-	→	**vin**ono	「殺す」
haneñe	「食べ物」	＋-in-	→	**hin**añe	「食べる（語根）」cf. mihinañe 食べる
tioke	「風」	＋-in-	→	**tin**ioke	「風が吹く」 ※母音 i の連続により、最初の i が脱落
tapake	「切る」	＋-in-	→	**tin**apake	「切る」
toño	「言う」	＋-in-	→	**tin**oño	「言う」
fafa	「掃除」	＋-in-	→	**fin**afa	「掃除する」
tsinepa	「捕まえる」	＋-in-	→	ts**in**epa	「捕まえる」
torake	「投げる」	＋-in-	→	**tin**orake	「投げる」
vivitse	「牛の脚」	＋-in-	→	**vin**ivitse	「蹴る」
tsoake	「守り」	＋-in-	→	ts**in**oake	「～を守る」

（2）接中辞　-om-

例：

tany	「泣く」	＋-om-	→	**tom**any	「泣く」
haneñe	「食べ物」	＋-om-	→	**hom**aneñe	「食べる」
hehe	「笑う」	＋-om-	→	**hom**ehe	「笑う」

4.3　接尾辞

接尾辞は、II 型動詞を形成する役割を持つものと、命令形を作るときの接尾辞がある。ここでは、接辞型人称代名詞（-ko「私」-ʔo「あなた」）は取り扱わない。接辞型人称代名詞に関しては第 3 章を参照。表 7 に接尾辞の例とその機能を示す。

表 7　接尾辞の例

接尾辞	機能
-e	II型動詞形成要素
-eñe	II型動詞形成要素
-añe	II型動詞形成要素
-a	II型動詞形成要素
-a	命令形形成要素
-o	命令形形成要素

-eñe、-añe の語末の -ñe は接辞がつくとき脱落する。

5.　重複

語形成において、重複はきわめて生産的である。形態論的にはもとの語を完全に重複させるもの、部分的に重複させるものがあり、意味論的には、重複した結果できた語の強調、弱化、概数（approximation）といった意味変化が起こる。

5.1　形態的違い　完全重複と部分重複

5.1.1　完全重複

例：

lava　「長い」　→lavalava　「少し長い」
fohe　「短い」　→fohefohe　「少し短い」
soa　「良い」　→soasoa　「より良い」
feno　「いっぱい」　→fenofeno　「まだいっぱいではない」
voñe　「黄色」　→voñevoñe　「黄色っぽい」

5.1.2　部分重複

例：

loha　「頭」　→loloha（拘束語根、意味・機能を持たない）　→miloloha「頭の上に物を置いて運ぶ」

tanora　「若い」　→tanoranora　「少し若い」

5.1.3　弱変化語尾を伴う語の重複

弱変化語尾を伴う語は、1つ目の語の弱変化語尾が脱落する。

例：

laleke　「深い」　→laledaleke　「少し深い」

lavitse　「遠い」　→lavilavitse　「少し遠い」

antetse　「高齢の（80歳くらい）」　→antetsantetse　「やや高齢の（60歳くらい）」

sahirañe　「悩ましい」　→sahitsahirañe　「少し悩ましい」

mitsatike　「飛ぶ」　→mitsatitsatike　「跳ねる」

milamiñe　「よく整理された」　→milamidamiñe　「あまり整理されていない」

5.1.4　重複によってのみ使われる語

拘束語根で、語根自体では文中で用いることができず、重複することにより、意味や機能を持つ語がある。

例：

laolao　「遊び、ゲーム」　←lao「遊ぶという概念」の重複

vaovao　「新しい」　←vao

salasala　「疑わしい」　←sala

eretseretse　「思考、考え」　←eretse

votrovotro　「貧しい」　←votro

mitringitringy　「浮く」　←itringy の重複＋mi-（動詞化接頭辞）

mitroatroake　「茹でる」　←troake の重複＋mi-（動詞化接頭辞）

5.2 重複による意味の変化

5.2.1 緩和

例：

lava	「長い」	→lavalava	「少し長い」
fohe	「短い」	→fohefohe	「少し短い」
mafana	「暑い」	→mafanafana	「暖かい」
feno	「いっぱいの」	→fenofeno	「少しいっぱいの、まだ余裕がある」
marivo	「近い」	→marivorivo	「やや近い」
mazava	「明るい」	→mazavazava	「やや明るい、少し不明瞭」
adala	「馬鹿だ、愚か」	→adaladala	「馬鹿、少し愚か」

5.2.2 強化

例：

ambone	「上、高い」	→ambonebone	「より高い」
ambane	「下、低い」	→ambanebane	「より低い」
malaky	「速い」	→malakilaky	「とても速い」
malaoñe	「ゆっくり」	→malaondaoñe	「とてもゆっくり」
mateteke	「頻繁に」	→matetetetekе	「とても頻繁に」
maifitse	「狭い」	→maifitsifitse	「とても狭い」

5.2.3 概数表現

数詞や量詞が重複される場合「おおよその値」を表す。

例：

valo	「8」	→valovalo	「おおよそ8」
maro	「たくさんの」	→maromaro	「いくらかの数の」

5.2.4　意味変化のない重複

元の形でも使うことができ、重複形もあるが、意味の変化がない語がいくつかある。

例：

manara	「寒い」	→manaranara	「寒い」
manintsy	「寒い」	→manintsinintsy	「寒い」
mangadañe	「広い」	→mangadagada	「広い」

5.2.5　元の語から新たな意味を持つ語が形成される場合

重複した語が、元の語とは異なる意味を持つ例がある。派生前、重複形になる前の語の意味とは関連はあるが、別の意味として使われる。

例：

mitsangañe	「立つ」	→mitangatsangañe	「散歩する」
mirehake	「言う」	→mirehadrehake	「無意味な事を言う」
mandeha	「行く」	→mandehandeha	「散歩する」
volo	「毛」	→volovolo	「上着、コート」
zañe	「バオバブ」	→zañezañe	「無価値」

6.　複合

複合には、単純に2つの語を並置するもの、弱変化語尾を伴うため、最初の語の弱変化語尾が脱落するもの、所有の連結辞 -n- が2つの語のあいだに挿入されるものがある。

6.1 並置

例：

sira	「塩」	＋mamy	「甘い」	→siramamy	「砂糖」
loha	「頭」	＋taoñe	「年」	→lohataoñe	「春」
volo	「毛、髪の毛」	＋maso	「目」	→volomaso	「まつげ」
foto	「起源」	＋teny	「言葉」	→fototeny	「語根」
tahy	「誤り」	＋volo	「毛、髪の毛」	→tahivolo	「かつら」
mofo	「パン」	＋mamy	「甘い」	→mofomamy	「ケーキ、お菓子」

6.2 弱変化語尾を伴う語の複合

本章第３節で詳述したとおり、弱変化語尾を伴う語が複合語をつくる際、ほかの形態過程と同様に、１つ目の語の弱変化語尾が脱落する。

例：

efatse	「4」	＋zolo	「角」	→efazolo	「四角」
manapake	「決める」	＋hevetse	「考え」	→manapakevetse	「決意する」
atoañe	「ここ」	＋andro	「日」	→atoandro	「今日」

6.3 所有を表す連結辞（genitive linker）-n- を挟む複合語

所有表現は、所有を表す標識（linker）が語と語を結合し、結合した２つ目の語が、所有するもの（possessor）、１つ目の語が被所有物（possessed item）となる。つまり最初の語が主要部（head）となる。所有連結辞を伴う際の音交替規則は本章第３節で述べたとおり。

例：

tafo	「屋根」	＋traño	「家」	→tafontraño	「屋根」
tompoko	「村長、長」	＋traño	「家」	→tompontraño	「家主」
traño	「家」	＋voroñe	「鳥」	→tranomboroñe	「鳥の巣」
volo	「毛」	＋vava	「口」	→volombava	「ひげ」
ampela	「女の子」	＋nose	「島」	＋rano「水」→ampelanosendrano	「人魚姫」

7. 名詞化

主な名詞化過程は、接頭辞によるものである。動詞、形容詞的動詞、副詞といったあらゆる品詞で、接頭辞の機能（動作主名詞、抽象名詞、指小辞のような機能を付け加えるもの）を追加することで意味的に可能なものは名詞化接頭辞により、名詞となる。

7.1 名詞化接頭辞 mp-（動作主名詞を作る）

接頭辞 mp- は動作主名詞を作る。Ⅰ型動詞の語頭の m- が mp- に代わる。元の語が名詞の場合は、Ⅰ型動詞形成接辞 mi- をつけ、その後に mp- に代える。

例：

mañampe	「助ける」	→mpañampe	「助ける人」
mibeko	「歌う」	→mpibeko	「歌手」
mangalatse	「盗む」	→mpangalatse	「泥棒」
mivarotse	「売る」	→mpivarotse	「売り子」
sikily	「タマリンド」	→mpisikily	「占い師」
longo	「家族」	→mpilongo	「友だち、仲間」
eto	「ここ」	→mpieto	「ここを頻繁に訪れる人」

述語句（predicate phrase）も動作主名詞を形成する。

例：

manasa lamba	「服を洗う」	→mpanasa lamba	「洗濯する人」
manao nify	「（文字どおり）歯をする」	→mpanao nify	「歯医者」
manao fanjaka	「（文字どおり）王をする」	→mpanao fanjaka	「公務員」

7.2 名詞化接頭辞 f-

名詞化接頭辞 f- は、多くの場合Ⅲ型動詞の語頭に f- を加えることで抽象名詞、場所を表す名詞、道具を表す名詞、手段を表す名詞を作る。Ⅰ型動詞を名詞化する場合は、語頭の m- を f- に変える。

例：

mañampe	「助ける」	→fañampe	「助け」
miresaka	「話す」	→firesaka	「会話」
ihisañe	「遊ぶ」	→fihisañe	「遊び」
minday	「運ぶ」	→finday	「電話」
mikama	「食べる」	→fikama	「皿」
milay	「暮らす」	→filay	「生活」
mihogo	「髪をとく」	→fihogo	「櫛」
mate	「死ぬ」	→fate	「死体、死」
iasiañe	「尊敬する」	→fiasiañe	「尊敬」
avy	「来る」	→fiavy	「到着」

7.3 名詞化接頭辞 ki-

接頭辞 ki- は一般名詞を作るほかに、タンルイ語では「小さい」を表す指小辞としての役割を持つ。接頭辞としての例は少ないが、すでに ki- を含む語では、多くの例が見られる。

例：

lalao	「遊び」	→kilalao	「おもちゃ」
fafa	「掃除」	→kifafa	「ほうき」
bory	「丸」	→kibory	「墓」
fito	「7」	→kifitofito	「7 つずつ」
kitsoke	「半熟の」		
kitra	「小さな鍋」		
kibaha	「小さな籠」		
kiraikiraike	「あまり多くない」（iraike「1」）		
kiahe	「少年と少女」（呼格）		
kiloa	「若い雌牛」		
niniky	「激しい踊り」	→kininiky	「激しい踊り」

7.4 名詞化接頭辞 ha-

接頭辞 f- ほど数は多くないが、ha- をつけることで抽象名詞が作られる。

例：

fana	「暑い」	→hafana	「暑さ」
tea	「愛する」	→hatea	「愛、愛情」
soa	「良い」	→hasoa	「良い行い、善良」
roña	「歯がない」	→haroña	「歯がない（こと）」

asiñe 「尊敬」 →hasiñe 「尊敬すること」

7.5 形態変化がなく名詞としても使われる語

タンルイ語の品詞の分類は、第3章で、形態的特徴と統語的特徴で分類している。また、名詞は文中の位置によって判断する。そのため、動詞や形容詞的動詞は名詞にもなりうる。

例：

mamono 「殺す」

mamo 「酔った人」

Tsy	mandeha	aliva	fa	misy	mamono.
否定	行く	夜	なぜなら	いる	殺人

「夜に外へ行ってはいけない、なぜなら殺人鬼がいるからだ。」

7.1で述べた動作主名詞をつくる接頭辞 mp- を mamono「殺す」につけ、mpamono「殺人」という語を形成することは、理論上正しく、マダガスカル語標準語伝統文法の書籍にも書かれているが、タンルイ語話者は、mamono「殺人」を一般的に広く使用し、mpamono は不自然で使わないと答えた。

8. 擬音語・擬態語

タンルイ語には擬音語・擬態語からくる語が比較的多く、擬音語・擬態語は、音を表すだけではなく、生物の名前、行動、感情も表す。

例：

ganagana 「あひる」

tsatsaka 「ヤモリ」

hahahaha	「笑い」
mihahahaha	「笑う」
mitabataba	「音をたてる、やかましい」
gagagaga	「喧嘩している、闘っている」
kobokoboke	「叩く」
kodobokodobo	「太鼓の音」
miketeketeke	「少しずつ飲む、ちびちび飲む」
mibababa	「羊が鳴く」
mitretretretre	「羊が鳴く」
mikekeo	「鶏が鳴く」
mimeomeo	「猫が鳴く」
mihiake	「犬が吠える」
godrogodro	「(水を運ぶための) 手押し車」
kolokoloke	「七面鳥」
girigiry	「あひる」
migaragara	「がらがらと回す」
kokentrekokentre	「沸騰、沸き立つこと、泡立ち」
tsihe	「くしゃみ」
tsikikike	「バッタ」
tsikiriokirioke	「鳥(マダガスカルハチクイ　Merops superciliosus)」
kotrokotro	「コケコッコー」
kekekeke	「笑う」
gaga	「驚く」
mihomokomoko	「うがいをする」
mitsakotsako	「しっかり噛む」
migeongeo	「ささやく」
migerangera	「ふらふらほっつき歩く」
mikantsikantsy	「音が響く」

第３章　品詞の分類

本章では、語の文法的機能に基づいて、品詞の分類を行い、解説する。ただし、1つの品詞であっても他の品詞の機能を持つこともある。品詞の分類の仕方や、品詞の数は言語によって異なり、ある言語の品詞を他の言語の品詞に適用することはできない。同じ言語であっても、意味、機能、形態・統語的特徴といったどの視点から分類するかで異なり、一様ではない。記述的立場から、大きく開いた類と閉じた類に分類し、その意味と機能について、例を挙げて解説する。

1. 品詞の分類

タンルイ語の品詞を記述的立場から分類すると、開いた類（open class）と閉じた類（closed class）に分けられる。開いた類には、名詞、動詞、形容詞的動詞、副詞、閉じた類には、接続詞、小詞、代名詞、限定詞がある。開いた類とは、語が豊富になり、意味をもち、時とともに言語が変化するとともに、増えたり減ったりすることのできる語類である。閉じた類とは、主に文中の中で機能を担い、語の数にあまり変化のない語類である。表1にタンルイ語の品詞の分類を示す。

表1　品詞の分類

開いた類	閉じた類
名詞	接続詞
動詞・形容詞的動詞	小詞
副詞	代名詞（人称代名詞・指示代名詞）・限定詞

形態上の特徴および統語上の特徴、すなわち、文中のなかでの分布によって、分類したものである。他の言語にある「形容詞」という明確な形態枠、統語枠の区別はない。また、名詞は文中の位置によっては、修飾語としての役割を担う。ここでは小詞とは、英語で言う冠詞、前置詞や、何らかの文法標識（複数標識、人を表す標識、話題の中心を表す標識など）を表すものを指している。

2. 名詞

タンルイ語の名詞範疇としての名詞は、文中の位置、すなわち、統語的観点から判断される。名詞は、形態的には、自由語根単独（第2章1.2参照）あるいは、接辞による派生によって生成される。普通名詞、固有名詞、抽象名詞、動作者を表す動作主名詞がある。固有名詞には、人名と場所名があり、それぞれを示す標識となる接辞が語に組み込まれている。抽象名詞および動作主名詞は、特定の接辞によって示される。タンルイ語の名詞には性・数の変化はない。単数、複数の標識は義務的ではなく、複数を示したい場合は、小詞によって示される。以下、順を追って説明する。

2.1 名詞の複数を示す標識

上述のとおり、タンルイ語の名詞の数の標識は義務的ではない。複数を強調したい場合は、限定詞 ry（「定」を表し英語の the のようなもの）、璃切的限定詞（disjunctive determiner）、i…rey（これら）、i…reo（これら）によって示される。ここで言う璃切的限定詞とは、単語の前後に置くことで、1つの指示詞としての機能を果たすものである。限定詞の詳細は本章第7節で取り扱う。

限定詞 ry の使い方を例（1）に示した。

（1）a.　ry　　kiahe
　　　　ある　女の子と男の子
　　　　「女の子と男の子たち」

　　b.　ry　　i　　　　Koto
　　　　ある　人の標識　クトゥ

「クトゥー家」

日本語では、クトゥさんたちと、人名に複数を示す「たち」をつけて、複数形を表すことができるが、日本語では「クトゥさんたち」の意味するものは、クトゥと～さん、クトゥとクトゥの友だち、クトゥとそのお姉さん、とさまざまであり、必ずしも、クトゥ一家という意味にならない。同様に英語では、the Andersons と複数形 -s を苗字 Anderson につけると、「アンダーソン一家」という意味になる。タンルイ語の人名につく複数標識は、日本語と比べると、やや義務的と言える。

次の例（2）は、璃切的限定詞の使い方である。y は［i］と発音される。璃切的限定詞として、i…i とセットで出てくる際、語を囲んだ最後の i は y と表記する。

（2）a. i_i ajaja y_i
その 子ども その
「その子ども」

b. i_i ajaja rey_i
その 子ども それら
「子どもたち」

c. o_o ajaja o_o
その 子ども それ
「子どもたち」

d. o_o ajaja reo_o
その 子ども それら
「子どもたち」

例（2）a-d では、ajaja「子ども」を例に単数の形（a と c）と複数の形（b と d）を示した。re- が複数の標識であることがわかる。また、i と o の使い分けは、母語話者によると、i は話者から遠い、o は話者から近いとされるが、現在は大きな使い分けはない。

2.2　名詞の性　生物学的性の表し方

タンルイ語には、文法的性の区別はない。生物学的な性の区別をする場合は、単語の後に、lahy もしくは lahe（男）、vave（女）をつける。

（3）a.　zafelahy
「孫息子」
b.　zafevave
「孫娘」

非人間の生物の性を表す場合は、男女を表す lahy, vave は、修飾語の前、後のどちらも可能である。

（4）a.　lahim-papay
男－所有連結辞－パパイヤ
「雄株のパパイヤ」

b.　vavim-papay
女－所有連結辞－パパイヤ
「雌株のパパイヤ」

c.　papay　lahy
パパイヤ　男
「雄株のパパイヤ」

d. papay vave
パパイヤ 女
「雌株のパパイヤ」

(5) a. lahim-biby
男－所有連結辞－虫
雄
「雄虫」

b. vavem-biby
雌－所有連結辞－虫
「雌虫」

c. biby lahy
虫 男
「雄虫」

d. biby vave
虫 女
「雌虫」

2.3 固有名詞

タンルイ語を含むマダガスカルの諸言語では、場所を表す固有名詞と人を表す固有名詞に、特定の接辞を付加する。

2.3.1 場所を表す名詞

場所を表す名詞には接頭辞 an- がつく。

例：

地名　Antandroy　　アンタンルイ

an-（場所を示す接辞）＋tana（村、土地）＋an-（場所を表す接辞）＋roy（茨、棘）

「茨の土地に住む人の場所」の意。

地名　Antanosy　　アンタヌシ

an-（場所を示す接辞）＋tanañe（村、土地）＋nosy（島）

「島の土地」の意。

地名　Antsirabe　　アンツィラベ

an-（場所を示す接辞）＋sira（塩）＋be（とても）

「塩が多い土地」の意。

2.3.2　人名と人につく小詞

マダガスカル人の名前には、Ra- や Andri- で始まる名前が多い。Ra- や、Andri- は人名に組み込まれた、人名を示す接辞である。Andri- は王族を意味する。

マダガスカル人の苗字の事例をいくつか列挙する。

例：

Rakotoarisoa

Ramanantsoa

Rasoloson

Rasoloarison

Ranaivomanana

Andriananjafy

Andrianantenaina

Ra- は名前にもつくが、それは男の子の名前に限られる。次の例は、苗字ではなく、個人名の例である。

例：
男性の個人名
Rahaja
Raelina
Rafetra

女性の個人名
Fara
Toky
Soalandy

男性の個人名を文字どおりに訳せば、ハジャくん、エリナくん、フェトゥラくん、となる。同様に、上述の Rakotoarisoa という苗字は文字どおりに訳せば「クトゥアリソアさん」となる。マダガスカルの公用語の１つであるフランス語の強い影響により、公式の場で、苗字を呼ぶ際は、男性にはフランス語の Monsieur（ムッシュー）、女性には、Madame（マダム）をつけて、Monsieur Rakotoarisoa（ムッシュー・ラクトゥアリスア）「ラクトゥアリスアさん」と呼びかける。

人名を表す接辞は、マダガスカル全域で、Ra- と Andri- が圧倒的に多く観察されるが、地域・民族によって差がある。

solo という名前に人を表す場合の地域・民族による変種の例を下記に示す。

例：

メリナ語	Rasolo
ベツィレウ語	Rosoa
タンルイ語	Resoa

マハファリ語　Esoa

接辞による語形成が生産的なタンルイ語を含むマダガスカル語諸語全般では、初めてマダガスカル人の名前を聞いた時、個人名は非常に長い印象を受ける。Gordimer（2010）によると、マダガスカル人の個人名で一番長い名前は、Andrianampoinimerinandriantsimitoviaminandriampanjaka（アンディアナンプイニメリナンディアンツィミトウヴイアミイナンディアンパンジャカ）と記録されている。メリナ王国のかつての王の名前である。この名前の意味は「現在の王に優るメリナ王国の愛される王様」である。形態素分析をすると、

Andriana（村）＋ampo（心）＋Imerina（メリナ王国）＋andriana（王様）＋tsy（否定）＋mitovy（同じ）＋amin'ny（～に、～で）＋andriana（王様）＋mpanjaka（王様）となり、

文字どおりに訳せば、「ほかの王様とは同じではない心の王様」となる。タンルイ語の伝統的命名法に関しての詳細は第7章で取り扱う。

マダガスカル人の名前には、その子どもの生まれた背景や家族史が刻まれることが多い（西本 2016）。新たに子どもが生まれる前に、兄もしくは姉が死亡した場合、Solo「代わりの子」という名前をつける。zatovo という名前の子が死亡した後に生まれた子どもは、Rasolonjatovo という名前が与えられる。末っ子には、「最後の」を意味する Fara という名前があてられる。Fara の後に修飾語をつけることで、Farakely ファラケリ（kely「小さな」）、Falavave（vave「女性」）、Faralahe（lahe「男性」）、Falasoa（Soa「良い」）など、両親の好みや子どもの性別によって名前はさまざまだが、どの子も末っ子であることが名前からわかる。

ほかに誕生時の子どもの様子を描写した名前もある。たとえば、Raraingita「巻き毛の子」（Ra-「接頭辞」-ilay「1つの」-gita「巻き毛の」）、Ramanandraibe「祖父をもつ子」（Ra-「接頭辞」-manana「所有する」-raibe「祖父」）、Rakotomanga「青い色の子」（Ra-「接頭辞」-koto「息子」-manga「青、良い」）などがある。

親が子どもへの期待や思いを込めて名前をつけることも多い。以下に、い

くつか例をあげる。

例：

Ramarolahe「将来たくさんの子を持つこと」（Ra-「接頭辞」、maro「たくさんの」、lahe「男」）、Rampanarivo「将来富を得る」（Ra「接頭辞」、manana「所有者」、arivo「1000」）、Ralaimahazovoninahitranarivony「将来多くの栄誉を得る子」（Ra「接頭辞」、ilay「1つ」、mahazo「得る」voninahitra「栄誉」、an「～に、～と」、arivo「1000」、ny「その（メリナ語）」）、Ratolojanahary「神からの贈り物」（Ra「接頭辞」、tolotra「贈り物」、-zanahary「神」）、Rasoloniaina「両親の人生を受け継ぐ者」（Ra「接頭辞」、solo「代理人、支持者」、ny「その（メリナ語）」、aina「人生、命」）。

2.3.3　抽象名詞

第2章第7節ですでに述べたが、抽象名詞は接頭辞 f- 及び、ha- が語根につくことによって作られる。接頭辞 f- によって作られる名詞を本書では f-名詞と呼ぶ。f 名詞は非常に生産的であり、ほぼすべての語根に付加される。

f-（名詞化接頭辞）　＋alake（取る）　→falake（取ること、取るという行為）
ha-（名詞化接頭辞）　＋alake（取る）　→halake（取るとこと、取るという行為）

2.3.4　動作主名詞

行為の動作主である動作主名詞は、接頭辞 mp- が動詞もしくは派生動詞につくことにより作られる。動詞の語頭 m- が脱落し、mp- に取って代わる。

mp-（名詞化接頭辞）　＋mianatse（学ぶ）　→mpianatse（生徒）
mp-（名詞化接頭辞）　＋mampianatse（教える）　→mpampianatse（先生）

2.4　名詞の使われ方

2.4.1　名詞の述語的用法

名詞はコピュラ（繋辞）なしで、文頭に置くことにより、述語的に使われる。

例：

Mpianatse　raho.
学生　　　私
「私は学生だ。」

Biby　toy.
虫　　これ
「これは虫だ。」

2.4.2　修飾的用法

名詞を修飾語として使う場合、修飾語となる名詞が被修飾語の後にくる。

例：

Mpianatse　teny　anglisy
学生　　　言葉　英語
「英語を学ぶ学生」

hataʔe　afo
枝　　火
「薪」

biby　añala

動物　森
「野生の動物」

3.　形容詞的動詞

記述的観点から、タンルイ語の文法範疇では、形容詞は形態的には動詞と同じ変化を持つ。文中での位置も動詞と同じであり、統語論的にも動詞と分類することができる。ここでは、一般的に形容詞と分類されるものを、形容詞的動詞として記述する。

オーストロネシア諸語の形容詞は、形態・音韻論的観点からは、動詞と定義することも可能である（Himmelman 2005: 128）。

3.1　形容詞的動詞の種別

3.1.1　語根による形容詞的動詞

以下は、接辞などの形態変化を伴わずに形容詞的動詞となる語の例である。

例：

hery	「強い」
lavitse	「遠い」
bosake	「怒っている」
soa	「良い」
raty	「悪い」
lava	「長い」
ela	「古い、年老いた」
tanora	「若い」
demoke	「鈍い」
sarotse	「難しい」

vozake　「疲れた」
vondrake　「太った」

3.1.2　ma- 形容詞的動詞

以下は、拘束語根に、接頭辞 ma- をつけることにより形容詞的動詞となる語の例である。

例：

ma-	＋	hia「細いという概念」	→	mahia	「細い」
ma-	＋	tify「細いという概念」	→	matify	「細い」
ma-	＋	faitse「苦いという概念」	→	mafaitse	「苦い」
ma-	＋	fana「暑い、熱いという概念」	→	mafana	「熱い、暑い」
ma-	＋	lio「清潔という概念」	→	malio	「清潔な」
ma-	＋	sira「塩」	→	masira	「(塩っぽい)」

3.2　形容詞的動詞の使い方

3.2.1　形容詞的動詞の述語的用法

形容詞的動詞が述語として用いられるとき、コピュラ（繋辞）を伴わず、文頭に置かれる。

例：

Mahia　rehe.
細い　あなた
「あなたは細い。」

Soa　traño　toy.
良い　家　この
「この家は良い。」

3.2.2　形容詞的動詞の修飾的用法

形容詞的動詞が修飾語として用いられるとき、修飾する名詞の後に置かれる。

例：

rano　mafana
水　熱い
「熱い水（＝お湯）」
＊タンルイ地域には元来ない氷や雪のことを rano matory（眠る）と表現する。

ampela　soa
女の子　良い
「良い女の子」

3.3　形容詞的動詞の比較級・最上級の有無

タンルイ語には、比較級、最上級を表す形態素や標識はない。形容詞ではなく、形容詞的動詞という文法範疇を設けている理由の１つでもある。以下の例文は、言語調査時に、フランス語による比較級の例文から、母語話者に訳してもらった例文である。

3.3.1　naho を用いた比較表現

たいていの場合比較を表す際に、naho（〜よりも）を比較する語と語のあいだに入れることにより、表現される。

例：

Soa　bey　naho　raʔe.

スア　大きい　〜より　父－彼の
「スアは彼の父よりも大きい（背が高い）。」

Mofo　toy　mame　naho　mofo　tia.
お菓子　これ　甘い　〜より　お菓子　あれ
「このお菓子はあのお菓子より甘い。」

同等比較を表す場合は、小詞 mboe「まだ〜ない」を形容詞的動詞の前に置くことによって表現される。

例：
Mboe　soa　reke　naho　ranitse.
まだ〜ない　良い　彼　〜より　友だち
「彼は友だちと同じくらい賢い。」

3.3.2　最上級を表す場合

比較級と同様、最上級を表す形態変化や標識はない。フランス語の例文から母語話者に訳してもらったものが次の例文である。数詞や序数詞を用いて表現している。

例：
Railahe　añate　mpianatse　reke.
1－人　〜の中で　生徒　彼
「彼は一番良い生徒だ。」

Nosy　bey,　laharañe　fahaefatse　erantane　Madagasikara.
島　とても大きい　程度　4番目　世界　マダガスカル
「マダガスカルは世界で4番目に大きな島だ。」

4. 動詞

マダガスカルの学校では、マダガスカル語標準語の伝統文法に基づいて教えられている。伝統文法では、動詞の3つの様態を、能動態（active voice）、受動態（passive voice）、状況態（circumstantial voice）と呼ぶ。伝統文法に基づいたマダガスカル語の概説書は、今も存在している（Rasoloson and Rubino 2005, Raolison 1971, Rajaonarimanana 2001, Dahl 1991 など）が、実際のところ、マダガスカル語の動詞形態・統語論、動詞の用法、動詞の分類については、マダガスカル語研究者およびオーストロネシア諸語研究者のあいだで、分析や議論はなされているが、未解決な項目が多い。これらの動詞の様態を本書では、それぞれ、I型動詞、II型動詞、III型動詞と呼ぶ。動詞の3つの型については、本章4.2で詳しく述べる。まず始めに、動詞の語形成から見ていく。

動詞は、語根に接辞（接頭辞、接中辞、接周辞、接尾辞）をつけることにより、意味や機能の異なる動詞が作られる。名詞、形容詞的動詞、場所を表す指示詞、数詞に接辞をつけることにより、動詞を作ることもできる。

4.1 動詞の語形成

4.1.1 語根動詞

数は多くはないが、日常でよく用いられる動作や行為を表す動詞に、語根のみで使われる動詞がある（語根のみでも使えるが、接辞がつくことができる動詞もあり、必ずしも語根のみで使わなければならないわけではない）。

例：

hay 「理解する、できる」

azo 「理解する、できる」

tea　　　「好き」
fantatse　「知っている」
mba　　　「行く」
avy　　　「来る」
tonga　　「到着する」
ampe　　「十分である、助ける」
rese　　　「勝つ」

4.1.2　拘束語根が派生した動詞

語根のみでは文中で意味や機能を持たない拘束語根に、接辞が付いたり、重複することにより、動詞や形容詞的動詞として働く例がある。表2は音交替規則にのっとって理論的に抽出した語根とその派生形である。

表2　理論的に抽出した拘束語根とその派生形

拘束語根	派生	派生語	意味
fana	接頭辞 ma-	mafana	暑い
rare	接頭辞 ma-	marare	病気である
leha	接頭辞 maN-	mandeha	行く
lalo	接頭辞 maN-	mandalo	通過する
lio	接頭辞 ma-	madio	清潔だ
vao	重複	vaovao	新しい
eritse	重複＋接頭辞＋mi-	mierieritse	熟考する

4.1.3　1つの語からできる新たな語

タンルイ語の動詞の語形成はきわめて生産的である。1つの語もしくは拘束語根に、接辞をつけたり、重複したり、またそれらにさらなる接辞をつけることで、新たな語ができる。

表3は拘束語根 lalo「通行するという意味」が派生し、新たな語ができる

例である。

表3　語根 lalo とその派生語の例

動詞	意味	語・語根	派生
mandalo	通行する	lalo	接頭辞 maN-
mandalodalo	ゆっくり通る	mandalo	接頭辞 maN-, 重複
mampandalo	通行させる	mandalo	接頭辞 m-amp-
mpandalo	通行人	mandalo	接頭辞 mp-

4.2　動詞の 3 つの型

第 4 節の冒頭で述べたとおり、本書では、動詞をⅠ型動詞、Ⅱ型動詞、Ⅲ型動詞に分けて記述する。Ⅰ型は独立型人称代名詞をとり、Ⅱ型とⅢ型は、接辞型人称代名詞をとる（人称代名詞に関しては本章 6.1 を参照）。Ⅲ型動詞の語末の a-ñe は接辞が付く際脱落する。

まずは、表 4 に動詞の 3 つの型を例に示す。まず、ここで着目する点はそれぞれの動詞の接辞の付き方である。Ⅲ型動詞は、目的・手段・方法・場所を示す時に用いられる。

表4　動詞の 3 つの型

語根	Ⅰ型	Ⅱ型	Ⅲ型
pay ～を探す	**mi**pay ～を探す	pai**e** ～を探す	**i**pai**añe** ～を～で（手段、目的、場所）探す
ampe 十分である、助ける	**mañ**ampe 十分である、助ける	ampe**a** 助ける	**añ**ampe**a** ～で助ける（手段、目的、場所）
zotso 下りる	**mi**zotso 下りる **mampi**zotso 下ろす	**a**zotso 下りる	**i**zotso**a** ～から、～で下りる

次に、3つの型の使われ方を示す。動詞の箇所を太字で示した。どの型の動詞も、主語を表す人称代名詞は随意的であり、主語がわかっている場合、もしくは主語を示す必要がない場合は、主語を省略する。

Ⅰ型動詞

例：

Mipay vare raho.
探す 米 私
「私は米を探す。」

Misaroñe loha amy ty lamba raho.
くるむ 頭 ～で その 布 私
「私は布で頭をくるむ。」

Ⅰ型動詞の主語は原則動詞の後にくる。しかし、自然会話では、文頭に主語が来ることは決して珍しくなく、非文とはならない。次の2つの例文は主語が猫の場合である。

例：

Mitsakotsako taolañe ey i piso y.
しっかり噛む 骨 小詞 それ 猫 それ
「その猫は骨をしっかり噛んでいる。」

Piso mitsakotsako taolampia.
猫 しっかり噛む 魚の骨
「猫は魚の骨をしっかり噛んでいる。」

II 型動詞

例：

Paie-ko　vare　marare　reo.

探す－私　米　病気　複数の標識

「私は病気の人たちのために米を探す。」

Saroña-ko　ty　loha-ko.

くるむ－私　その　頭－私の

「私は布で私の頭をくるむ。」

III 型動詞

例：

Ipaiañe　vare　marare　reo.

探す　米　病気の人　複数標識

「(誰かが) 病気の人たちのために米を探す。」

Isaroña-ko　ty　lamba　toy.

くるむ－私　その　布　この

「私は布で自分をくるむ。」

Ⅲ型動詞では、動作に伴う道具、手段、場所を明確に示す時に用いられる。また、メモをするとき（無文字社会においては、頭の中にインプットする）や、要件を箇条書きで伝えるときにも使われる。

Ⅲ型動詞に名詞化接辞 f- を付加することで、その動作が行われる場所や手段を表す名詞が作られる。たとえば、isaroñañe に名詞化接辞 f- がつくと、fisaroñañe「くるむこと、くるむ物、くるむ場所」という抽象名詞となる。語末の -ñe は接辞型人称代名詞や接尾辞がつく時、脱落する。

どの型の動詞も、接辞がつくことにより新たな語を生み出す。表5は語根 asy を例に派生を3つの型の動詞で示した。

表5　語根 asy を例にした3つの動詞の型とその派生

派生語	意味	基になる語	接辞	動詞の型と説明
miasy	尊敬する	asy	mi-	Ⅰ型動詞＋接頭辞
asiañe	尊敬す	asy	-añe	Ⅱ型動詞＋接尾辞
iasiañe	～で尊敬する	asy	i- -añe	Ⅲ型動詞＋接周辞
fiasiañe	敬語、尊敬する行為、尊重	iasiañe	f-	名詞化接頭辞＋Ⅲ型動詞
asio	尊敬しろ	asiañe	-o	Ⅱ型動詞＋命令形接尾辞
mifamiasy	互いに尊敬する	miasy	mifa-	Ⅰ型動詞＋接頭辞
mampifamiasy	互いに尊敬させる	mifamiasy	mamp-	接頭辞のついたⅠ型動詞＋接頭辞

4.2.1　Ⅰ型動詞と接頭辞 maN- と mi-

上述のとおり、Ⅰ型動詞は、独立型人称代名詞がつく。動詞 mañampe「助ける」を例に具体例を表6に示す。

表6　Ⅰ型動詞と独立型人称代名詞の例

Ⅰ型動詞	単数	複数
mañampe 助ける	mañampe raho. 助ける　　私 「私は助ける。」	mañampe tika. 助ける　私たち（包含形） 私たちは助ける mañampe anay. 助ける　私たち（除外形） 「私たちは助ける。」
	mañampe rehe. 助ける　あなた 「あなたは助ける。」	mañampe iareo 助ける　あなた 「あなたたちは助ける。」
	mañampe reke. 助ける　彼 「彼は助ける。」	mañampe iereo 助ける　彼ら 「彼らは助ける。」

動詞に接頭辞 maN- か mi- がつく。接頭辞 maN- は、後続する語もしくは語根の語頭の音によって、子音が交替する。接頭辞 maN- と子音交替を表 7 に示す。

表 7　接頭辞 maN- と音交替規則

交替規則	具体例
n＋t＞n	maN-＋**t**ao「する（語根）」＞ma**n**ao「する」
n＋k＞n	maN-＋karama「給料」＞ma**n**arama「給料を払う」
n＋s＞n	maN-＋**s**asa「洗う（語根）」＞ma**n**asa「洗う」
n＋ts＞n	maN-＋**ts**angañe「立ち上がる」＞ma**n**angañe「立つ、立ち上がる」
n＋b＞m	maN-＋**b**oty「発展する（語根）」＞ma**m**oty「発展する」
n＋v＞m	maN-＋**v**ono「殺す（語根）」＞ma**m**ono「殺す」
n＋v＞mb	maN-＋voatse「創作」＞ma**mb**oatse「創る」
n＋d＞nd	maN-＋**d**iso「過ち」＞ma**nd**iso「間違える」
n＋l＞nd	maN-＋**l**eha「行く（語根）」＞ma**nd**eha「行く」
n＋j＞nj	maN-＋**j**ihitse「停止（語根）」＞ma**nj**ihitse「止める」
n＋z＞nj	maN-＋**z**aitse「裁縫」＞ma**nj**aitse「縫う」
n＋r＞ndr	maN-＋**r**ose「刺す（語根）」＞ma**ndr**ose「刺す」
n＋p＞mp	maN-＋**p**oly「戻る（語根）」＞ma**mp**oly「戻る」
n＋f＞m	maN-＋**f**afa「清掃」＞ma**m**afa「掃除する」
n＋e＞ñ	maN-＋ente「見る（語根）」＞ma**ñ**ente「見る」
n＋i＞ñ	maN-＋ileke「分ける（語根）」＞ma**ñ**ileke「分ける」
n＋o＞ñ	maN-＋**o**ro「燃やす（語根）」＞ma**ñ**oro「燃やす」
n＋h＞ñ	maN-＋**h**aja「隠す（語根）」＞ma**ñ**aja「隠す」
n＋h＞ng	maN-＋**h**ily「痒み」＞ma**ng**ily「痒い」

接頭辞 mi- は音交替はなく、語根もしくは語につくことで動詞となる。maN- と並んで、I 型動詞を作る生産的な接頭辞である。

例：

mi-	＋lay		→milay	「走る」
mi-	＋boake	「出る（語根）」	→miboake	「出かける」
mi-	＋tañe	「泣く（語根）」	→mitañe	「泣く」
mi-	＋tsiñe	「静けさ」	→mitsiñe	「静かにする」
mi-	＋tozo	「座る（語根）」	→mitozo	「座る」
mi-	＋tsinjake	「踊る（語根）」	→mitsinjake	「踊る」

4.2.2　接頭辞 maN- と mi- の使い分け

一般的に、maN- は他動詞を、mi- は自動詞を作る傾向がある。いくつか例をあげる。

(1) 語根 zotso の例

例：

Manjotso　vare　raho.
降ろす　米　私
「私は米を（荷台から）降ろす。」

Mizotso　ty　lanitse.
降りる　主語標識　空
「空が降りる（沈む）。」（民話での擬人化）

(2) 語根 sikiñe

例：

Manikiñe　i　ajaja　y　raho.
着させる　その　子ども　その　私
「私はその子どもに服を着せる。」

Misikiñe　raho.

着る　　私
「私は服を着る。」

ほかに、接頭辞 maN- と mi- によって他動詞と自動詞の区別がつけられる動詞の例を表 8 に記す。

表 8　maN- と mi- の使い分けのある動詞の例

語根	他動詞	自動詞
foha	mamoha「～を起こす」	mifoha「起きる」
zilike	manjilike「～を入らせる」	mizilike「入る」
hintsañe	mañintsañe「落とす」	mihintsañe「落ちる、散る」
hily	manily「～を閉める」	mihily「閉まる」
rindriñe	mandrindry「～を閉める」	mirindriñe「閉まる」
jihetse	manjihetse「～を止める」	mijihetse「止まる」
rohy	mandrohy「(紐で) くっつける」	mirohy「繋がる」

4.2.3　I 型動詞につくそのほかの接頭辞

I 型動詞には、ほかにもさまざまな接頭辞があり、新たな意味や機能をもつ語が生まれる。これらの接頭辞は、名詞、形容詞的動詞など、ほかの開いた類の品詞（本章第 1 節参照）にもつくことができる。それらの接頭辞を表 9 に示す。これらの接頭辞は、I 型動詞につく際、I 型動詞の語頭の子音 m が脱落する。

表 9　そのほかの接頭辞

接頭辞	機能
mamp-	使役
mana-	使役
maha-	使役
maha-	可能
maha-	到達、達成
mifa-	相互

（1）mamp-（使役）

例：

mamp-	＋mamono	「殺す」	→mampamono	「殺させる」
mamp-	＋mamoño	「包む」	→mampamoño	「包ませる」
mamp-	＋manapake	「切る」	→mampmanapake	「切らせる」
mamp-	＋mandroso	「入る」	→mampamdroso	「入らせる」
mamp-	＋miara	「行く」	→mampiara	「行かせる」
mamp-	＋mitañe	「泣く」	→mampitañe	「泣かせる」
mamp-	＋malifo	「喜ぶ」	→mampalifo	「喜ばせる」

Mampaliofo　ahe　vaovao　zay.
喜ばせる　私を　知らせ　その
「その知らせは私を喜ばせた。」

Ia　nampitomañe　ajaja　o？
誰　過去－使役－泣く　子ども　その
「誰がその子を泣かせたの？」

Azafady　fa　nampandiñe　azo　raho.
すみません　なぜなら、～ということ　過去－使役－待つ　あなたを　私
「待たせてすみません。」

（2）mana-（使役）

例：

mana-	＋mafe	「強い」	→manamafe	「強くする」
mana-	＋maike	「乾いた」	→manamaike	「乾燥させる」

(3) maha-（使役）

例：

maha-	＋soa	「良い」	→mahasoa	「良くする」
maha-	＋finaritse	「喜び」	→mahafinaritse	「喜ばせる、喜ばしい」
maha-	＋gaga	「驚く」	→mahagaga	「驚かせる」
maha-	＋boseke	「怒る」	→mahaboseke	「怒らす」

Nahaboseke　ahe　reñeko.
過去－使役－怒る　私を　友だち－私の
「私の友だちは私を怒らせた。」

(4) maha-（可能）

例：

maha-	＋vono	「殺す(語根)」	→mahavono	「殺すことができる」
maha-	＋faty	「死」	→mahafaty	「死なすことができる、死なせる」

(5) maha-（到達、達成）

例：

maha-	＋biby	「虫」	→mahabiby	「虫になる」
maha-	＋masake	「熟した」	→mahamasake	「熟す」
maha-	＋raty	「悪い」	→maharaty	「悪くなる」

(6) mifa-（相互）

例：

mifa-	＋mamono	「殺す（語根）」	→mifamamono	「互いに喧嘩する」
mifa-	＋pitepiteke	「くっつく」	→mifampitepiteke	「互いにくっつく」
mifa-	＋miasy	「尊重する」	→mifamiasy	「互いに尊敬する」
mifa-	＋mañampe	「助ける」	→mifamañampe	「互いに助けあう」

Mifañampe　　iereo.
相互－助ける　彼ら
「彼らは助け合う。」

4.3　II 型動詞

II 型動詞は接辞型人称代名詞がつく。まず、II 型動詞と接辞型人称代名詞の例を表 10 に示す。人称代名詞を太字で示した。

表 10　II 型動詞と人称代名詞

II 型動詞	単数	複数
ampea 助ける	ampea**ko**　私は助ける	ampea**ntikañe**　私たちは助ける(包含形) ampea**ʔay**　私たちは助ける(除外形)
	ampea**ʔo**　あなたは助ける	ampea**ʔareo**　あなたは助ける
	ampea**ʔe**　彼は助ける	ampea**ʔiereo**　彼らは助ける

II 型動詞の語形成

II 型動詞の 2 つ目の特徴は、語根に、接尾辞、接中辞がつくことである。

接頭字は a-、接尾辞は、-e、-eñe、-añe、-a があり、接中辞は -in- がある。接辞と II 型動詞の語形成の例を表 11 に示す。語形成の際に、語根の子音［k］は、［h］または［f］に替わる（eke ＞eheñe、tioke ＞tiofe)。

表 11　II 型動詞の語形成

接辞	語根	II 型動詞	意味
-e	vono	vono**e**	殺す
	pay	pai**e**	助ける
-eñe	ala	ala**eñe**	取る
	eke	**eheñe**	助け合う
-añe	asy	asi**añe**	尊敬する
	toha	toha**ñe**	支える
-a	solo	solo**a**	代わる
	vole	vole**a**	耕す
a-	tonta	**a**tonta	落ちる
	zotso	**a**zotso	降りる
-in-	vono	v**in**ono	殺す
	tioke	t**in**ofe	風が吹く、吹く
	fafa	f**in**afa	ほうきで掃く

4.4　III 型動詞

II 型動詞と同様、III 型動詞は接辞型人称代名詞がつく。III 型動詞と接辞型人称代名詞の例を表 12 に示す。人称代名詞は太字で示した。訳では「～で」としているが、III 型動詞の特徴は、手段・道具・場所・方法などを示す時に使われる動詞である。

表 12　III型動詞と人称代名詞

<table>
<tr><th>III型動詞</th><th>単数</th><th>複数</th></tr>
<tr><td rowspan="3">añampea
助ける</td><td>añampeako.
私は（〜で）助ける。</td><td>añampeantika.
私たちは(〜で)助ける。(包含形)
añampeaʔanay.
私たちは（〜で）助ける。(除外形)</td></tr>
<tr><td>añampeaʔo.
あなたは（〜で）助ける。</td><td>añampeaʔareo.
あなたたちは(〜で)助ける。</td></tr>
<tr><td>añampeaʔe.
彼は（〜で）助ける。</td><td>añampeaʔiereo.
彼らは（〜で）助ける。</td></tr>
</table>

III型動詞の語形成

III型動詞は接周辞が語根につくことによって作られる。接周辞は、añ- -a、añ- -añe、i- -a、i- -añe がある。III型動詞の語形成の例を表 13 に示した。

表 13　III型動詞の語形成

<table>
<tr><th>接辞</th><th>語根</th><th>III型動詞</th><th>意味</th></tr>
<tr><td>añ- -a</td><td>ampe</td><td>añampea</td><td>〜で助ける</td></tr>
<tr><td>a- -añe</td><td>solo</td><td>asoloañe</td><td>〜で代わる</td></tr>
<tr><td rowspan="2">i- -a</td><td>vavaka</td><td>ivavaka</td><td>〜で祈る</td></tr>
<tr><td>roro</td><td>iroroa</td><td>〜で眠る</td></tr>
<tr><td rowspan="2">i- -añe</td><td>pay</td><td>ipaiañe</td><td>〜で探す</td></tr>
<tr><td>asy</td><td>iasiañe</td><td>〜で尊敬する</td></tr>
</table>

接頭辞 f- がつく抽象名詞は、III型動詞に接辞がついた、動詞から派生した動名詞と呼べるが、実際は、名詞としての用法以外に、動詞のような機能を持つ。

表14　接頭辞 f- とIII型動詞で作られる抽象名詞

III型動詞	*f-* 名詞
amboleañe ～で耕す	**f**amboleañe 耕す場所、方法、手段、時期
ipaiañe ～で探す	**f**ipaiañe 探す状況、探す方法、探す手段
asiañe ～で尊敬する	**f**iasaiañe 敬語、尊敬、尊敬する相手、方法

4.5　I型動詞とII型動詞の違い

II型動詞は、道具・目的・手段・方法・場所を示す時に用いられるため、他の型の動詞との違いは明らかである。しかし、I型とII型の訳文は同じになる。

I型動詞とII型動詞の違いは、現時点では自然会話の観察と話者による説明によるもので、体系的にデータを集め観察することには至ってはいないが、I型とII型の差は、アスペクトの違いがあると思われる（時制やアスペクトに関する詳細は第4章で述べる）。話者によっては、意味は同じと答える人もいるが、厳密には、型が違う以上、場面・状況による使い分けがあるはずである。

I型動詞は実際に行動を行っているところ、今何をしているか伝達する時に使われる。

または、行動が発話時に完了しているとき（現在完了）に用いられる。たとえば、道中で、「何をしているか？」と聞かれた時、I型動詞で回答することが多い。

また、一般的な慣習を述べる時にもI型動詞は使われる。

例：

Mipay　vare　raho.

探す　米　私
「私は米を探す。」

Mihinina vare isan'andro zahay eto Madagascar.
食べる　米　毎日　私たち　ここ　マダガスカル
「マダガスカルでは私たちは毎日米を食べる。」

II型動詞は、行動を決意しているが、実際はまだ行っておらず、これから行動を開始する時に用いられる。

例：
Paieko vare.
探す－私　米
「私は米を探す。」

Sotroeko lasopy.
飲む－私　スープ
「私はスープを飲む。」

4.6　話題の中心

タンルイ方言は、roという小詞を用いて、話題の中心を動作主、目的、時間、場所に向けることができる。話題の中心が当たる名詞（句）は、文頭に置かれ、強調される話題－ro－動詞という語順になる。話題の中心となっている語を太字で示した。

(1) 話題の中心が行為者
I **Mima** ro namono i añombe telo omale.
人標識　ミマ　話題標識　過去－殺す　それ　牛　3　昨日

「3 匹の牛を昨日殺したのは、ミマだ。」

(2) 話題の中心が目的語

Añombe telo ro novonoe i Mima omale.
牛 3 話題標識 過去－殺す 人標識 ミマ 昨日
「ミマが昨日殺したのは、3 匹の牛だ。」

(3) 話題の中心が時間

Omale ro novonoe i Mima añombe telo.
昨日 話題標識 過去－殺す 人標識 ミマ 牛 3
「ミマが 3 匹の牛を殺したのは昨日だ。」

(4) 話題の中心が道具

Tamy mesa ro namonoe i Mima i añombe.
過去－～で 話題標識 過去－殺す 人標識 ミマ それ 牛
「ミマは、ナイフで牛を殺した。」

(5) 話題の中心が場所

An traño ao ro namonoa i Mima añombe telo.
～で 家 中 話題標識 過去－殺す 人標識 ミマ 牛 3
「ミマが 3 匹の牛を殺したのは家でだ。」

5. 副詞

動詞や形容詞的動詞を限定するときに用いられる語、主に、様態、程度、時間、空間を表す語を副詞とする。疑問詞も副詞に含める。副詞の文中での位置は比較的自由である。

5.1　状態や程度を表す副詞

状態や程度を表す副詞を表 15 に示す。

表 15　状況や程度を表す副詞

タンルイ語	意味
vataʔe	本当に
be	とても
bey	とても
mateteke	しばしば
indraike, draike	ふたたび
mereñe	～だけ
efa	すでに
mboe, mbo, mbola	まだ

例：

Siloke　varaʔe　re.

病気だ　本当に　彼

「彼は本当に病気だ（彼の病気は深刻だ）。」

Siloke　indraike　re.

病気だ　ふたたび　彼

「彼はまた病気だ。」

Mboe　siloke　re.

まだ　病気だ　彼

「彼はまだ病気だ。」

Efa　　gasy　　　　　iareo.
すでに　マダガスカル人　あなたたち
「あななたちは、もうマダガスカル人だ。」

5.2 時間を表す副詞

時間を表す副詞を表 16 に示す。

表 16　時間を表す副詞

タンルイ語	意味
afak'omale	一昨日
omale	昨日
añiankaly	今夜
animaraiñe	今朝
androañe, tandroañe	今日、（すでに行動が終わった）今日
totolon'andro	一日中
tapak'andro	半日
izao, zao	今
henane zao	今
ampitso	明日
isanandro	毎日
taondasa	去年
hariva	夕方
haliñe	夜
indraekandro	ある日、いつか
fahatrelae	大昔
afarampotoa	前
ampanombohaʔe	最初に
tampetese	最後

例：

Manasa	lamba	isananro	raho.
洗う	服	毎日	私

「私は毎日服を洗う。」

Tinainy	maraiñe,	mandeha	an	tsena.
月曜日	朝	行く	場所標識	市場

「月曜日の朝に、市場へ行く。」

Mandeha	an	tsena	tinainy	maraiñe.
行く	場所標識	市場	月曜日	朝

「月曜日の朝に、市場へ行く。」

上記の2つの例文では主語が省略されているが、主語が自明であるときは、省略可能である。

Manam-potoañe	raho	androañe	hariva.
持っている－時間	私	今日	夜

「私は今夜時間がある。」

5.3 空間・場所を表す副詞・表現

(1) 上下・左右・空間

タンルイ語には場所を表す副詞や表現が非常に多く存在する。タンルイ社会では東西南北の方向認識が強く、日常生活で場所を示す場合は、左右ではなく、東西南北を使う。マダガスカルでは、頭を北向きに、足を南向きに寝る慣習がある。また、本節の (2) や後述の 6.2 で示すとおり、可視、不可視による区別がある。主な場所を表す表現を表 17 に示す。

表 17　場所・方向を表す表現

タンルイ語	意味
havaña	右
havia	左
avaratse	北
atiñana	東
ahandrefa	西
atimo	南
mañatreke	～の前
miamboho	後ろ
añambo	～の上
ambane	～の下
añate	～の中

例：

Naetako　añate　boke　ao　volaʔay.
過去－隠す－私　中　本　中　お金－私たちの
「私たちのお金を本の中に隠した。」

Misy　piso　eniñe　miroro　ambony　latabatse　eo.
いる　猫　4　眠る　上　机　あそこ
「あそこの机の上で、眠っている猫が 4 匹いる。」

(2) 場所を表す副詞

場所や空間を表す表現（ここでは、便宜上場所を表す指示副詞としている）は、可視・不可視によって分かれる「ここ、あそこ」があり、さらに、場所・空間・指示物が話者の物理的・心理的距離によって細かく分かれる。また、これらの場所を表す指示代名詞には、時制があり、過去形（接頭辞 t- を

表 18　場所を表す副詞

場所を表す副詞				
物理的・心理的距離	目に見える、触ることができる、話者の間で知っている物事		目に見えない、触ることができない、話者の間で知らない物事	
より近い	etoañe	ここ	atoañe	ここ
↑	atiañe	ここ	atiañe	ここ
↑	eo	～の上	ao	中
↓	eroañe	そこ	aroañe	そこ
↓	eroy	あそこ	aroy	あそこ
より遠い	iñe	あそこ	añe	向こう（遠い）

図 1　世界の諸言語の指示詞の距離の区別

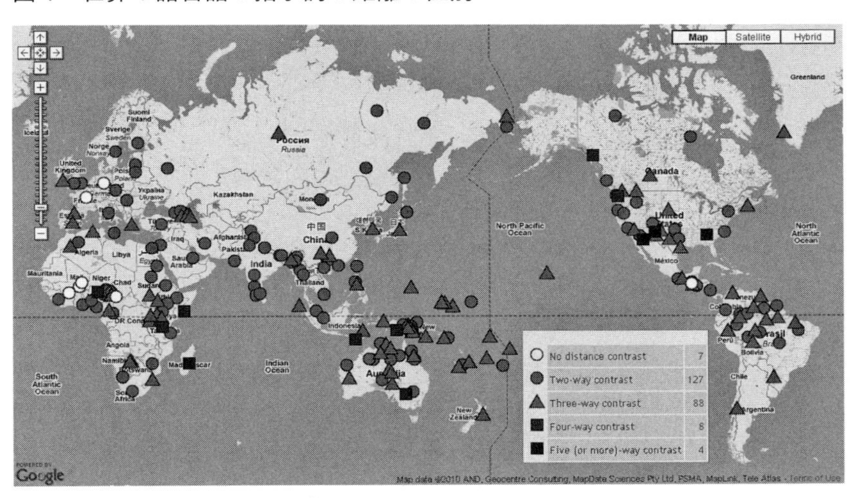

（source: http://wals.info/feature/41）

つける）と未来形（接頭辞 h- をつける）がある。観察したところ、未来形の表現は多く見られないが、過去形は、頻繁に使われている。指示代名詞に時制がある言語は、同じオーストロネシア語族では、フィリピンで話されているイロカノ語があげられる（Rubino 2005）。世界の諸言語では、多くの場合は、2 段階の区別か、3 段階の区別である。中には、4 段階、5 段階の言語もある。例として、ルイジアナ州で話されているアメリカの先住民の言語 Koasati（コアサチ）語（Kimball 1991）、アリゾナ州で話されている Maricopa（マリコパ）語（Gordon 1986）や Navajo（ナホバ）語（Young and Morgan 1980）があげられる。マダガスカルの諸言語は、遠近の段階（本章表 22 参照）が非常に多い。表 18 にタンルイ語の場所を表す副詞を示す。

例：

Mipetrake	eo	raho.
座る	ここ	私は

「私はここに座る。」

Taloha	nipetrake	teto	Ambovombe	raho.
以前	住む	過去－ここ	アンブヴンベ	私

「以前私は、ここ、アンブヴンヴェに住んでいた。」

Atoañe	misy	vazaha	mipalia	traducteur.
ここ	いる	外国人	探している	翻訳者

「ここに、翻訳者を探している外国人がいる。」
＊ホテルのスタッフがガイドに言う時。この場にその外国人はいない。

Misy	hotely	malalake	**atoañe**	azafade?
ある	ホテル	空いている	あそこ	すみません

「この辺に空いているホテルはありますか？」

Tsy	misy	ty	**atoañe**,	fa	mandeha	**aroañe**	rehe	rañitse.
ここ	ある	限定詞	あそこ	しかし	行く	あそこ	あなた	友だち

「ここには、ありません。しかし、歩いていくとあそこにありますよ、友よ。」

Aia ty mamako? Fa **iñe** reke avy.
どこ　限定詞　母－私の　それは（接続詞）　あそこ　彼女　来る
「私の母はとこ？　ああ、すぐそこにいて、もう来るよ。」

Boaka **taia**？
〜から来る　過去－どこ
「どこから来たのですか？」

Handeha hipay rano **añe** raho.
未来－行く　未来－探す　水　あそこ　私は
「私は水を（遠くの）あそこに探しに行く。」
＊タンルイ族の住む地域は、乾燥地帯で、雨がほとんど降らず、水を得るためには、何キロも歩いて探しに行かなければならない。

場所を表す指示代名詞が名詞を修飾して、場所を表す場合は、名詞を指示代名詞や場所・空間を示す語で取り囲む。

例：
Miroro **an** traño **ao** rehe.
眠る　〜で　家　〜中　あなた
「あなたは家の中で眠る。」

Mipetrake ambone seza ao raho.
座る　〜上　椅子　私
「私は椅子の上に座る。」

Mañisake vola **an** traño **ao** ty Hange naho Mima.
数える　お金　中　家　中　限定詞　ハンゲ　〜と　ミマ
「ハンゲとミマは家でお金を数える。」

5.4　疑問を表す副詞

それぞれ、時間、状態、場所を表す副詞、人称代名詞の項目で述べても良いのだが、疑問詞全般をまとめておく方が参照しやすいため、疑問を表す副詞を表 19 に示す。

表 19　疑問を表す副詞

タンルイ語	意味
aia	どこ
ia	誰
ino	何、どれ
ino ty antoe	どうして
mbia	いくら
fire	いくら
akore	どのように

例：

Mbia　ty　miviliao　toy?
いつ　限定詞　買う－あなた　これ
「あなたがこれを買うのはいつですか。」
＊この文では小詞 ty が主語を表す標識として、後続の動詞句につき「あなたがこれを買う」が主語、「いつ」が述部となっている。

Aia　y　vata?
どこ　限定詞　箱
「箱はどこですか？」

Mandeha　mbia?
行く　いつ

「（あなたは）いつ行くのですか？」

Ino ty antoe　tsy　mihina　akoho?
なぜ　否定　食べる　鶏
「なぜ鶏を食べないの？」

Ia　nampitomañe　i　ajaja　o ?
誰　過去－使役－泣く　この　子ども　この
「誰がこの子を泣かせたの？」

Manao　akore　ty　ampiasao　toy?
する　どのように　限定詞　使う－あなた　これ
「あなたはこれをどうやって使うのですか？」

6. 代名詞

6.1　人称代名詞

タンルイ語の人称代名詞には、形態的には、接辞型人称代名詞と独立型人称代名詞がある。接辞型人称代名詞は、接尾辞のように、語に接続する。1人称複数には、包含形（inclusive）と除外形（exclusive）がある。包含形とは、話し相手を含む「私たち」であり、除外形とは、話し相手を含まない「私たち」である。オーストロネシア諸語のほぼすべての言語に、包含形と除外形がある（Blust 2013）。また、世界の諸言語においても、人称代名詞で、包含形と除外形があるのは珍しい現象ではない。

日本語には、一見して、包含形と除外形の区別がないように見られる。しかし、「私ども」という場合は、話し相手を含まない除外形となる。「～ども」は謙譲を表し、相手に「あなたども」と言うと相手を卑下する表現となるため、除外形であると言える。

表 20　人称代名詞

人称	接辞型人称代名詞	独立型人称代名詞	
1 人称単数	-ko（私の、私は）	raho、(i)zaho（私は）	ahe、ahy（私に、私を）
2 人称単数	-ʔo（あなたの、あなたは）	rehe、ihe（あなたは）	azo（あなたに、あなたを）
3 人称単数	-ʔe（彼の／彼女の／その、彼は／彼女は／それは）	reke、re（彼／彼女／それは）	aze（彼／彼女／それに、彼／彼女／それを）
1 人称複数（包含形） 1 人称複数（除外形）	-ntika(ñe)（私たちの、私たちは） -ʔay（私たちの、私たちは）	tika(ñe)（私たちは） (i)zahay（私たちは）	tika(ñe)（私たちに、私たちを） anay（私たちに、私たちを）
2 人称複数	-ʔareo（あなたたちの、あなたたちは）	iareo（あなたたちは）（あなたたちは）	anareo（あなたたちに、あなたたちを）
3 人称複数	-ʔereo（彼らの／彼女らの／それらの、彼らは／彼女らは／それらは）	iereo（彼らは／彼女らは／それらは）	iereo（彼ら／彼女ら／それらに、彼ら／彼女ら／それらを）

表 20 の補足

（1）独立型人称代名詞の raho と izaho には使い方の違いがある。強調する必要がある場合に、izaho が用いられ、文頭にくる。それ以外で、同じ表に並列して書いてある人称代名詞（たとえば独立型人称代名詞の 1 人称単数 ahe、ahy、独立型人称代名詞の 3 人称単数 reke、re）等は、どちらも違いがなく、話者による揺れがある。

（2）1 人称複数包含形の ñe は随意的であり、話者により差があるが、ñe は脱落する傾向が強い。
(3) 語頭の (i) は、話者によっては、脱落する。

6.1.1 所有を表す人称代名詞

(1) 接辞型人称代名詞を被所有物（名詞類）に接尾辞として付加することで、所有を表す。

例：

sabaka 「帽子」
sabakako 「私の帽子」
sabakaʔo 「あなたの帽子」
sabakaʔe 「彼／彼女／その帽子」
sabakantika 「私たちの（包含形）の帽子」
sabakaʔay 「私たち（除外形）の帽子」
sabakaʔiareo 「あなたちの帽子」
saakaʔiereo 「彼ら／彼女ら／それらの帽子」

(2) 限定詞 ty を目的語となる独立型人称代名詞につけることで、所有を表す。

例：

ty ahy 「私のもの」
ty azo 「あなたのもの」
ty aze 「彼の、彼女の、そのもの」
ty tika 「私たちのもの」
ty iareo 「あなたたちのもの」
ty iereo 「彼ら、彼女ら、それらのもの」

(3) 所有を示す独立型人称代名詞に、接辞型人称代名詞をつけることで所有を表す。

例：

ahiko	「私のもの」
ahiʔo	「あなたのもの」
ahiʔe	「彼のもの」
ahintika	「私たちのもの」
ahiʔay	「私たちのもの」
ahiʔiareo	「あなたたちのもの」
ahiʔiereo	「彼ら、彼女ら、それらのもの」

Ahiʔo	lamba	mipetrake	ambone	latabatse	eo.
あなたのもの	服	置く	上	机	上

「机の上に置いてある服はあなたのものだ。」

6.1.2　主語を表す人称代名詞

Ⅰ型動詞には、独立型人称代名詞が主語として用いられ、原則主語は述語の後に置かれる。名詞や名詞句が述語となる場合も、独立型人称代名詞が主語として用いられる。

Ⅱ型動詞には接辞型人称代名詞が接尾辞としてつくことにより、主語として機能する。順次例を示して説明する。

(1)　Ⅰ型動詞と独立型人称代名詞

例：

Motso	lalañe	**raho**.
失う	道	私は

「私は道に迷っている。」

Mandeha	lavitse	**rehe**.
行く	遠く	あなた

「あなたは遠くへ行く。」

Marare **raho**.
病気である　私
「私は病気だ。」

Mpangalatse **reke**.
泥棒　彼
「彼は泥棒だ。」

(2) II型動詞と接辞型人称代名詞

例：

Heje**ko** mihina hena.
嫌う－私は　食べる　肉
「私は肉を食べることが嫌いだ。」

Enke**ko** fa diso raho.
受け入れる－私は　小詞　誤り　私は
「私が誤りであるということを私は受け入れる。」

6.1.3 目的語を表す人称代名詞

タンルイ語は名詞が格変化、つまり曲用する言語ではないため、格という語を使うのは不適切であるが、与格を表す人称代名詞は、I型動詞とII型動詞の間接目的語となる。

例：

Boseke **ahe** raho.
怒る　私に　私は
「私は私に対して怒っている（私は罪悪感を感じる）。」

Manome **ahe** vola rehe.
与える　私に　お金　あなた
「あなたは私にお金を与える。」

Hanoako **aze**.
未来－する－私　それ
「私はそれをする。」

Hitoka **azo** raho naho hariva.
未来－電話する　あなた　私は　～時　夜
「私は夜にあなたに電話する。」

6.1.4　呼格を表す人称代名詞

タンルイ語には、挨拶や、相手を呼ぶとき、人を呼びかける時に使う人称がある。統語的な機能を持たない、文の外に置かれるものである。話し手と聞き手の社会的関係、性別、年齢、心理的距離によって使い分けられる。タンルイ社会の人間関係の一端が言語に反映されている事例と言える。表21にタンルイ語の呼格を示す。

表21　呼格

呼格	意味と使い方
gea	同世代の女性同士で呼びかける時
kahe	同世代の男性同士で呼びかける時
koahe	同世代の男性同士で呼びかける時
kirahe	同世代の男性同士で呼びかける時
roa	年配の人を呼びかける時
roakemba	年配の女性を呼びかける時
riaba	年配の男性を呼びかける時
riene	年配の女性を呼びかける時

例：

Akore　　gea!
こんにちは　呼格
「やあ！　こんにちは（同世代の女性同士の挨拶）」

Akore　roakemba!（年配の女性に対して呼びかける時）
今日は　呼格
「おばあちゃん、元気？」

Tsisy　　vaovao.
何もない　新しい
「元気です。」

回答するときは、tsy misy（否定　何もない）の短縮した形 tsisy を使い、tsisy vaovao「何も新しいことはないです」と答える。文字どおりに訳せば、「何も新しいことはありません」という意味になるが、「元気です」というよく聞く日常会話の挨拶である。

6.2　指示代名詞

場所を表す指示詞と同様、指示代名詞にも距離の段階がある。表 22 に指示代名詞を示す。

表 22　指示代名詞

指示詞		
物理的・心理的距離	単数	複数
より近い	(i)ty　これ	—
↑	toy　これ	—
↑	(i)o　これ	(i)reo
↓	iñe　あれ	ireñe
↓	iroa　あれ	ireroa
より遠い	iry　あれ	irery

表 22 の補足（i）は話者によっては脱落する。

例：

Toy　ty　meso　handilañe.

これ　限定詞　ナイフ　～で切る

「これは、切るためのナイフだ。」(固いもの、大きいものなど特別なものを切る時の説明)

Piso　marary　ity.

猫　病気　これ

「これは病気の猫だ。」

名詞を修飾し、この～と表す場合は、指示代名詞で名詞を取り囲む。

例：

ity　ndaty　ity

これ　人　これ

「この人」

7. 限定詞

言語の単位としての語は、きわめて抽象的で、漠然とした概念は持っていても、それ以上の情報はない。語を限定するには、限定詞（determiner）をつけることで、その語をより具体的に説明することができる。名詞を修飾する形容詞はわかりやすい例だが、本書では、形容詞はすでに、形容詞的動詞として取り扱ったので、ここでは触れない。一般的に、限定詞には、所有代名詞、指示詞、冠詞、数詞、量詞がある。所有代名詞、指示詞、数詞、量詞は他の章で取り扱ったため、ここでは、英語で言う冠詞のような役割をする限定詞を取り扱う。限定詞は、必ずしも義務的ではなく、日常会話の発話では、限定詞を使わない自然会話が頻繁に観察された。場所を表す副詞や指示代名詞と同様、限定詞も、目に見えるか、目に見えないかの区別がある。o は「話者から近い、目に見えるもの」、i は「話者から遠い目に見えないもの」を表す。話者によると、厳密な使い分けはないという。名詞の後に続くそれぞれの母音は、名詞の語末によって異なり、母音調和する（ただし実際の発音は、名詞の語末の母音は調和し、脱落する。たとえば、o ndaty io（あの人）は、発話では、o ndaty o と発音される）。

また、タンルイ語の名詞に複数を表す屈折や義務的な標識はなく、複数を表す必要がある場合のみ、独立型の場合は ry、璃切型の場合は re- が複数の定を示す時に用いられる。

表 23 に、タンルイ語の限定詞とその大まかな意味を示す。

表 23　タンルイ語の限定詞

	独立型限定詞	意味
単数	ty	その
	i	～氏　人につく限定詞
	ry	複数の標識
	璃切型限定詞	意味
単数	o 名詞　io	この、その
目に見える、話者から近い	o 名詞　eo	この、その
	o 名詞　ao	この、その
	o 名詞　oo	この、その
単数	i 名詞　y	あの、その
目に見えない、話者から遠い	i 名詞　ey	あの、その
	i 名詞　ay	あの、その
	i 名詞　oy	あの、その
複数	i 名詞　rey	これらの、それらの
	o 名詞　rey	あれらの、それらの

7.1　独立型限定詞の用法

7.1.1　独立型限定詞 ty

(1) 定を示す限定詞として

例：

ty meso　「そのナイフ」

ty amboa　「その犬」

ty tañaña　「その手」

ty talily　「その話」

(2) 所有を表す連結小詞として

限定詞 ty は所有者に前置し、被所有物－限定詞－所有者と並べることで、所有を表す機能を持つ。

例：

foto	ty	fate
源	限定詞	死

「死の根源」

(3) 主語を表す標識として

限定詞は、義務的ではないが、主語を表す標識として用いられる場合は、義務的である。

例：

Voroke	an	tane	eo	ty	nofotse
腐った	～で	地面	ここ	限定詞	死体

「その死体は地面で腐っている。」

Tsy	teako	ty	miasa	ela.
否定	好き－私は	限定詞	働く	長く

「私は長く働くのは好きではない。」

人名が文末に来て主語として働く場合は、人を表す i と並んで、ty も人を表す標識として名前の前に置かれる。

例：

Nibeko	an-kavoriañe	tao	ty	Soa.
過去－歌う	～で　祭り	過去－あそこ	限定詞	スア

「スアは祭りで歌を歌った。」

7.1.2　独立型限定詞 i

限定詞 i は人名につき、「丁寧」を表す。人や人名につけることは義務的ではないが、タンルイ社会において、他人を尊ぶことは重要な慣習であるため、今もなお必要な時は使われる。

例：

i	Dame	naho	i	Haova
それ	ダメ	〜と	それ	ハウヴァ

「ダメとハウヴァ」

i	ampela
それ	女の子

「女の子」

Rajoana（2003）によると、擬人化された動物にも、限定詞 i が用いられる。

例：

i	pilio	soa
それ	猫	かわいい

「かわいい猫ちゃん」

7.2　璃切型限定詞

璃切型限定詞の２つ目の構成要素は、限定する名詞の語末の母音によって変わる。

例：

o ndaty io　「その人」

o tane eo　「その土地」

o rah**a** ao　「その物事」
o trañ**o** o　「その家」

i ajaj**a** ay　「あの子ども」
i voroñ**e** ey　「あの鳥」
i ndat**y** y　「あの人」
i trañ**o** oy　「あの家」

複数形にする際は、名詞の語末に関係なく、2つ目の構成要素は rey となる。

例：
o ndaty rey　「その人たち」
i ajaja rey　「あの子どもたち」

Manjaitse	i	lambako	y	raho.
縫う	あの	布	あの	私は

「私はあの布を縫う。」

8.　接続詞

文あるいは文の成分である語、句、節を結びつける役割を持つものを、接続詞と呼ぶ。

タンルイ語は、個別の接続詞にさまざまな意味があり、場面や状況に応じて意味が変わるので、一概にこの語が、逆接である、等位である、とは言い切れない。頻繁に用いられる接続詞のおおよその意味を表24に示す。

表 24　接続詞

接続詞	意味と役割
fa	しかし、なぜなら、文中のある語を説明する句を接続する（関係代名詞のような役割）
le	なぜなら、そして、そこで
lehe	そして、もし
naho	～と、～の時
ho	～のために
na	もしくは
ka	なぜなら、そして、そのため
kay	なぜなら、そして、そのため
satria	なぜなら
ie, f'ie	そして、それで

例：

Tsy　lia　biby　añala　fa　lian-dRekilobe.
否定　足跡　動物　森　しかし　足跡　レキルヴェ
「これは野生の動物の足跡ではない、レキルヴェの足跡だ。」

Mino　ty　rahaʔo　fa　mereñe.
信じる　限定詞　あなたのこと　～である　真実
「私はあなたのこと（あなたの言うこと）を真実だと信じる。」

Vono　ty　Hanta　fa　tsy　teako.
殺せ　限定詞　ハンタ　なぜなら　否定　嫌い－私は
「ハンタを殺せ、なぜなら私は嫌いだからだ。」

Raha　toy　lafo　mareñe　le　tsy　mivily　raho.

もの　この　高い　ほんとうに　だから　否定　買う　私
「これは本当に高い、だから私は買わない。」

Le nijanoña iereo ty Rekilove.
そして　過去－捕まえる　彼ら　限定詞　レキルヴェ
「そして、彼らはレキルヴェを捕まえた。」

Ty fiavy o vahazaha o le mihamotso ty fomba Tandroy.
小詞　到着　この　外国人　この　そして　失わせる　限定詞　文化　タンルイ
「この外国人が到着し、そしてタンルイの文化を破壊する。」

Lehe tsy haneʔo, hoe re, le vonoeko rehe.
もし　否定　食べる－あなた　～と言った　彼　そこで　殺す－私　あなた
「「もし食べないのなら、私はあなたを殺す」と彼は言った。」

9.　小詞

本書では、どの品詞にも分類されない語を小詞と呼ぶ。小詞に分類される語はタンルイ語には非常に多く、表25以外にもまだ分析が行き届かず、未記述のものも多々あると思われる。小詞は、意味も機能も多種多様で、文の構成要素としては欠かせないものである。

表25　小詞

タンルイ語	意味
te	〜したい
hoe	〜と言った、〜と言う
avao	〜だけ
naho	〜よりも
tsy	否定（〜でない）
hatra	〜まで
ka	強調表現
vao	強調表現
zao	強調表現
mba	もし可能なら、願わくは
ze	その
zay	その
izay	そういうこと。（話題の終わり、交渉の終わりなどに使う）
le	婉曲表現
ro	話題の中心を表す
amy	〜で、〜と、〜のために（さまざまな機能を持つ）

（1）te

例：

Izaho　**te**　hihina　raha.

私　〜たい　未来－食べる　物

「私は何か食べたい。」

(2) hoe

例：

Tsy　misy　**hoe**　reke.

否定　ある　～と言った　彼

「「何もありません」と彼は言った。」

＊hoe は自然会話でも使われるが、民話や口頭伝承で非常に頻繁に使われる語である。

(3) naho

例：

Soa　bey　**naho**　raʔe.

スア　大きい　～より　父－彼の

「スアは彼の父よりも大きい。」

(4) tsy

否定を表す tsy はこれまですでに多くの例文に出てきているが、第5章の極性の項目で、否定・肯定について取り扱っているので、第5章を参照されたい。

(5) hatra

hatra は目的地の最終地点や、期限を示す。

例：

tinainy　**hatra**　joma

月曜日　まで　金曜日

「月曜日から金曜日まで」

(6) ka

ka は語もしくは文中の話題を強調したい時に用いられる。

例：

Handeha **ka** vao nareo?

未来・行く　強調　強調　あなた

「あなたは本当に行くつもり？」

（7）ze, zay

ze や zay は関係詞のような役割を果たす。ここでは便宜上関係代名詞と呼んでいるが、実際タンルイ語は、関係詞を用いずに、関係節を用いる例はよくある。

例：

Taño soa **ze** raha amarako zao.

覚える（命令形）　よく　～それ　こと　言う－私　強調

「私が言ったこと、しっかり覚えておいて。」

（8）le

le は婉曲表現として使われる。

例：

Ihe **le** mampamono ahe.

あなた　婉曲表現　使役－殺す　私を

「あなたは、危うく私を殺すところだったよ。」

（9）ro

ro は本章 4.6 で詳しく述べているが、話題の中心を示す。

例：

Roe avao **ro** avaratse.

2　　～だけ　話題の中心　北
「北へ行くのは２人だけだ。」

（10）amy

amy はさまざまな意味を持つ。また、t を語頭につけることにより、時制変化があり、過去時制は義務的である。ho を amy の前に置くことで未来形を表すが、未来形の時制は義務的ではない。

例：

Mindre　lia　miarake　**amy**　valiʔe reke.
行く　旅行　一緒に　～と　配偶者－彼の
「彼（彼女）は妻（夫）と一緒に旅行へ行く。」

Hitonomboko　ho　amy　ty　meso　iereo.
未来－殺す－私　未来標識　～で　限定詞　ナイフ　彼ら
「私は彼らをナイフで殺すつもりだ。」

Tamy　hereñandro　iñe　ro　nandalo　anabavikoy.
過去－～とき　昨日　その時　話題の中心　過去－電話する　妹－私の－その
「私の妹が電話してきたのは、昨日のことだった。」

Terake　**tamy**　1960　raho.
生まれる　過去－～に　1960 年　私
「私は 1960 年に生まれた。」

第４章　時制・アスペクト・法

1.　時制

2.　アスペクト

3.　法（モード）

4.　その他の法に関わる表現

本章では、タンルイ語の時の表示について述べる。時制には、過去形、現在形、未来形があり、それぞれ文法標識がある。場所を表す副詞や小詞も時制の変化をうける。時間の連続的な流れであるアスペクトの文法標識はない。法（話し手の心の態度を示すモノ）で、文法標識があるのは、命令法のみである。

1. 時制

タンルイ語には、過去・現在・未来の３つの時制がある。動詞、形容詞的動詞には、過去・現在・未来がある。動詞や形容詞的動詞が過去時制の場合は、場所を表す副詞、場所を表す疑問詞および一部の小詞（多機能な機能を持つ小詞 amy）は過去時制に一致しなければならない。未来時制は随意的である。

1.1 動詞の時制

形態素として、m- は現在、n- は過去、h- は未来を表す。

Ⅰ型動詞の現在形は m-、過去形は語頭の m- が n- に、未来形は m- が h- に変わる。

Ⅱ型動詞とⅢ型動詞は、現在形の語頭に n- をつけると過去形に、ho を語の前に置くと未来形となる。また、語根動詞も同じく、語頭に n- をつけると過去形に、語の前に ho を置くことで未来形となる。自然会話では、Ⅲ型動詞の未来形が使われている様子はあまり観察されなかった。動詞のそれぞれの型の現在形、過去形、未来形を表１に示す。

表１　動詞の３つの型および語根動詞の時制の変化

動詞の型	現在形	意味	過去形	未来形
I 型動詞	mañampe	助ける	**n**añampe	**h**añampe
	mamono	殺す	**n**amono	**h**amono
	mizaha	訪問する	**n**izaha	**h**izaha
	mahamandeha	行かせる	**n**ahamandeha	**h**ahamandeha
	mahamamono	殺すことができる	**n**ahamamono	**h**ahamamono
	mifamamno	互いに喧嘩する	**n**ifamamono	**h**ifamamono
II 型動詞	ampea	助ける	**n**ampea	**ho** ampea
	haliño	忘れる	**ni**haliño	**ho** haliño
	vinonoe	殺す	**ni**vinonoe	**ho** vinonoe
III 型動詞	ipaiañe	〜で探す	**n**ipaiañe	**h**ipaiañe
	añampea	〜で助ける	**n**añampea	**h**añampea
	izotsoa	〜で降りる	**n**izotsoa	**h**izotsoa
語根動詞	avy	来る	**n**iavy	**ho** avy, hiavy
	tea	愛する　好き	**n**itea	**ho** tea

例：

Ie　　　nihariva,　　　niavy　　　am’izao　ty　　　raeʔiereo.
そして　過去－夜になる　過去－着く　そして　主語の標識　父－彼らの
「そして夜になると、彼らの父が来た。」

Nanjare　　hendre　i　　ajaja　　rey.
過去－なる　利口な　その　子ども　複数－その
「その子どもたちは利口になった。」

Mandily　　anako　　　reo　raho　hamono　　añombe　o.
命令する　子ども－私の　複数　私　未来－殺す　牛　　その
「私は子に牛を殺すように命令する。」

1.2　述語として用いられる名詞の時制

述語として使われる名詞にも時制の変化がある。動詞化接頭辞 mi- が名詞につき、現在形の m- が時制変化する。

例：

Biby toy.
虫 これ
「これは虫です。」

Nibiby toy.
過去－虫 これ
「これは虫でした。」

Mpirañetse ty bajy naho i Kokolampo.
友だち その 蛇 ～と その シャーマン
「蛇とそのシャーマンは友だちである。」

Nimpirañetse ty bajy naho i Kokolampo.
過去－友だち その 蛇 ～と その シャーマン
「その蛇とそのシャーマンは友だちだった。」

Hirañetantika.
未来－友だち－私たち（包含形）
「私たち、友だちになりましょう。」

1.3　形容詞的動詞の時制

形容詞的動詞には語根のみで使われるものと、動詞の現在形のようにmで始まり、ma- が語根につくものがある。ma- がついている形容詞的動詞は、動詞と同じく、m- は現在形を示している。語根のみで使われるものは、語根動詞と同じく未来形には、ho が語の前につく。しかし、形容詞的動詞は、未来形で使われることはあまりない。述語として使われる場合は、過去時制の場合は過去形に変化する。しかし、形容詞的動詞が名詞の修飾語として使われるときは、文が過去時制であっても、過去形にはならない。表2に形容詞的動詞の時制の変化を示す。また時制の標識を太字で示す。

表2　形容詞的動詞の時制の変化

型	現在形	意味	過去形	未来形
語根のみで使われる形容詞的動詞	lavitse	遠い	lavitse **ni**lavitse	**ho** lavitse
	rokake	疲れた	rokake **ni**rokake	**ho** rokake
	soa	良い、かわいい	soa **ni**soa	**ho** soa
	raty	悪い	raty **ni**raty	**ho** raty
Ma- がつく形容詞的動詞	mafana	暑い	**n**afana	**h**afana mafana
	matify	細い	**n**atify	**h**atify matify
	manintsy	寒い	**n**anintsy	**h**anintsy manintsy
	malemy	柔らかい	**n**alemy	**h**alemy malemy

例：

Ie　re　**n**ilavitse　i　lolo　y.
そして　そして　過去－遠い　その　お化け　その
「そして、お化けは遠くへ行った。」

Nandeha　lavitse　ty　ajaja　soa.
行く－過去　遠い　主語を表す標識　子ども　かわいい
「かわいい子どもは遠くへ行った。」

1.4　場所を表す指示詞・小詞 amy の時制

場所を表す指示詞と小詞 amy にも時制の変化があることは、タンルイ語を含むマダガスカルの諸言語の特徴の一つである。語根動詞と同じで、過去形に、t- がつき、未来形には語の前に ho がつく。場所を表す指示詞と、小詞の時制を表 3 に示す。場所を表す指示副詞は多くあるが（第 3 章参照）、表 3 では、eto「（目に見える）ここ」を例に示している。

表 3　場所を表す指示副詞・疑問詞・小詞の時制の変化

	現在形	意味	過去形	未来形
場所を表す指示副詞	eto	ここ	**T**eto	eto もしくは **ho** eto
場所を表す小詞	an, an-	場所標識	**t**an	—
疑問詞	aia	どこ	**T**aia	eto もしくは **ho** aia
小詞 amy	amy	～で ～と ～の時	**t**amy	**ho** amy

例：

Eto nareo.
ここ あなた
「あなたはここにいる。」

Teto raho.
過去－ここ 私
「私はここにいる。」

Navonoeko **t**an-draike ao reke.
過去－殺す－私 過去－場所標識－海 中 それ
「私はそれを海の中で殺した。」

Nandeha **n**amono akoho **t**amy ty mesa raho.
過去－行く 過去－殺す 鶏 過去－～で その ナイフ 私
「私はナイフで鶏を殺しに行った。」

2. アスペクト

時間軸の点で示すことのできる時制とは異なり、アスペクト（日本語では「相」と訳される）の定義は不明確である。本書で述べるアスペクトとは線上の時間的経緯、状態や動作の時間的経緯を示すものと定義して記述する。タンルイ語のアスペクトは主に、時間を表す小詞を用いて表される。一部は、接辞や重複といった、形態変化がアスペクトに関係する。

2.1 完了

タンルイ語では主に小詞 efa「すでに」が、物事の完了を表すアスペクトとして用いられる。状況を表す動詞は、過去時制を伴わない。動作の完了を表す場合は、過去時制となる。それぞれの例を下記に示した。

例：

Efa	vita.
すでに	終わった

「(それは) すでに終わった。」

Efa	lany	i	hataʔe	afo	y.
すでに	使い切った	その	枝	火	その

「もう薪は使い切った。」

Efa	**n**andeha	reke.
すでに	過去－行く	彼

「彼はすでに去った。」

否定辞とともによく使われる lia (*lia tsy*「決して〜ない」) も、動詞や述部の完了を表す。

例：

liaʔe	tsy	**n**iehereñe
決して〜ない	否定	過去－戻る

「決して戻らなかった。」

2.2　未完了

完了に対して、状態や行動がまだ完了していない場合、小詞 mbola もしくは mbo「まだ〜ない」が用いられる。mbola と mbo の違いはない。

例：

Mbola　tsy　vita.
まだ〜ない　否定　終わった
「まだ終わっていない。」

Mbola　misy　i　hataʔe　afo　y.
まだ　ある　その　枝だ　火　その
「まだ薪はある。」

Mbo　tsy　mandeha　reke.
まだ〜ない　否定　行く　彼
「彼はまだ去っていない。」

2.3　近過去

タンルイ語ではboak「出身、〜から」を使って、物事がついさきほど行われたこと（ここで近過去と呼ぶ）を表現する。

例：

Boake　Antanosy　añe　raho.
〜から　アンタヌシ　あそこ　私
「私はアンタヌシから来た（私はアンタヌシ出身だ）。」

Boake　**n**ihilañe　raho.
〜から　過去－食べる　私
「私はついさっき食べたところだ。」

2.4 そのほかのアスペクトに関わる表現

接辞、重複といった形態変化を伴い、状態や動作の進行、継続を表すことができる。

すでに第3章で触れたように接頭辞 maha- は動作の到達、達成を表す。一部の重複形も、到達、達成を表す意味となる。

（1）到達、達成、進行

maha-＋biby	「虫」	＞mahabiby	「虫になる」
maha-＋masake	「熟した」	＞mahamasake	「熟した」(未熟だった果実が)
miova	「変わる」の重複形	＞miovaova	「徐々に変化する」
mandala	「通行する」の重複形	＞mandalodalo	「ゆっくり通過する」
mandehandeha	「行く」の重複形	＞mandehandeha	「少しずつ進む、行く」

（2）継続

mimane「加速する」に接頭辞 f により名詞となった動名詞を後続させることで、継続を表す。

mimane filay	「走り続ける」（filay「走ること」）
mimane fihinañe	「食べ続ける」（fihinañe「食べること」）
mimane fianatse	「学び続ける」（fianatse「学習」）

3. 法（モード）

タンルイ語には、印欧語のような、直接法、仮定法、接続法、命令法といった明確に文法範疇としての法はない。文法範疇としての法は、タンルイ語では、命令法だけである。命令法は動詞の形態変化を伴い、Ⅰ型動詞とⅡ型、

Ⅲ型動詞には、命令法を作る接辞による変化がある（動詞の命令形は巻末付録1の動詞の変化表を参照）。

「話者の心の態度や相手への意思伝達がどう言語形式に表現されるか」といった広義の法は、文中の意味論的判断、何らかの語や小詞を用いることによって表現されるもの、時制の接辞を用いて表現されるものなど、一様ではない。話者の心的態度を表現するため、動詞や述部に限られたことではない。

3.1　命令法

3.1.1　Ⅰ型動詞の命令形の語形成

原則Ⅰ型動詞の命令形は、語末の母音を -a に変えることで形成される（表4）。すでに語末に母音 a があり、子音挿入がない場合は、強勢（アクセント）の位置が移動し、母音 a の位置に強勢が置かれる。-ke、-tse、-ñe で終わる場合は、k は h または f、ts は r または t または f、ñ は n または m に変わる。一部の動詞は子音挿入（s、v、z、n）が起こる。詳細は付録1参照。子音が変化した箇所を太字で示す。

表4　Ⅰ型動詞の命令形の語形成

語根	Ⅰ型動詞	命令形
ambeñe	miambe「守る」	miambea
rotse	mirotse「眠る」	miro**t**a
roro	miroro「眠る」	miroroa
sasa	manása「洗う」	manas**á**
eteke	mieteke「隠す」	miete**h**a
leha	mandeha「行く」	mandeha**n**a
akatse	miakatse「行く」	miaka**r**a
foño	mamoño「包む」	mamoño**s**a
veloñe	mameloñe「生きる」	melo**m**a
aliño	mañaliño「忘れる」	mañali**v**oa
raoke	mandraoke「集める」	mandrao**f**a

例：

Mamoñosa　o　latabatse　eo.
つつむ（命令形）　その　机　ここ
「机を（布で）カバーして！」

Ko　hañaliño　raho.
否定　未来－忘れる　私を
「私のことを忘れないで！」

3.1.2　II 型動詞の語形成

II 型動詞の命令形は II 型動詞の語根の語末に -o をつけることで形成される。語末に弱変化語尾 -añe がある際は脱落する。一部の動詞に子音挿入（v、f、h、z、s）が起きる。II 型動詞の命令形を表 5 に示す（詳細は付録 1 参照）。

表 5　II 型動詞の命令形の語形成

語根	II 型動詞	命令形
ampe	ampea「助ける」	ampeo
angalake	angala「取る、盗む」	angalao
fafa	finafa「掃く」	fafao
zara	zarae「分ける」	zarao
vono	vonoe「殺す」	vonó
pay	paie「探す」	paia**v**o
tea	tea「好きである」	tea**v**o
rae	raese「受けとる」	rae**s**o
tioke	tinio, tiofe「吹く」	tino**f**o, tio**f**o
sokake	sokafe「開ける」	soka**f**o
poke	apoke「落ちる」	apo**h**o
petrake	petrahañe「座る」	petra**h**o
takalo	atakalo「交換する」	atakalo**z**o

例：

Fafao　　　i　trańo　o.
掃く（命令形）　その　家　その
「家を掃除して。」

Petraho　　　ty　seza　tia.
座る（命令形）　それ　椅子　そこ
「そこの椅子に座って。」

3.1.3　III 型動詞の命令形の語形成

II 型動詞同様、III 型動詞は、語末に -o をつけることで形成される。表 6 に III 型動詞の命令形の語形成を示す。語末の -añe は脱落する（詳細は付録 1 参照）。

表 6　III 型動詞の語形成

語根	III 型動詞	命令形
akatse	iakara「～で出かける」	iakaro
aloñe	ialoñ**añe**「～で欲する」	ialoño
aly	iali**añe**「～で闘う」	ialio
andro	iandro**a**「～で洗う」	iandró
fafa	amafa「～で掃く」	amafao
fitake	amitah**añe**「～でだます」	amitaho
petrake	ipetrah**añe**「～に座る」	ipetraho
rae	andraesa「～で受け取る」	andraeso
takalo	anakalozo**añe**「～で交換する」	anakalozo
sotro	isotro**a**「～で飲む」	isotró

例：

Amafao　o　kiririsa　o　famafa　ao.

命令－掃く　その　庭　　　その　ほうき　あそこ
「あの庭をほうきで掃け。」

4.　その他の法に関わる表現

(1) 断定

断定は、文中の意味によって判断する。

例：

Le	nandeha	am'izao	i	lolo	y	nipay	haneñe.
そして	過去－行く	そして	その	お化け	その	過去－探す	食べ物

「そして、お化けは食べ物を探しに出かけた。」

Inoako	ty	rahaʔo	fa	mareñe.
信じる－私	それ	物事－あなた	～であると（接続詞）	真実

「私はあなたの言葉を真実だと信じる。」

(2) 疑問

疑問とは、話し手が疑わしいと思うことを問うことである。疑問詞のところで取り扱ったが、疑問も話者の心理態度が具現化されているという点から法の項目にも記述する。

例：

Mpianatse	fire	ty	avy	anito？
学生	どれくらい	主語の標識	到着する	今日

「今日はどのくらい学生が来ますか？」

(3) 願望・希求

願望もしくは希求は、tea「〜が好きである」を語源とし、tea が縮約されたものと考える te「〜したい」を動詞の前につけることで表される。動詞や述部は未来形で示される。自然会話では、未来形のみならず現在形のまま使われることも頻繁に観察される。

例：

Te	hahay	teny	gasy.
〜たい	未来－できる	言葉	マダガスカルの

「マダガスカル語を学習したい。」

Te	hihina	raha	maro	raho.
〜たい	未来－食べる	物事	たくさん	私

「私はたくさん食べたい。」

(4) 非現実

非現実を表すときは、未来形と過去形が同じ文中で使われる。

例：

Ie	re	ho	nangalake	i	saroʔiereo	y	iereo.
そこで	そして	未来標識	過去－取る	その	布－彼らの	その	彼ら

「彼らは彼らの布を取りに行った（しかしそこになかった）。」

Vaho	tsy	nihaʔe	ty	hampitsangañe	aze,
〜だけ	否定	過去－できる－彼	主語の標識	未来－立たせる	彼女を

tsy	haiʔe	ty	hampandeha.
否定	できる－彼	主語の標識	未来－行く

「彼は彼女を立たせることも、行かせることもできなかった。」

(5) 禁止・注意の指示

禁止や（善意から）注意を指示する際、否定と未来形が使われる。善意からの注意の指示の場合は、soa「良い」の未来形が否定の前に置かれる。

例：

Tsy　handeha　avitse.
否定　未来－行く　遠く
「遠くへ行ってはいけない。」

Hasoa　tsy　handeha　raike.
未来－良い　否定　未来－行く　1
「1人で行ってはいけない（危ないので、1人で行ってはいけないよ）。」

Hasoa　rehe　tsy　hiroro　naho　haleñe.
未来－良い　あなた　否定　未来－眠る　～とき　夜
「夜のあいだ、眠らないように注意して（泥棒が来るから）。」

第5章　極性

1.　名詞

2.　形容詞的動詞

3.　動詞

4.　そのほかの否定表現

5.　肯定・否定文の答え方

本章では肯定文と否定文の表し方について解説する。物事を拒否したり、否定したり、相容れないことは、生活においても、人間の心理や感情においても、日常に起こることである。マレー語のように、品詞によって否定の標識が違ったり、印欧語や日本語のように、否定を表す接辞は無く、タンルイ語の否定の標識はきわめて簡素である。否定を表す tsy で表される。

言語学で言う極性（polarity）とは、同じ言語範疇内で二項対立をなす２つの項目に、「陽的対立」と「陰的対立」という２つの性格を認めるときに使われる用語である。ここでは、文法範疇の否定文と肯定文の対立を示している。否定文は、肯定文に対して、何らかの特徴を持つことから、積極的、明示的な性格を示すため「陽的対立」、肯定文は「陰的対立」となる。

タンルイ語では、否定は tsy で表される。また肯定と否定を問う疑問の回答の際、肯定の場合は、aha「はい」、否定の場合は、eka「いいえ」もしくは ega「いいえ」と答える。

1. 名詞

1.1 名詞文の否定

名詞文では、否定する名詞の前に tsy を置くことで、否定文となる。

肯定文

例：

Biby toy.

虫 これ

「これは虫です。」

否定文

例：

Tsy　biby　toy.

否定　虫　これ

「これは虫ではありません。」

1.2　修飾語としての名詞の否定

タンルイ語では、名詞を修飾する語の後に置くことで、形容詞のように、直前の名詞を修飾することができる。

名詞修飾

例：

biby　añala

動物　森

「森の動物、野生の動物」

＊名詞修飾を否定する際は、否定の tsy を修飾語として機能する名詞の前に置く。

名詞修飾の否定

例：

biby　tsy　añala

動物　否定　森

「森にいない動物、野生でない動物」

＊biby は虫、動物の 2 つの意味がある。

2. 形容詞的動詞

2.1 形容詞的動詞の否定

形容詞的動詞文では、形容詞の前に tsy を置くことで形容詞文を作る。

肯定文

例：

Masiaka ty amboa.

危ない 冠詞 犬

「この犬は危ない。」

否定文

例：

Tsy masiaka ty amboa.

否定 危ない 冠詞 犬

「この犬は危なくない。」

2.2 修飾語としての形容詞的動詞の否定

修飾語としての形容詞的動詞

例：

amboa masiaka

犬 危ない

「危ない犬」

否定の際は、修飾語として機能する形容詞的動詞に否定の tsy をつける。

例：

amboa tsy masiaka
犬 否定 危ない
「危なくない犬」

3. 動詞

3.1 動詞文の否定

動詞文は、I 型動詞、II 型動詞、III 型動詞のすべて、どの時制においても、動詞の前に否定の tsy を置くことで否定文となる。

型動詞
肯定文

例：

Mahay añe raho.
行ける あそこへ 私
「私はあそこへ行くことができる。」

否定文

例：

Tsy mahay añe raho.
否定 行ける あそこ 私
「私はあそこへ行くことができない。」

II型動詞

肯定文

例：

Teako　　Hanta.

好き－私　ハンタ

「私はハンタが好きだ。」

否定文

例：

Tsy　teako　　Hanta.

否定　好き－私　ハンタ

「私はハンタが好きでない。」

III型動詞

肯定文

III型動詞は、叙述文として用いられるが、「(誰かが) ～している」「～すること (メモを書くときに書く)」といった行為も表す。

肯定文

例：

Ihinanañe　tsako　　ronono.

～で食べる　とうもろこし　牛乳

「トウモロコシを牛乳で食べる。」

否定文

例：

Tsy　ihinanañe　tsako　　ronono.

否定　～で食べる　とうもろこし　牛乳

「とうもろこしを牛乳で食べない。」

3.2　修飾語としての動詞の否定

動詞は、名詞、形容詞的動詞と同様、修飾する語の後に置くことで、直前の語を修飾することができる。否定を表す際は修飾語として機能している動詞の直前に tsy を置く。

修飾語としての動詞

例：

ajaja	mitañe
子ども	泣く

「泣いている子ども」

例：

ajaja	tsy	mitañe
子ども	否定	泣く

「泣いていない子ども」

4. そのほかの否定表現

(1) liaʔe tsy「もう～ない」

例：

Le	liaʔe tsy	nihereñe	am'izao	i	ajaja	ambahiny	y.
そして	もう～ない	戻る－過去形	それで	この	子ども	外部の、外国の	この

「そして、この外国の子どもはもう戻らなかった。」

（2）tsy mbola、mbola tsy「まだ～ない」

例：

Tsy mbola　masaka.
まだ～ない　熟した
「まだ熟していない。」

Mbola tsy　masaka.
まだ～ない　熟した
「まだ熟していない。」

tsy mbola も mbola tsy も意味は同じで、同様によく日常で使われる。

（3）tsy misy「～なしで」

文字どおりに訳せば、「～はない。」という意味で、単独でも否定文となる。たとえば、Misy ronono?「牛乳はありますか？」の返答に Tsy misy.「ありません。」と答えることができる。

ここでは「～なしで」という意味で使われている例を示す。

例：

ampela　misy　ajaja
女の子　ある　子ども
「子どものいる女の子」

ampela　tsy misy　ajaja
女の子　～のない　子ども
「子どものいない女の子」

＊マダガスカル南部では、10代後半で子どもを産む女の子は決して少なくない。

(4) 警告・注意の呼びかけ　tsy＋未来形

例：

Hasoa　　　tsy　　handeha　　　raike.
良い－未来形　否定　行く－未来形　１人で
「気を付けて、１人で外に行かないで。」

Hasoa　　　vitako　　tsy　　very.
良い－未来形　した－私　否定　失う
「私があなたにしたことを忘れないでね。」

これらの例文では、否定形の tsy が用いられているが否定的な命令ではなく、注意を呼びかけたり、善意から相手に問題を意識させるための警告文である。

5. 肯定・否定文の答え方

極性の問いに答える際、肯定の場合は、“eka”（はい）、否定の場合は“aha”（いいえ）が用いられる。

第6章　数詞

1.　基数詞

2.　序数詞

3.　反復数詞

4.　量詞

5.　四則演算

6.　その他の数を表す表現

7.　数え歌

本章では、タンルイ語の数詞について解説する。

タンルイ語の数詞は10を底とする10進法である。本章では、比較のため、マダガスカル語と同系統の言語である、ラパヌイ語（イースター島）、タヒチ語（仏領ポリネシア）、マアニャン語（インドネシア）、イロカノ語（フィリピン）、カナカバブ語（台湾）の数詞の例を示した。

1. 基数詞

タンルイ語も、メリナ語も、10進法で数える。参考までに、メリナ語の基数詞も表1に示した。11以降は、どちらの方言も10を1の位の数に足す形で表現されるが、10にあたるfoloの位置が異なる。たとえば、12は、タンルイ語では、foloroambe（folo「10」＋roa「2」）で、メリナ語では、roa ambin'ny folo（roa「2」＋folo「10」）となる。

マダガスカルの言語のみならず、オーストロネシア語圏の多くの言語が10進法をとる。人間は物を数える手段として、身近にあるもの、たとえば身体の部位や、石、繊維などを使うが、オーストロネシア語圏の人々の多くは、両手の10本の指を使うことが知られている。

表2に、オーストロネシア語族の1から10までの数の一例を示す。オーストロネシア語族の中から、東端に位置するイースター島で話されているラパヌイ語、仏領ポリネシアで話されているタヒチ語、マダガスカル語と一番系統が近いと言われるインドネシア・カリマンタン島で話されているマアニャン語、フィリピンで話されているイロカノ語、台湾で話されているカナカナブ語の例を示す。

20から90までの数詞は、1の位の数詞に10を掛け算した表現となる(表3)。たとえば、20は、roampolo（roa「2」×folo「10」）である。タンルイ語では、pが前鼻音化し、mpとなる。

日常生活では、現金を数えるとき以外には、あまり使われることはないが、100、1000、10000を表す基数詞がある。タンルイ語で最大の数詞は、100

表1　1から19を表す基数詞

	基数詞	
数	タンルイ語	メリナ語
1	isa, raike, ray	isa, iray
2	roe	roa
3	telo	telo
4	efatse	efatra
5	dime	dimy
6	eneñe	enina
7	fito	fito
8	valo	valo
9	sive	sivy
10	folo	folo
11	foloiraikambe	iraika ambin'ny folo
12	foloroambe	roa ambin'ny folo
13	foloteloambe	telo ambin'ny folo
14	foloefatsambe	efatra ambin'ny folo
15	folodimeambe	dimy ambin'ny folo
16	foloeñeambe	enina ambin'ny folo
17	folofitoambe	fito ambin'ny folo
18	folovaloambe	valo ambin'ny folo
19	folosiveambe	sivy ambin'ny folo

万と言われている。すでに多くの資料や文献のあるメリナ語においても、最大の数詞は、100万である。表4に、100以上の大きな数を示す基数詞を示す。

表２　オーストロネシア語族言語の１から10までを表す数詞

	ラパヌイ語（イースター島）Du Feu 1996	タヒチ語 Tryon 1997	マアニャン語（インドネシア）柴田　1992	イロカノ語（フィリピン）Rubino 2000	カナカナブ語（台湾）土田　1988
1	tahi	tahi	isa	maysá	caaniʔ
2	rua	piti	ruäh	duá	cuusaʔ
3	toru	toru	telo	tallô	tuuLuʔ
4	ha	maha	epat	uppát	suupataʔ
5	rima	pae	dimä	limá	Liimaʔ
6	ono	ono	enem	inném	neemeʔ
7	hitu	hitu	pitu	pitó	pituʔ
8	va’u	va’u	walo	waló	aaLuʔ
9	iva	iva	suäi	siám	siiaʔ
10	’ahuru	hō’ē ’ahuru	sa-puluh	sangapúlo	maaneʔ
11	aŋahuru ma ho’e	hō’ē ’ahuru mā hō’ē	sa-walas	sangapúlo ket maysá	maane u-caniʔ

注1）L は弾き音［ɾ］を示す。

表３　20から90までの数詞

	基数詞	
数	タンルイ語	メリナ語
20	roampolo	roapolo
30	telompolo	telopolo
40	efampolo	efapolo
50	dimapolo	dimapolo
60	eneñepolo	enipolo
70	fitompolo	fitopolo
80	valompolo	valopolo
90	sivapolo	sivifolo

表４　100 以上の大きな数を示す基数詞

	基数詞	
数	タンルイ語	メリナ語
100	zato	zato
1,000	arivo	arivo
10,000	raeʔale, aliñe	alina
100,000	hetse	hetsy
1000,000	raike tapitrisa	tapitrisa

他の数詞の言い方の例：

1,500　dimanjato sy arivo

2,800　valonjato sy roarivo

3,400　efanjato sy teloarivo

5,000　dime arivo

11,000　arivo sy ray aliñe

15,000　arivo sy ray aliñe

16,000　eniñe arivo sy ray aliñe

19,000　sivy arivo sy ray aliñe

22,000　roa arivo sy roa aliñe

74,000　efatse arivo sy roa aliñe

110,000　ray aliñe sy ray hetse

240,000　efatse aliñe sy roa hetse

本来、等位接続詞のタンルイ語は naho（「～と」）であり、sy（「～と」）はメリナ語、マガダスカル語標準語であるが、数詞の場合、naho は使わず、sy を用いる。

数詞が限定用法として用いられる場合、つまり、修飾語として機能する場合、単語の後に置かれる。

例：

lefoñe　sive
槍　　9
「9 本の槍」

Misy　ndaty　sive.
いる　人　　9
「9 人の人がいる。」

一方、叙述用法として用いられる場合、つまり、述語として機能する場合は、述語となる基数詞が前に置かれる。

例：

Sive　ty　　ajaja.
9　　限定詞　子ども
「子どもは 9 人いる。」

2. 序数詞

ここでは、序数詞について説明する。基本的に、faha- が数詞につく形となる。序数詞は fahafolo「10 番目」までである。

序数詞が、修飾語として機能する場合、基数詞と同様に、修飾する語の後に置かれる。

表 5　序数詞

	序数詞	
	タンルイ語	メリナ語
1 番目	voaloha?e	voaloany
2 番目	faharoe	faharoa
3 番目	fahatelo	fahatelo
4 番目	fahaefatse	fahaefatra
5 番目	fahaeneñe	fahaenina
10 番目	fahafolo	fahafolo
最後	fara	fara

例：

andro　voaloha?e

日　　1 番目

「最初の日」

anake　　fahatelo

子ども　3 番目

「3 番目の子ども」

序数詞が、述語として機能する場合も、基数詞と同様に、序数詞が主部の前に置かれる。

例：
Voaloha?e ty anako.
1番目の 限定詞 子－私の
「この私の子は、長子だ。」

序数詞は、副詞としても使われる。

例：
Voaloha?e namonoako akoho izao.
一番目 過去－殺す－私 鶏 それ
「私は鶏を初めて殺した。」

Voaloha?e volañe valasia?ao ho añe Tana raho.
1番目 月 1月 未来 あそこ タナ 私
「私は1月に初めてタナを訪問する予定だ。」

この文章に動詞はないが、場所を表す añe（遠称）に未来を表す標識 ho が付き、未来にタナ（マダガスカルの首都の呼び名）にいることを示している。añe は自分からは見えない非常に遠い場所を表す。

また、「何日間」「何回」「何年間」といった、量を表すときにも序数詞が使われる。

例：
Nantomboke ombia ty nipetraha?areo teto?
過去－始める いつ 限定詞 過去－住む－あなたたち 過去－ここ
「あなたたちは何年間ここに住んでいるのですか？」

（文字どおりに訳せば、「あなたたちはいつここに住み始めたのですか？」となる。）

Fahafolotaoñe.
10番目
「10年間です。」

3. 反復数詞

タンルイ語の反復数詞を表6に示す。

表6　反復数詞

反復数詞	タンルイ語
1回目	indraike
2回目	indroe
3回目	intelo
4回目	inempatse
5回目	indime
6回目	ineneñe
7回目	impito
8回目	imbalo
9回目	intsive
10回目	impolo

例：

Mihinañe　vare　intelo　isan'andro　raho.

食べる　米　3回　毎日　私

「私は毎日3回米を食べる。」

4. 量詞

タンルイ語の量詞を表7に示す。

タンルイ語の量詞には限定用法（修飾語として機能する場合）と、叙述的用法（述語として機能する場合）がある。限定用法として用いられる場合、量詞は、修飾する語の後に置かれる。

表7　量詞

タンルイ語	意味
iaby, aby	すべて
antsaʔe, vakimira	半分
ilailaʔe, kedevitsy	いくつか
maro	たくさん
bevata, bey	たくさん、大きい
kede	少ない、小さい
kedekede	とても少ない
vity	ほんの少し
vitivity	ほんの少しだけ

例：

anaka　**kede**
子ども　小さい
「小さな子ども」

Izaho　tsy　te　hihina　raha　**maro**.
私　否定　〜したい　未来−食べる　もの　たくさん
「私はたくさん食べたくない。」

Nanapake　mofo　**antsasae**　raho.
過去－切る　ケーキ　半分に　私
「私はケーキを半分に切った。」

叙述的用法では、限定詞 ty が主語を表す標識となり、量詞は、述部の前に置かれる。

例：
Maro　ty　ajaja.
たくさん　限定詞　子ども
「子どもはたくさんいる。」

5.　四則演算

タンルイ語の四則演算について以下に例を示す。

足し算
「1＋2＝3」
raike　ampiañe　roe　mira　relo
1　追加する　2　等しい　3

引き算
「3－2＝1」
telo　angalañe　roe　mira　raike
3　取る　2　等しい　1

掛け算

「2×3＝6」

roe	ampitomboeñe	telo	mira	eneñe
2	増やす	3	等しい	6

割り算

「6÷3＝2」

eneñe	zaraiñe	telo	mira	roe
6	分ける	3	等しい	2

6.　その他の数を表す表現

（1）重複

数詞を重複することによって、意味を緩和する。

fitofito（7 くらい）　＜fito　（7）

telotelo（3 くらい）　＜telo　（3）

（2）接頭辞 ki-

接頭辞 ki- はバントゥー諸語を起源とする接頭辞である（Dahl 1988）。バントゥー諸語では一般的に ki- は「大きい」を意味する（スワヒリ語においては、ki- は「小さい」という意味）。タンルイ語では、接頭辞 ki- は、語につくことで、指小辞（小さい意味を示す語）、抽象名詞、物を意味する語を生成する。接頭辞 ki- がつく派生語は第 2 章 7.3 で示した。数詞についた場合は、「〜つのうちの 1 つ」という意味になる。

kifitofito（7 つずつ）　＜fitofito（7 くらい）　＜fito（7）

kitelotelo（3 つずつ）　＜telotelo（3 くらい）　＜（3）

cf. kilalao（遊び、おもちゃ）　＜lalao（遊ぶ）

kifafa（ほうき）　　　　　　<fafa（掃除する）

kibory（墓）　　　　　　　　<bory（円、丸）

例：

Mijara　haniñe　tsikitelotelo　raho.

分ける　食べ物　3等分に　私

「私は食べ物を3人分に分ける。」（＊tsi- は頻度の高さを表す接辞）

7. 数え歌

タンルイ語には、1から10までの基数詞を使った数え歌がある。これは、数を覚えるための語呂合わせであり、タンルイ社会の身近な農産物や農耕文化を織り込み、抑揚をつけて歌うことで数を覚えたり、子どもたちが、ことば遊びとして日常的に口ずさむ。

1　isa ny amontana

2　roe aviavy

3　telo fangady

4　efa rofia

5　dime ny emboka

6　eniñe mangamanga

7　fito paraky tabaka

8　valo tanatana

9　sive rongony

10　folo fambolena

数え歌に出てくる単語の訳は、次のとおりである。

amontana	「イチジクの木」
aviavy	「イチジクの実」
fangady	「踏み鋤、耕すこと」
rofia	「ラフィア」
emboka	「芳香」
mangamanga	manga 「青い」の重複形
paraky	「タバコ」
tabaka	「葉巻」（神聖な儀式の中での）
tanatana	「枝」
rongony	「麻」
fambolena	「農業」

第７章　無文字社会の「時」

1.　無文字社会の「時」を表す表現

2.　曜日、月、季節の表現

3.　季節を表す表現

文字がない社会、時計のない社会では、どうやって時間を認識するのだろうか。村社会では頻繁に集会や村会議が行われる。どのようにして、同じ時間に待ち合わせをするのだろうか。本章では、筆者が言語調査を行っていたときに偶然遭遇した、タンルイ族固有の24時間のとらえ方とその表現を解説する。また、「時」に関連して、曜日、月、季節、方位、そして、誕生月に対応する伝統的な命名法を紹介する。

1.　無文字社会の「時」を表す表現

1.1　タンルイ社会の「時計」

タンルイ社会は本来、文字のない社会、文字に依存しない伝統的生活を送っている社会である。しかし、近年では、現金収入のために、都市部に移動して居住しているタンルイ族や、高等教育を受けるために、マダガスカル語標準語やフランス語の読み書きができる人も増加しつつある。また、近頃はアンタンルイでも道路が整備されつつあり、人やモノの移動が活発になっている。それゆえ、西洋社会の時計や携帯電話、各種タブレット、スマートフォンなどがタンルイ社会の一部に流入しているのも確かである。しかし、村社会では、今もなお、文字に依存しない伝統的な生活を送っている。また、都市部に移動して生活しているタンルイ族も、これから述べるタンルイ社会固有の時間表現の使い方は身に付けている（Nishimoto 2012）。

1.2　時計に依存しない1日24時間の表現方法

それでは、時計を持たず、紙媒体による意思伝達手段がない場合、どのような手段によって、他者と待ち合わせをするのだろうか。また、彼らは1日のサイクルをどのように認識し、また彼らの言語形式ではどのように表現するのだろうか。最初に思い当たるのが、太陽時計である。太陽時計は太古からタンルイ社会でも使われていたことが知られている。しかし、遠くに離れている人と、太陽時計を共有することはできない。

確実に、同じ時間帯に集まって村会議を行いたい場合など、誰かと約束をしたい場合、1日の物理的時間を示す手段が必要である。そのために、タンルイ社会には、おおよその1日のサイクルに相当する時間表現が存在する。

0時	1）Misasak’ale	「深夜」
	2）Matokalembey	「とても遅い深夜」
1時	Mañeno sahoñe.	「カエルが鳴く。」
2時	1）Mañeno akoho voaloha?e.	「鶏が一番目に鳴く。」
	2）Mañeno akoho mavande.	「鶏が嘘をつく。」
3時	Mañeno akoho faharo?e.	「鶏が2回目に嘘をつく。」
4時	1）Tera-panjiry.	「ファンジリという星が空に見える。」
	（おそらく fanjiry は明けの明星（金星）を示すと考える。）	
	2）Mañeno akoho fahateloñe.	「鶏が3回目に嘘をつく。」
5時	Mangararak’atiñana.	「西側が明るくなる。」
	（この表現は1日の最初に明かりが見えるときにだけ使われる。）	
6時	Mifoha ndaty.	「人が起きる。」
7時	該当表現なし	
8時	Mivavatse añombe.	「牛が散歩に行く。」
9時	Mafana voho.	「背中が熱い。」
10時	Mitroatse mpiava.	「農民が休憩する。」
11時	該当表現なし	
12時	Mandia talinjo.	「影を踏む。」
13時	Mihilaña andro.	「太陽が傾く。」
14時	該当表現なし	
15時	Mandisa ampela.	「少女が（食料を）すりつぶす。」
16時	Mandisa ampela.	「少女が（食料を）すりつぶす。」

17 時	Avy añombe.	「牛が戻る。」
18 時	Mizilike añombe.	「牛が柵の中に入る。」
19 時	Mihinañe ty ndaty.	「人がご飯を食べる。」
20 時	Mandafe tihy ndaty.	「人がマットを敷く。」
21 時	Misaondroro.	「寝る。」
22 時	Mivalike ndaty.	「人が寝返りをうつ。」
23 時	Etsandroro	「熟睡」

1.3 時間表現の使われ方

上述の時間表現は、西洋時計の厳密な時刻に一致しているわけではない。また、土地それぞれの自然環境や暮らしに根付いていることから、タンルイ地域の村によっても若干その表現が異なる。ここに示したのはアンブヴンベに暮らすタンルイ族が共有している表現である。都市部に住むタンルイ族の人びとに何度も確認したところ、ほとんどの人がこれらの表現を熟知していた。今もなお、生きた表現である。実際、待ち合わせする時刻を示したい時は、次のように文中で使われる。

例：

Misy	fivoriañentika	naho	**mihilaña**	**andro**.
ある	会議－私たち（包含形）	～時	13 時	

「13 時に私たちの会議がある。」

また、口承文芸の一つであるタンルイ族の民話にも時間表現を見つけることができる。時間表現は例文中の太字で示す。

Andrianañahare nandranto

Lehe nandranto ty Andrianañahare, nibabababa ty oselahy. Nifoha ty Andrianañahare am'i sahe i oselahy ʔy, nañavelo. Le mbe **matokalembey**.

Ie nibalike ka reke finoha i akoho. ‘Izaho rañandria’, hoe ty akoho, ‘ehe mikekeo am’i fanampoñe y raho’, mbe tsy ie. ‘**kekeon’akoholahy mavande**’, hoe re, i fanampoñe ʔy. Mikekeo raho añivo eo, mbe tsy ie. ‘Ie ty **fañinteloñe**’, hoe re ama…. Vaho ie. Mifohaza rehe mpanjaka naho am’izay. Izao ahavia o akoho o an-kazomanga ey o. Tsy nahavia i ose an-kazomanga ey o, namoha an’Andrianañahare **matokalembey** ama t’ie nandranto.

「女の子を求める神様」

むかしむかし、神様が女の子と寝ていた。山羊が鳴いた。神様は目を覚まし、起き上がり出かけていった。しかし、それは**深夜**のことだった。彼が寝返りをうったとき、彼は目を覚ました、山羊が鳴いたからだ。

「私ですよ、神様」と鶏が言った。「私はコケコッコーとわざと鳴いたのです、しかし正しい、起床時間ではありませんでした」と鶏が言った。**「鶏が嘘をつく。(2時)」**と神様は優しく答えた。「私は深夜に鳴いた、しかし、正しい時刻ではなかった」。鶏が言った。**「3回目（4時)」**、「正しい時刻です」と鶏が言った。「神様、起きてください」。鶏は言った。このようなことがあって、神聖な場所へ、鶏を連れてゆくことが許されるようになった。山羊ではない。なぜなら、山羊は神様の眠りの邪魔をしたからだ。神様が**深夜**に深く眠っている時に。

2. 曜日、月、季節の表現

2.1 曜日

タンルイ語では、曜日の表現には、アラビア語からの借用語が使われている。表1にタンルイ語の曜日表現を示す。

表1 タンルイ語の曜日を表す表現

曜日	タンルイ語
月曜日	tinainy
火曜日	talata
水曜日	larobia
木曜日	kamisy
金曜日	joma
土曜日	sabotse
日曜日	lahady

2.2 月を表す表現

2.2.1 農耕サイクルと月を表す表現

マダガスカルの言語で月を表す語彙は、サンスクリット語がジャワ語を経由して借用されたと言われている（表2の表現1）。また、マダガスカルに存在するそれぞれの民族の言語に、農耕サイクルに即した固有の月の表現がある。そのため、他の地域で同じ表現があっても、同じ月に対応しているわけではない。たとえば、タンルイ族の隣の地域のタヌシ語では、asotry は9月を表し、タナラ語では1月に対応する（Baujard 1998）。月を表す表現を表2にまとめる。

表2　月を表す表現

月	タンルイ語	
	表現1	表現2
1月	valasia	alahamaly
2月	hatsiha	asoro
3月	hiahia	alizaoza
4月	volamaka, tatakampela	asarata
5月	volantakae	alahasade, alahasaty
6月	sakamasay	asombola
7月	sakavey	alimiza
8月	volambita	alikarabo
9月	asaramanty	alikaosy
10月	asaramañitse	alijady
11月	vatravatra, hafavaratse	adalo
12月	safary	alohoty

表現1のタンルイ社会の年間の農耕サイクルに即した月の表現は、植える時期、収穫する時期、作物がない時期、収穫が終わる時期などに対応している。たとえば、2月を表すhiahiaは、hia「痩せた」の重複形で、「不毛の、土地が痩せた」という意味となり、作物がない時期に相当する。6月と7月につくsaka-は「熟した」を意味し、作物が熟し、収穫の時期を表している。8月のvolamvitaはvola「月」とvita「終わった」の複合語で、農耕サイクルの最後を意味している。

図1　16方位

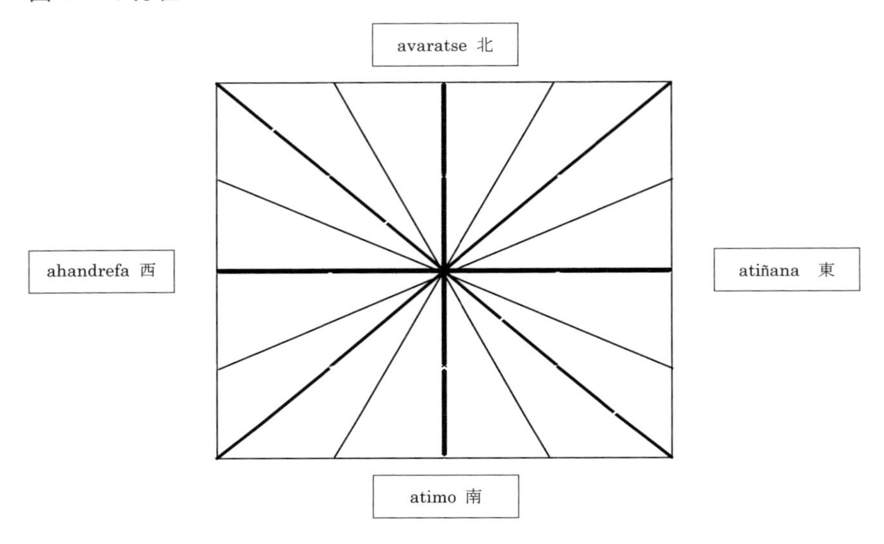

2.2.2　方位と月を表す表現

タンルイ語は、サンスクリットからの借用語以外に、アラビア語からの借用語で黄道十二宮に対応する語が、月の表現に使われている（表2の表現2)。月に関しては基準点となる東西南北（4方位）を4点とする。その中間点となる四隅をさらに4点とし、4方位の4点と四隅の4点の中間を中間点とすると、図1のように16方位となる。16方位を表す語は表3に示す。そのうちの、基準点、すなわち東西南北の方向を省いた12の方位が、月を表す表現に用いられている。

表3　16方位を表す語

方位	タンルイ語
北	avaratse
北北東	alahamaly
北東	asoro
東	atiñana
東北東	alizaoza
東南東	asarata
南東	alahasade, alahasaty
南	atimo
南南東	asombola
南南西	alimiza
南西	alikarabo
西南西	alikaosy
西	ahandrefa
西南西	alijady
北西	adalo
北北西	alohoty

図2　家の方位

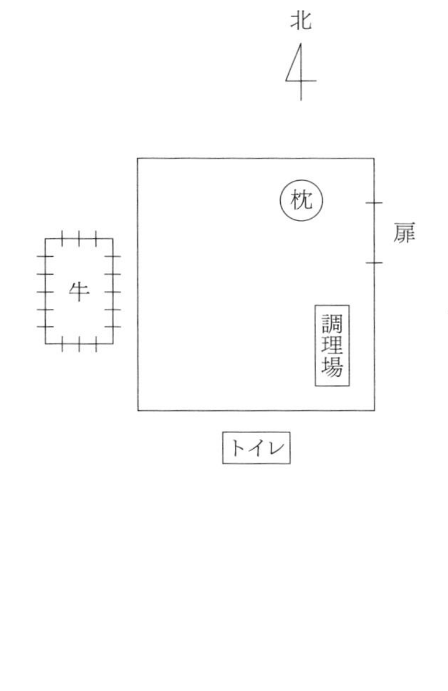

2.2.3　方位と伝統

方位は、タンルイ社会の家の構造と深く関連している。タンルイ社会では、家を作る際に、方位を考慮して作らなければならない。ドアや窓は東側、太陽が昇る方角に設置する。枕は北か東に置く。調理場は東に、トイレは南に配置する。家畜の牛は、家の外の西側に配置する（図2)。

村の会議や集会を開くときも、方位は重要である。集会は、村落にある大木のそばで行われる。多くは、神聖な木であるタマリンドの木か、マンゴーの木の下で行われる。人々は木の東側に集まり、村長は東側のうち一番北に（北東）に座る。

2.2.4 誕生月に対応する伝統的な男女の名前

タンルイ社会には、誕生月に沿った命名法があり、生まれた月によって、男と女の伝統的な名前がつけられる。名前は決して1人に1つではない。第3章2.3.2で述べたような無文字社会ならではの命名法で、歴史や出来事を名前に刻む命名法もある。キリスト教にちなんだフランス語名も多く、ほとんどの人がタンルイ語の名前とフランス語の名前の2つを持つ。学校でどちらの名前を登録するかは、個人の自由となっている。

表4 タンルイ社会の誕生月に沿った伝統的な男女の名前

誕生月	男の名前	女の名前
1月	Dame	Haova
2月	Sambo	Sana
3月	Soja	Sija
4月	Mosa	Masay
5月	Aly	Tema
6月	Mbola	Vola
7月	Monja	Miza
8月	Lambo	Soliambo
9月	Miha	Miza
10月	Mara	Kazy
11月	Aly	Tema
12月	Maka	Mary

3. 季節を表す表現

タンルイには、雨期（11月から4月頃）と乾期（5月から10月頃）があるが、四季を表す厳密な用語はない。ただし、雨期は非常に暑く、乾期の朝晩には厚手のセーターやマフラーが必要で、夜は毛布を必要とするほど寒い。そのため、雨期、乾期、春や夏、冬に相当する語があるが、秋には該当する語がない。春は、loha「頭」と taoñe「年」の複合語で、「年の始まり」を意味する語となっている。

表5 季節を表す表現

季節	タンルイ語
雨期	asara
乾期	faosa
春	lohataoñe
夏	faosa
秋	—
冬	asotry

第８章　敬語

1.　タンルイ族にとって重要な敬語表現の存在
2.　タンルイ語の敬語とオーストロネシア諸語の敬語
3.　敬語の語彙の分類
4.　タンルイ社会での実際の敬語の使われ方

本章では、タンルイ語の最大の特徴であると言える敬語について述べる。ほかのマダガスカルの地域言語話者はタンルイ語の普通語は単語レベルで理解できても、敬語の語彙は理解しない。敬語はタンルイ語で、fiasiañe「尊敬」という意味でasy「尊敬する（語根）」の派生名詞である。タンルイ社会では、敬語の使い方や、目上の人を敬う慣行は、今も厳格に守られている。

1. タンルイ族にとって重要な敬語表現の存在

敬語の存在はマダガスカルのなかでも、タンルイ語に固有で、今もなお世代を超えて厳格に受け継がれている言語学的にも文化的にも貴重なものである。タンルイ語では、話し相手の身分によって、普通語か敬語かの使い分けがある。主に、身体部位を表す語彙、衣食住に関連する語彙や身体部位を使う行為（「食べる」、「しゃべる」、「聞く」など）に敬語が存在し、父、高齢者、村長、王といった目上の人に対して日常的に使われる。

タンルイ族に隣接するタヌシ語話者に、同様の敬語が存在するか尋ねたところ、一部の高齢のタヌシ語話者は、タンルイの用いる敬語表現を知っているが、「古語」であるとし、一部の村落では使われているかもしれないが、現在は使われていない、若い世代は知らないという。タヌシ語話者とタンルイ語話者は居住地が近いことから、互いの言語や慣行を知っているが、タヌシ語話者はタンルイ語話者の敬語を見聞きし、タヌシ語話者にとってもタンルイ社会の敬語使用は「きわめて厳格に守られた伝統」と映っているようだ。

2. タンルイ語の敬語とオーストロネシア諸語の敬語

なぜタンルイ語に敬語が存在するか、という問いは、文化的・社会的背景に起因するものであり、その理由を解明することは容易ではない。タンルイ語の敬語が、他のオーストロネシア諸語に見られる敬語と、何らかの歴史的関連性があるかどうかの根拠はなく、おそらくその言語話者の属する個別の文化・社会・歴史的背景によるものと考えられる。

日本語や朝鮮語にも敬語があり、両者は自国の文化と密接に関連している。日本語、朝鮮語については、敬語を表すために動詞が変化したり、敬語固有の要素が文法範疇の1つにもなっている。また、話者が聞き手、話題の人物に対する敬意を表すときに語彙の選択が行われる。タンルイ社会にも見られる敬語は主に後者である。タンルイ社会では、年配者を尊重すること、尊重する行為の1つとして、敬語表現が言語形式に反映されていることは明らかである。

オーストロネシア諸語のなかでは、たとえば、ジャワ語、バリ語、スンダ語に敬語が存在する（Adelaar 1995, Steinhauer 2005）。また、Hefner（1998）は、インドネシア東ジャワ州のテンガー山脈で話されているテンガー（Tengger）語の基礎語彙調査で、テンガー語話者は、「頭」や「目」の使い方を強調し、「死ぬ」という動詞は、フォーマルな会話では使わないと述べている。著者のタンルイ語の調査でも、話者から同様の説明を受けた。身体部位の語彙を敬語で言うことがどれほど重要であるか、話者は強調した。

オセアニアで話されているトンガ語にも、敬語があり、話題にのぼる人の身分や立場によって、語を選ぶ。なお、トンガ語には、普通語、敬語、王族語の3つの区別がある（Shumway 1971, Churchward 1985）。トンガ語でも普通語と区別のある語は身体部位に関する語が多い。

3. 敬語の語彙の分類

3.1 身体部位を表す語彙の普通語と敬語の例

上述のとおり、タンルイ社会での最初の言語調査の際に、タンルイ語話者が一番強調したことは、身体部位の名称の敬語の使い分けである。表1は、

表１　身体部位を表す語彙の普通語と敬語

日本語	普通語	敬語
頭	loha	añambone
あご	sisa, somotse	taliva, tava
髪の毛	volo	maroy
目	maso	fihaino
涙	ranomaso	ravembia
鼻	oroñe	fiantsoña

身体部位の語彙の普通語と敬語の例である。

3.2　衣食住を表す語彙の普通語と敬語の例

表２は衣食住を表す語彙に関する例である。名詞のみならず、衣食住に関連する動作を示す動詞にも普通語と敬語の区別がある。

表２　衣食住を表す語彙

日本語	普通語	敬語
スプーン	sotro	fioke, fifioke
帽子	satroke	sabaka, fitoto
服	lamba	sadiañe
歩く	mandeha	mañavelo
座る	mipetrake	miambesatse
寝る	miroro	mirose
食べる	mihina	mikama
飲む	minon-drano	mikama rano
吐く	mandoa	mañilañe
着る	miakanjo	misarimbo

3.3　生死に関わる語彙の普通語と敬語の例

多くの人類学者、民族学者、そしてマダガスカル人が指摘するように、マダガスカルでは、葬儀や祖先崇拝の精神は、欠かせない文化である。その一面が、言語では敬語表現としても表れている。生死を表す語彙は、インドネシアの諸言語にも直接的表現と間接表現がある。日本語でも「死んだ」「亡くなった」という直接表現は避け、「他界された」「お亡くなりになった」と言う。英語では dead 以外にも「死ぬ」を表す表現は、has gone, passed away, sink to rest, sleep with one's father と多くの表現がある。死に関する人間の世界観・価値観はある程度普遍性が見られ、それが言語形式に具現化されている。

タンルイ語の生死を表す語彙を表3に示す。

表3　生死を表す語彙

日本語	普通語	敬語
死ぬ	mate	vilasy
墓	kibory	lonake
命	aiñe	arofo
埋葬する	mandeveñe	alenteke

さらなる敬語の語彙は巻末付録4の辞書の（honorific）の箇所を参照。

4.　タンルイ社会での実際の敬語の使われ方

本章3節で述べたように、敬語は特に身体部位の語彙や、身体の動作、衣食住に関係する語彙に多く見られる。普通語と敬語の選択は、話者と話し相手の関係によって決まる。また、その場に対象がいなくても、話題に上る人物に対しても敬語が使われる。敬意を示される人物は、タンルイ社会において社会的に地位の高い人物、たとえば、村長、父、高齢者、王、部族長である。

普通語の頭 loha の敬語にあたる añambonñe は、場所を表す、上 ambone という語に由来する。たとえば、子どもが村長の目の前を通るとき、頭の位置を低くして、Aza fade añambone?o と言う。直訳すると、「あなたの頭を失礼いたします」となる。転じて、「前を失礼します」といった意味となる。このような礼儀は、タンルイ社会では、かなり早い段階で、家庭内や村落で子どもに教育するという。

また、社会的に地位の高い人に対して、身体部位の名称を直接言うことはタブーである。そのため、「あなたの頭」と言いたい時は、普通語の「口」vava に「あなたの」-?o を付加した vava?o ではなく、firesaka?o と言わなければならない。firesaka とは、miresaka「話す」を名詞化接頭辞 f- をつけることで名詞化した抽象名詞である（西本 2012）。

第９章　タンルイ社会に特有の文化語彙とその使われ方

1.　タンルイ社会特有の文化語彙とは

2.　タンルイ社会に特徴的な数

3.　色彩語彙

4.　親族名称

5.　動物の語彙と表現・諺

6.　植物の語彙と表現・諺

7.　虫

8.　生活に欠かせないものとそれに関わる豊富な語彙

9.　罪を犯した人を警察へ連れていく者は家族ではない

本章では、タンルイ社会の文化的側面を、主に言語から観察する。現地調査で、文化から言語を見るか、言語から文化を見るかは、人々の視点や学問領域により多様だ。前者は文化人類学、後者は言語人類学と呼ばれる領域である。複眼的視点から、タンルイ社会の価値観を覗いてみよう。「数」「色」「親族名称」「動植物」、そして「罪を犯したものの裁き方」について解説する。

1. タンルイ社会特有の文化語彙とは

人類学者は、長年にわたって、「文化とは何か」という問いについて議論を重ねてきた（E. B. Tylor 1871, E. Leach 1982, L. L. Langness 1974, R. M. Keesing 1974 など多数）。ここで述べる「文化」とは、「地域の歴史や自然環境に適応し、受け継がれている生活様式や在来知識、芸術や伝統、習慣や価値観、物事の認識」とひとまず定義する。言語学的には、諺や慣用表現、比喩、自然物を用いた表現、民話や語彙には、すべてとは言えないまでも、ある程度まで、人間の文化が反映されていると考える。

「文化」と聞くと一見してとっつきやすい印象がある。ある地域に旅行者として滞在し、話者とともに生活をする、話者と日々触れることで、断片的に「異文化」としての対象地域の文化と接触する機会はいくらでもある。しかし、人類学者が、「文化」という用語を用いる際に細心の注意を払うのと同じように、言語学の視点から、「文化」を記述することは、容易いことではない。単語が比喩として用いられていたり、本来の語順とは異なる、もしくは省略して表されていたり、韻を踏んでいたりするため、基礎語彙をはじめ、音声、音韻構造、語の構造と成り立ち、文の成り立ちといった言語調査がかなり進んでいなければ、言語学的に記述することはできない。限られた調査時間のなかで、対象地域の価値観や慣習に十分に配慮し、インフォーマントと協力することが求められる。また、調査する側の質問の仕方が重要となるため、こちらが求める情報を常に得られるわけではない。したがって、本章で扱う文化語彙は調査の途上にあるが、ここでは、これまでの調査で明らかとなった語彙とその使われ方を紹介する。

2. タンルイ社会に特徴的な数

日本では「4」が死を連想するということから忌数とされている。また、西洋社会、キリスト教文化圏では、キリストが磔刑に処されたとされる13日にちなみ、「13」が忌数とされる。また、日本では奇数を縁起のよい数とする見方もある。

タンルイ社会にも縁起の良い数と忌避数がある。インフォーマントによると、縁起が良いとされる数は「1、2、6、8」である。忌避数は「7」と「9」とされる。

数詞は、慣用句として他の語と一緒に使われることで、本来の数を表す意味とは異なる意味を表す表現や語となる。以下にいくつかの例を示す。

例：

「7」

miteraka　fito　lahy
産む　7　男
「たくさんの子どもを持つ」

miteraka　fito　vavy
産む　7　女
「たくさんの子どもを持つ」

fanahy　fito　loha
精神　7　頭
「賢明、英知」

haly　fito　sosona
穴　　7　　たくさんの
「とても大きな穴」

haizana　fito　sosona
暗闇　　7　　たくさんの
「完全な暗闇」

「たくさんの子どもを持つ」の例では、本来修飾語で被修飾語の後にくるべき数字が、後に来ている。「英知」においては、文字どおりに訳せば、「7つの頭を持つ精神」となるが、これは「賢い、英知」という意味になると思われる。

例：
「8」
fahavalo
「敵」
＊fahavalo は本来序数詞の「8 番目」である。2 つ目の意味として、「敵」という意味でも用いられる。

「9」
fahasive
「先祖」

「8」と同様に、fahasive は序数詞「9 番目」を意味するが、「先祖」という意味でも用いられる。

祖先崇拝を重んじるマダガスカル社会において、「先祖」という語は社会的に非常に重要な語である。

「1000」

arivo「1000」は、マダガスカルの首都名 Antananarivo（アンタナナリヴ）にも見られる。形態素分析すると、an-「場所を表す小詞」＋tana「土地」＋arivo「1000」で、文字どおり訳せば「1000 の土地」となる。歴史的には、この土地には、兵士がたくさんいたことから、「1000 人の兵士のいる土地」という意味になり、マダガスカル人に首都名の由来、意味を聞くと、必ず同様の返事が返ってくる。「1000」は数値というよりは、「多くの」という意味で使われている。

タンルイ社会でも、「1000」は「多い」という意味で使われる。

たとえば、mpañarivo を形態素分析すれば、mp-「動作主名詞を作る接頭辞」＋manana「持つ」＋arivo「1000」→ mpañarivo「金持ちの人」となる。

「金持ち」とは、貨幣をたくさん持っているという意味ではない。マダガスカル全域に、貨幣経済は浸透しているが、伝統的に、タンルイ社会では牛が価値のあるものとされ、儀式・儀礼や、結婚などのお祝いごとのときに結納として牛を渡す。

それゆえ、mpañarivo とは、「牛を多く持っている人」という意味になり、西欧語や日本語に訳す場合は「金持ちの人」と現地の人は説明する。

3. 色彩語彙

タンルイ語には、赤、青、黄、緑、黒、白などの色彩に対応する語がある。「虹」は何色かとインフォーマントに尋ねたところ、「西洋文化の浸透により、虹は 7 色と思っている」と答えた。虹のことを、タンルイ語では havañe と言う。

これまで列挙した色を表 1 にまとめる。

表１　タンルイ語の色の表現

色彩	タンルイ語
赤	mena
青	manga, maintso
黄色	mavo, tamotamo, voñe
緑	maintso
黒	mainte
白	foty
虹	havañe

(1) 赤 mena

mena「赤色」には、色のほかに、「(肉や魚を) 揚げた、焼いた」という意味がある。人に対して用いる場合には、「恥ずかしがり」「意地悪の」という意味を表す。異なる意味であるが、状況や文脈によって使いわける。また、血の色と同じであることから、赤は人に対して使うことはタブーと言われている。

例：

tsy　mahatante　mena　miraviravy.

否定　我慢できる　赤　ぶら下がった

「我慢することができない。」

この表現は、泥棒や人が他人の物を、ただ見ることはできない場合に使われる。その物をただじっと見ることができず、執拗に求める時に使われる。

(2) 青 manga

manga「青」は、タンルイ社会およびマダガスカル全域で、「美しい、きれいな」という意味を持つ。

例：

ala manga　「美しい森」

riake manga「美しい海」

Manga　ty　lanitse　androany.

青い　限定詞　空　今日

「今日の空は青い（青々と澄み切った空だ）。」

（3）黄色 mavo, tamotamo, voñe

例：

ombelahy　mavo

人　黄色

「社会から仲間はずれにされている人」

＊ombe は本来「牛」という意味だが、成句の中では人を意味している。

tamotavo　ty　vavako　sakaviro　ty　lelako

黄色っぽい　限定詞　私の口　ショウガ　限定詞　私の舌

「いつも嘘をつく人」

この諺は、一人称単数の -ko「私」で表現されているが、実際に使われる場合は、二人称に対して使われる。身体部位の表現が入っていることも関係するが、タンルイ社会では、物事を直接的に言うことを避け、婉曲的に言う風習があるためである。

例：

mavo　vava

黄色　口

「よくしゃべる人」

(4) 緑　maintso

maintso は緑とされるが、青色も表す。

例：

Maintso	tarehe	i	ndaty	roy	fa	tena	marary.
緑	顔	それ	人	あれ	なぜなら	とても	病気

「あの人の顔色は悪い、なぜなら重症の病気だからだ。」

ここでは、顔色が悪く、命の危険が迫るほどの重篤な状態を表している。緑色は顔色が悪いという意味を持つことから、人に対して使うことは良くないとされる。

(5) 黒　mainte

mainte「黒」には次のような表現がある。

例：

mainte	lañe
黒	匂い

「埃だらけの服」

＊黒には、ほかに、「貧しい」という意味がある。

(6) 白　foty

白は、色の表現以外に、清潔を意味する。

例：

Foty	tarehe	rehe.
白	顔	あなた

「あなたの顔は白い（「あなたの顔は綺麗だ」という意味になる）。」

4. 親族名称

タンルイ社会にとって、longo「家族」は大切である。longo は血縁以外に親戚を含む大きな集団であり、結婚や葬儀といった重要な儀式のときに助け合う。家族のように大事な人のことを、人を表す接頭辞 mp- をつけて、mpi-longo「大切な友だち、家族のような人」と表現する。筆者の言語調査に協力してくれたインフォーマントの P 氏の家庭は、筆者を mpilongo として出迎えてくれた。

家族を表す語に fianakavea という語もあるが、fianakavea は特に「両親とその子ども」を意味する。多くの場合、都市部に移動しても、longo は同じ敷地内に住み、それぞれの fianakavea が個別の家を持っている。また、タンルイ族の伝統的な村社会には一夫多妻制が残っている。子どもや一夫多妻制の際の女性には順序を表す語がある。

表 2　子どもを表す語

親族名称	タンルイ語
zoke, taolañalo, matoa	第一子
ivo	第二子
tsitsoʔe, fara	末っ子
hambañe	性別が同じ双子
hambambeta	性別が異なる双子
hamba telo	三つ子
hamba efatse	四つ子
hamba dime	五つ子

子どもが 4 人以上いる場合は、第三子から末っ子より一つ前に生まれた子どもを ivo と呼ぶ。末っ子の女の子には、fara という名前がつけられることが多い。性別をつける場合は、lahe「男」と vave「女」を親族名称の後に

表３　一夫多妻制の女性の順番

親族名称	タンルイ語
第一婦人	valy bey
第二婦人	valy masay
第三婦人	valy ive
最後の婦人	valy tsitsoʔe
一夫多妻	nampirafe
婦人たち（ライバル同士の妻）	rafe

つける（例：zokelahe 長男）。

妻が４人以上いる場合は、第三番目から最後より一人前までの妻を valy ive と呼ぶ。

表４　その他の親族名称

親族名称	タンルイ語	親族名称	タンルイ語
父	ra, rae, dada	義父	rafazandahe
母	rene, nene	義理の両親	rafoza
祖父	raza, dadabe	義母	rafanvale
祖母	raza, nenebe	甥姪	keleanake
親の姉妹	nenetoa	義理の子供	ravinanto
親の兄弟	dadatoa	配偶者	vale
兄弟	rahalahe	祖父の親	razambe
姉妹	rahavave	孫	zafe
兄弟姉妹の配偶者	rañaotse	姉妹の配偶者	valilahe
いとこ	kelianake	いとこの配偶者	zafe
いとこの子供	zafeafe	曾祖父母	razambe

5. 動物の語彙と表現・諺

ここでは、個別の動物と動物に関わる慣用句や表現を紹介する。

(1) 亀　sokake

タンルイ社会においては、村や親族によってタブーは異なるが、亀は、タンルイ族の親族で、タブーとされることが多い。亀がタブーである社会では、亀が目の前を歩く、亀を触ることを忌避する。亀を食べた場合は、社会から隔離される。

例：

Manao　lian-tsokake.

する　足跡－亀

「(あなたは) 遅れている、遅れた。」

(2) 山羊　ose

例：

Manao　lian-ose.

する　足跡　山羊

「すごく早く進む。」

(3) 豚　lambo

例：

Ze　mandeha　raike,　firan-dambo.

そして　行く　1人　切ること－豚

「1人で豚を切りに行く。」

Tsy　mete　aloloke　hoe　volon-dambo.
否定　受け入れる　影　～と言う　髪の毛－豚
「影を受け入れない、と豚の毛は言う。」

この２つの表現は成句であり、どちらも「人の助言を受け入れない、他人の意見を聞かない、自分の意見がいつも正しいと思っている」という意味を持つ。

（4）犬 amboa

犬はマダガスカルにおいては、悪い意味を持つ。人に向かって、「犬」と言うことは、誹謗中傷を意味する。

例：
akanga　maro　tsy　vaki'amboa
ホロホロチョウ　たくさん　否定　割る－犬
「たくさんのホロホロチョウを割れない犬」
＊これは、諺で、狩りをするときに、もしたくさんのホロホロチョウがいると、犬１匹では間に合わない、転じて「大勢に無勢」という意味である。

（5）猫　piso

犬とは対照的に、猫は愛され、2～3 匹以上をペットとして飼っている家庭が多い。マダガスカルの他の地域では猫を食べることもあるが、タンルイ社会では猫を食べない。

例：
Piso!
「お大事に（くしゃみをした人に対して言う言葉)。」

（6）鶏　akoho

例：

Kotrokotrok'akoho　lahy　tsy　hanebey　hahavoky,
コケコッコー－鶏　人　否定　多くの食事　未来－満腹にさせる
fa　voninahitse　ifanomezañe.
しかし　果物　友情

「コケコッコーとはたくさん食べることを意味しないが、友情の証である。」

＊誰かの家に招待された時に、贈り物を持って訪問し、それを渡すときに使う。日本語の「つまらないものですが。」に類する言葉である。タンルイ社会には贈り物を持っていく習慣がある。旅をした時は必ず家族にお土産を持ち帰る。

例：

akoho　misotse　rano
鶏　飲む　水

「鶏は少ししか水を飲まない。」

＊転じてこの諺は、「忍耐強く少しずつ進んでいくこと」を意味する。

Akoho　vavy　tsy　mikekeo　an　tañañe.
鶏　雌　否定　鳴く　～で　土地

「雌鳥は地で鳴かない。」

＊転じて、「家計を支えるのはいつも男だ。」という意味になる。

6.　植物の語彙と表現・諺

ここでは、データ数が限られるが、植物とそれにまつわる表現・諺を紹介する。学術名のみがわかり、和名がわからない植物も含まれている。

（1）タマリンド　kile

タマリンドの木は、村会議の集合場所に使われることが多い。タマリンドの種は占いや呪術に用いられる。

例：

Lavalava　hoe　voan-kile.

とても長い　〜と言う　果物－タマリンド

「「ああ長い」とタマリンドの実は言った。」

＊転じて、「おしゃべりな人、話の長い人」という意味。

（2）バナナ　akondro

例：

Akondro　mahia　misy　masake.

バナナ　細い　ある　熟した

「細いバナナだが、熟している。」

＊転じて、「貧しいけれど、賢い」という意味になる。

（3）棘のある低木・高木（Flacourtia）lamotiñe

例：

bory　voa　hoe　lamotiñe

丸い　実　〜と言う　棘のある木

「「実は丸い」と棘のある木は言った。」

＊転じて、「物静かな人」という意味になる。

Boriboriko　hoe　voan-damotiñe.

丸っぽい－私　〜と言う　棘のある木の実

「「私は丸っぽい」と棘のある木の実は言った。」

＊転じて、「会話を短くした、会話を早く終わらせたかった」という意味。

(4) バオバブ　zañe

例：

manao　habe-zañe

する　名誉－バオバブ

「バオバブの名誉をする。」

＊転じて、「偉い人（地位の高い人）だが中身のない人」という意味になる。

(5) マルーラ　sakoa

マルーラはタンルイ族の好物の果物である。マルーラが実る時期になると、市場はマルーラだらけになる。しかし、機会を逃すとあっという間になくなり、著者は結局これまでの調査で一度しか口にすることができなかった。タンルイ族の好物であると同時に、スイカと並んで、乾燥地帯の人びとの重要な水分補給源となっている。

例：

Pe-tsakoa	ty	havelo	mamonje	avao	ty	fotoʔe.
投げる－マルーラ	その	人生	訪問する	～だけ	その	根

「マルーラを投げるとき、根はその時だけ人生を訪問する。」

＊ここでは、根はマルーラの木の根ではなく、生まれた育った土地を意味している。この諺は、「生まれ育った土地は、必要とする最後の時にだけ助ける」「子が遠くへ行き働いても、親の心は常にそばにいる」という意味である。

(6) カタファエ（Cedrelopsi grevei）　katrafae

マダガスカル原産の植物で、タンルイ社会では質の良い薪を作る木として重宝されている。薬用植物の１つである。タンルイ社会では肩が痛いときにカタファエを患部に塗って治療する。また、水不足で、清潔な飲み水が手に入らないとき、タマリンドの実を混ぜた水にカタファエを混ぜることで、水を浄化して飲み水とする。カタファエを水の入ったペットボトルに入れたものが、市場で売られている。

例：

Katrafae lavitse tsy aoly fere.

カタファエ 遠い 否定 薬 傷

「遠いカタファエは傷口を治す薬ではない。」

＊転じて、「治療したいことがあるが、今手元に治療薬がない」という意味。

（7）Gymnosporia filofilo

学術名はわかるが、和名や具体的な種類はまだ判明していない。マダガスカルやアフリカに分布する植物である。タンルイの居住地では、filofiloを薪にする木よりも簡単に手に入れることができる。薬用植物でもあり、血が流れて止まらない時に止血用に使われる。

例：

Filofilo goranake tsy mifily ty rarake.

Gymnosporia 熟した 否定 選ぶ それ 貧しい

「貧しい人は、熟したfilofilo（貧しい人）を選ばない。」

＊filofilo goranakeは「貧しい人」を表す慣用表現。この表現は「金持ちの人も貧しい人も誰でも料理できる」ことを意味する。

7. 虫

昆虫の現地名については、調査中に見かけた昆虫の名前を随時聞き書きするとともに、小学館の図鑑『NEO POCKET　昆虫』（2011）をもとに語彙を採取したため、必ずしも、学術的に厳密な分類と一致しているとは言えない。昆虫学者でなければ、「蝶々」「バッタ」「コオロギ」といった身近で馴染み深い昆虫の名前は知っていても、トンボ目の細く分類された（下位分類の）トンボの名前、たとえば、ハグロトンボ、ホソミオツネントンボ、モノサシトンボという名前まで知る人は少ないであろう。幼虫を見ても、すぐに何の幼虫か判別できる人も少ないと思う。少なくとも、私には、成虫の姿を知っていても、幼虫を知らない虫がたくさんある。したがって、下記に示す虫の現地名と、実際の虫の名前が異なることもありうる。括弧のなかはインフォーマントによる説明である。

例：

angidina	トンボ
valala	バッタ
kijeja	クルマバッタ（イネ科を食べるバッタ）
kembory	クルマバッタモドキ（イネ科や植物を食べるバッタ）
tsipeko	カマキリ
hao	シラミ
parasy, pia	ノミ
pindy	セミ
sangoririke	タイコウチ
fandiorano, tsikoboke	ゲンゴロウ（淡水にすみ、タンルイ社会では食用となる虫）
voangory dragon	クワガタ
voangory	コガネムシ（タンルイ社会では食用となる虫）
kokoriko	ウスバカゲロウの幼虫

ウスバカゲロウの幼虫という具体的な名前が出てきたのは、ウスバカゲロウが雨の当たらない乾燥した地域に巣を作ることから、タンルイ社会の自然環境に即した身近な虫であると言える。

例：

mokimbey, mokiñe, moky　蚊

lolo	蝶々（幽霊、お化けのことも lolo という）
tantely	蜂
renetantely	女王蜂
fanenebola	キイロスズメバチ
fanenetse	スズメバチ
faraky	アナバチ
vitike, vitsike	蟻
seaky	毛虫
trambo	ムカデ
tambarimba, riñe	ダンゴムシ
fararotse	蜘蛛
fararotse	蜘蛛の巣
hala	サソリ
kongo	ダニ
horendreñe	蛍

幸運を呼ぶ虫、スズメバチ

スズメバチは、タンルイ社会では「幸福を呼ぶ虫」とされている。アンブヴンベ村に、家の外壁がすべてスズメバチの巣で覆われている家があった。蜂の姿はなかったが、なぜその家の住人は蜂の巣を駆除しないのかと問うたところ、「スズメバチは幸運を呼ぶので、家がスズメバチで覆われていることは運が良い。だから、駆除しない。スズメバチは危険な虫ではなく、刺されても何も問題はない」とのことだった。調査の際は昆虫図鑑を用いて念入りに聞いたが、昆虫図鑑でも、インフォーマントはスズメバチの写真を指していた（しかし、スズメバチが命の危険をもたらす危ない虫であることは、変わりないはずである。このあたりは、学術名と現地名の両方に精通するマダガスカル人昆虫学者に尋ね再確認すべき項目である）。

8. 生活に欠かせないものとそれに関わる豊富な語彙

タンルイ語には、牛を表す語彙、牛に関連する表現が豊富にある。牛はタンルイ社会では財産にもなる、貴重な動物である。牛は伝統行事から日常生活の様々な場面で使われる。結婚式のときに引き出物として牛を渡す。大きな罪を犯したとき、許しを請うために、牛を差し出す。家族の墓には牛の角が必ずある。牛を多く飼うことは、金持ちであることと同義である。

同じオーストロネシア語族ではミクロネシアの言語には、ココヤシを表す語彙やココヤシに関わる類別詞が多い。ココヤシが食生活、日常生活に密接であるためである。中米で話されているナワトル語（ユート・アステック語族）には、トウモロコシに関連する語彙が豊富である（『言語学大辞典』亀井ほか編、第2巻ナワトル語の項目参照)。メソアメリカの住民の日常生活にトウモロコシが欠かせないことがその理由と考えられる。

このように、言語学的に見ると、その話者が生きる地域に欠かせない植物や動物には、それに関連する語やその分類が豊富にあることが多々観察されている。

ここでは、タンルイ社会の牛を表す語彙を紹介する。

8.1 牛を表す語彙

ひとことに「牛」と言っても、生まれたてか、若いか、野生か、気性が荒いか、など年齢、牛の状態、性格、気質によって牛を識別する語がある。タンルイ族の民族誌をまとめたDecary（1930–1931）によって、以下のように詳しい記述が記されている。

例：

añombe　　牛

añombe vave	雌牛
terabao	生まれたての牛
taimboay lahy	若い雄牛
taimboay vavy	若い雌牛
kiloa	未経産乳牛（6ヶ月から2歳の牛）
vantoe	未経産乳牛（3歳以上）
reniaombe	経産乳牛
anabositse	若い雄牛
añombositse	かなり前に去勢された雄牛
benalinga	後になって去勢された雄牛
aombe hare	家畜の牛
aombe haolo	野生の牛
aombe maola	気性の荒い牛
aombe hako	森に住む野生の牛
aombe lofo	葬儀に使われる神聖な牛
añombe soro	浄化の儀式（ハズマンガ）に使われる神聖な牛

8.2 牛を識別する色や模様

例：

fitatse	頭が白と黒
foty	白
foty loha mavo	頭が白いが体が黄色っぽい
foty loha mena	頭が赤く体が赤い
foty mainty sofy	体が白いが耳が黒い
harato	ほぼ体が赤い
harato mavo	頭以外が赤茶色
mainty hatoke	首だけ白い
makanga	体がほとんど白いがところどころ黒い斑点がある

menaloha　体が白いが頭が赤っぽい
tsiriry　頭が白と黒の牛
tangiriky　体が黒いがところどころ白い斑点のある牛

9. 罪を犯した人を警察へ連れていく者は家族ではない

タンルイ社会では、罪を犯した人――たとえば、泥棒、いたずら、暴行、いじめ、呪いをかけることなど――を、警察へ連れていくことはタブーとされている。たとえ犯人が悪事を働いても、警察へ連れていくのではなく、まず村長に相談することがタンルイ社会の伝統であり、もし犯人を警察へ連れていくと、警察に連行した者は、二度と家族ではなくなり、村からも追放される。これは、社会に馴染んだ外国人においてもそうである。なぜ、罪を犯した人を警察へ連れていくことがタブーなのか？　これは、タンルイ社会が無文字社会であることによると考えられる。警察では、警察官はマダガスカル標準語やフランス語で尋問するが、タンルイ族は、マダガスカル語標準語やフランス語は話さないし、字を書けない。そのため、タンルイ族は警察官に威圧され、文字を書けないことで、苦しみを感じるからという。罪を犯した人を、警察に連れていくことが大罪であることは、現代社会に生きるわれわれには理解しがたいが、無文字社会ならではの慣習である。罪を犯した人は、村長のところへ連れていき、村長の指示で、罪人に罪を償わせる。そして、罪を犯した人は反省し、ふたたび、家族や村のもとに帰るのである。

おわりに

本書では、1つの言語の全体像をできるかぎり網羅するよう力を注いだ。マダガスカル南部で話されているタンルイ語を取りあげ、情報がほぼない状態から、母語話者との対面調査を通じて資料を集め、分析し、記述してきたものである。1つの言語の仕組みや使われ方を明らかにし、正確に記述するために幾ばくもの年数がかかった。

フィールドワークを通じて得る1つの未知の言語に対する詳しい知識と経験値は、同時に、より多くのほかの言語の理解に結びつく。そして、「言葉とは何なのか」「なぜ、何のために人間は言葉を話すのか」、ひいては「人間とは何なのか」という問いについて考える際の1つの鍵となるのではなかろうか。筆者の問題意識の原点は、おそらくそこにあるのだろう。

どの地域に生まれ育とうと、われわれ人間の持つ生物学的特徴——身体の解剖学的構造、感情、意志、五感、数える行為、性、生物学的な親子関係、生死など——はみな同じである。与えられた自然環境や社会条件のもと、人間はそれに適応して生きる。人間が生きる場には必ず言語がある。そして、農耕社会から狩猟・採集社会への変化、平和的暮らし、紛争が絶えぬ不安定な社会、都市化による人の往き来の増加、外部からの侵略や植民地化といった、さまざまな外的条件に人間は適応を迫られる。それによって、語彙の増加や減少、言語同士の接触による変化、言語話者の減少や消滅、言語使用の選択、国語や公用語を定める憲法の条文も影響を受けるのである。同じ生物学的特徴を持っていても、言語にある音（発する音）、目に映る世界や捉え方、受け入れ方、価値観は異なり、それが言語表現に反映されることが多々ある。人間の生活には、普遍的な側面と多様な側面がある。言語も同様である。そんなことを、マダガスカルをはじめとするオーストロネシア語圏の島々での調査を通じて筆者は直に感じてきた。本書ではそれらのすべてを書ききることはできなかったが、今後、研究をさらに深化し、社会に発信していきたい。

生物多様性と言語・文化多様性が相互に関連していることが指摘されるようになり、われわれの言語に対する知識や視野は以前に比べて豊かになった。世界にはたくさんの言語があり、その数は6,000以上にもなると言われる。だが現在、その半数以上の言語が消滅の危機に瀕し、世界の言語の多様性が失われつつある。「言語多様性」は大きく以下の3つに分けて考えるといいだろう。(1) 個別の言語が多くあること、つまり言語の母数が多いという意味での多様性、(2) 各言語の持つ独自の「言語の形式や構造や言語の機能」、「社会生活の中での使われ方」が多様であるという多様性、(3) その言語話者が持つ文化の多様性、である。言語は時間とともに変化する生きた自然物である。言語学が自然科学であると言われる所以である。科学的手法を用いて、同系統の言語の何百以上もの言語資料を比較分析することによって、遠い過去にさかのぼり、その言語がどのように変化してきたのかを明らかにすることができる。ある言語がいつ別の言語と接触したのか、どちらが当時、社会・経済的に優位な言語であったのか、どのように1つの言語が2つ以上の言語に分岐したのか。本書はそれらを念頭に置きながら、言語多様性の保存や言語類型論、比較言語学に少しでも貢献できるよう努めた。

おそらく、タンルイ語は一般的には馴染みのない言語であり、世界の大多数の人がタンルイ語の名前や存在すら知らないだろう。知らなくても生活ができ、知る必要もないと言い切ることもできよう。学術研究者であっても、言語学者かマダガスカル周辺で地域研究に従事する人でないかぎり、主体的にタンルイ語の情報を得る動機はないかもしれない。マダガスカルに仕事で駐在するとしても、マダガスカルの公用語の1つであるフランス語だけ、ないし通訳を付ければ日本語だけで生活するという選択肢もありうる。

本書は、実用的な側面から見れば、「役に立つ」ものではない。しかし、筆者はそもそも社会の需要のために「役に立つ」研究を行ってきたわけではない。科学とは本来、即座に役に立つ研究、成果が即座に目に見える研究のみを指すのではなく、生活の中での小さな問いや好奇心、さらには自分を理解するための疑問を、他人や社会に流されることなく追究し、世界の神秘に触れることを目指すものと考える。そうはいっても、科学は日常生活と密接につながっていて、そこで得られた知見は必ず社会に還元され、社会のあり方を変える力を持ちうる。多くの研究者と同様、筆者も飽くなき挑戦と挫折を繰り返しながら、言語学を舞台に研究を続けている。筆者は社会に夢を与える研究者でありたい。

本書が、少しでも新しい知見を与えるきっかけとなり、あるいは、物事を複眼的に考え、広く柔軟な姿勢を持って社会に対応していく糸口になればと心から願う。

謝　辞

著者は、2006年からマダガスカルを中心とするオーストロネシア語圏でフィールドワークを続けている。本書は、その成果をまとめた著者の博士学位論文をもとに深化させた研究書である。

調査地での民族間の争い、戒厳令の発令をはじめとする政情不安、コレラやペストをはじめとする感染症の蔓延、調査中に出会った人の死、一度帰国すると確認したいことがあっても、現地の人と連絡を取り合うことができないという地理的距離、行きづまる分析……。

女性１人で、最貧国でもあるマダガスカルの田舎を訪問し研究することは、正直、ハードである。難局を迎え、研究を断念したいと心に浮かぶことは、幾度もあった。しかし、それを押しのける強い思いが、私を研究の世界に押し留めた。長期間にわたり、本研究を続けることができたのは、これからあげる国内外の大勢の人々による助けや支えがあってのことである。

2006年初めての調査で、トゥリアラ（Toliara）市のHotel Blanc Vertのスタッフの方々（ry mpiasa Hotel Blanc Vert）は、彼ら自身の日常生活だけでも大変であるにもかかわらず、何か月ものあいだ、私の滞在の身の安全を守ってくれた。自国との文化の差や、戸惑いを隠せない途上国での生活では、時に体のみならず心も悲鳴をあげ、今思えば些末なことで、気を立てていた。にもかかわらず、彼らは広い心で受け入れ、できるかぎり私が気にする衛生面や安全面に気を配り、わずかな謝金や贈り物でも、私の調査に時間を割いてくれた。朝から晩まで働きながら昼休みを割いて調査に協力してくれた人、外国人である私が買うと高くなると言ってわざわざ何度もヤシの実を買いにいってくれた人、何キロも一緒に歩いて調査協力者を探す手伝いをしてくれた人。それ以後、現在に至るまで、何十人ものマダガスカル人にお世話になった。なかでも特に、本研究で長期間にわたり熱心に調査の協力を得たHange Roy氏、M. Rinje氏、長期にわたり現地での安全を守ってくれたキオスク

Soamiantriky を営む Tanindrazana 一家、家族同然のように受け入れ、かつ、村での調査を支えてくれた Patrik をはじめとする Raveloson 一家には、特に深い感謝の意を示したい。ようやく成果物を彼らの手元に届けることができる。

本研究を進めるにあたり、京都大学大学院アジア・アフリカ地域研究研究科在籍中、指導教官の梶茂樹教授は 2007 年には遠く日本からマダガスカルへ、2011 年には仏領ポリネシア・タヒチまで様子を見に来てくださった。また、副指導教官の山越言准教授には、研究者として駆け出しであった頃の著者に、研究生活の闘い抜き方を伝授いただき、同じく副指導教官の水野一晴教授は、指導のために、はるばるイースター島まで、日本の手土産を持って来てくださった。高田明准教授は学術面のみならず、研究生活のあれこれの相談にいつものってくださった。この場を借りて、深く感謝の意を表したい。

マダガスカルでは、突然の訪問にもかかわらず、I. Rabenolo 教授をはじめとする国家の言語政策に携わるアンタナナリヴ大学の研究者が、私のマダガスカルでの研究および滞在を全面的にサポートしてくださった。深澤秀夫教授（東京外国語大学アジア・アフリカ言語文化研究所）からは、マダガスカルでの暮らし方や円滑な調査の進め方に関するあらゆる手ほどきを得た。吉川潔先生（当時在マダガスカル日本国大使館・医務官）には、研究初期から今に至るまで大学の先生方と同様に終始多方面からお世話になり、何よりも、マダガスカル滞在中、緊急時にはいつでもつながるという安堵感は大きな心の支えであった。

マダガスカルと同じ系統の言語を話す、イースター島、仏領ポリネシア・ルルツ島、トンガでは、それぞれ現地の人々が、短期間の滞在を有意義に過ごせるよう力を注いでくれた。フランス国立東洋言語文化研究所（Institut national des langues et civilisations orientales）および、ハワイ大学マノア校（University of Hawai‘i at Mānoa）では客員研究員として在籍させてもらい、研鑽する機会を得た。A. Adelaar 教授（メルボルン大学）、R. Blust 教授（ハワイ大学）はご多忙のところ、著者の企画した日本での研究会まで足を運んでくださった。ほか、国際会議を通して、書き切れないほど多くの研究者の方々から助言と激励の言葉を得た。

本研究のもととなる博士論文が評価され、天皇陛下の御即位20年にあたり、若手研究者の支援事業として創設された日本学術振興会育志賞（天皇陛下による御下賜金）を賜り、学位取得後もさらなる研究を続けることができた。異なる分野にもかかわらず、ポスドク研究員として受け入れてくださった森林科学専門の小林繁男教授と生態環境論講座の先生方、研究員、院生、事務の方々にも感謝の意を示したい。

直接的に本研究に関わりがなくとも、本書執筆の奮闘を見守り、私を人として、研究者として成長させるために支えてくださった人々がたくさんいる。林隆久教授（東京農業大学）、水野広祐教授（京都大学・東南アジア地域研究研究所）、山田勇名誉教授（同）、松林公蔵名誉教授（同）、河野泰之所長（同）、所長秘書の井出美知代さん、西山教行教授（同・人間・環境学研究科）、宮野公樹准教授（同・学際融合教育研究推進センター）、等々力政彦研究員（同・農学研究科）、故・打田耕三先生（医・小児科）、故・植田隆先生（医・産婦人科）、鈴木国夫先生（医・整形外科）、明石恭治先生（医・小児科）。それぞれ皆、2006年から今までの私の研究人生のさまざまな局面で、良き模範となり、私の心の勇気と陽だまりとなった。皆様に、心から感謝の意を表したい。

最後に、本研究を1冊の本として残すことを実現できたのは、ひとえに、慌ただしい日程での出稿にもかかわらず、丁寧に文章を見ていただいた慶應義塾大学出版会編集部の上村和馬氏のおかげである。この場を借りて、深く感謝の意を表する。

本書の出版は、日本学術振興会・科学研究費助成事業研究成果公開促進費〈学術図書〉（平成29年度、課題番号17HP5071）の助成による。また、本書は、同振興会・科学研究費特別研究員奨励費（平成20年度–22年度、課題番号08J00516、平成23年度–24年度、課題番号11J02249）、研究活動スタート支援（平成25年度–26年度、課題番号25884037）、若手研究B（平成27年度–29年度、課題番号15K16739）の支援を受けて実施した研究成果の一部である。記して、感謝する。

参考文献

Abinal, A. and Malzac, S. J.（1899）. *Dictionnaire malgache-francais*. Tananarive: Imprimerie de la Mission catholique, Mahamasina.

Adelaar, K. A.（1988）. "More on proto-Malayic." In M. T. Ahmad & Z. M. Zain（Eds.）, *Rekonstruksi dan cabang-cabang Melayu Induk*. Kuala Lumpur: Dewan Bahasa dan Pustaka. pp. 59–77.

Adelaar, A.（1995）. "Asian roots of the Malagasy, A linguistic perspective." In *Bijdragen tot de Taal-, Land- en Volkenkunde* 151（3）: pp. 325–355.

Adelaar, K. A.（1995a）. "Asian roots of Malagasy: a linguistic perspective." In B. Arps（Ed.）, *Bijdragen tot de Taal-, Land- en Volkenkunde*. Netherlands: Leiden. pp. 325–356.

Adelaar, K. A.（1995b）. Malagasy. In D. T. Tryon（Ed.）, *Comparative austronesian dictionary, an introduction to Austronesian studies*. Berlin, New York: Mouton de Gruyter. pp. 394–406.

Adelaar A.（2009）, Towards an integrated theory about the Indonesian migrations to Madagascar In: Peregrine, P. N., Peiros, I. and Feldman, M. eds., *Ancient human migrations: A multidisciplinary approach*. Salt Lake City: University of Utah Press.

Adelaar, K. A（2010）"Language documentation in the west Austronesian world and Vanuatu: an overview." In Florey M.（Ed.）*Endangered languages of Austronesia*. New York: Oxford University Press. pp. 12–44.

青柳由香・田上麻衣子（2011).「伝統的知識の保護」，磯崎博司・炭田精造・渡辺順子・田上麻衣子・安藤勝彦（編）『生物遺伝資源へのアクセスと利益配分――生物多様性条約の課題』信山社．pp. 169–242.

Baujard, P.（1998）. *Dictionnaire malgache-français, dialect tañala, sud-est de Madagascar avec recherches étymologique*. Paris: L'Harmattan.

Baujard, P.（1998）. *Le parler secret arabico-malgache du sud-est de Madagascar*, Paris: L'Harmattan.

Bellwood, P., Fox, J., & Tryon, D.（1995）. *The Austronesians: Historical and comparative perspectives, Department of Anthropology as part of the comparative Austronesian project, Research School of Pacific and Asian Studies*. Canberra: Australian National University.

Bellwood, P. S.（1989）. 植木武・服部研二訳『東南アジアとオセアニアの人類史』法政大学出版局.

Bellwood, P.（1997）. *Prehistory of the Indo-Malaysian Archipelago*. Revised edition, Honolulu: University of Hawai'i Press.

Benolo F.（1989）. *Korojy i Ndroike*（*Talily-Hilala tandroy*）. Paris: Saint-Lazare.

Bergenholtz, H.（eds.）. *Rekibolana Malagasy-Alema. Madagassisch-Deutsches Wörterbuch*, Moers: Edition Aragon.

Blust（2013）, "The Austronesian languages." *Asia-Pacific Linguistics, Open Access Monographes*. Canberra: Australian National University.

Brucato, N., Kusuma, P., Cox, M. P., Pierron, D., Purnomo, G. A., Adelaar, A., Kivisild, T., Letellier, T., Sudoyo, H., and Ricaut, F.（2016）. "Malagasy genetic ancestry comes from an historical Malay trading post in southeast Borneo." *Molecular Biology and Evolution*.

33 (9): pp. 2396–2400.

Central Intelligence Agency (CIA) "The world factbook: Africa: Madacascar" https://www.cia.gov/library/publications/the-world-factbook/geos/ma.html (accessed 10. 11. 2017).

Dahl, O. C. (1951). *Malgache et Maanjan*. Oslo: Egede Instituttet.

Dahl, O. C. (1991). *Migration from Kalimantan to Madagascar*. Oslo: Norwegian University Press.

Dalmond, P. (1844), *Vocabulaire malgache-français pour les langues malgaches sakalave et betsimisara*. Paris: Imprimerie H. de Vrayet. Saint-Denis, Ile Bourbon.

Decary, R. (1928). *Lexique français-Tandroy*. Tananarive: Académie Malgache.

Decary, R. (1930–33). *L'Androy (extrême Sud de Madagascar): Essai de monographie regionale*. Paris: Société d'Editions Géographiques, Maritimes et Coloniales.

Dempwolff, O. (1934–1938). *Vergleichende Lautlehre des austronesischen Wortschatzes*. 3 vols. Berlin: Dietrich Reimer.

Dez, J. (1963). "Aperçus pour une dialectologie de la langue malgache." *Bulletin de Madagascar*. 204: pp. 441–451; 205: pp. 507–520; 206: 581–607; 210: 973–994.

Churchward, C. M. (1985). *Tongan grammar*. Tonga: Vava'u Press.

Dubois, H-M. (1917). *Essai de Dictionnaire Betsileo*. 2 vols, pp. 244–IV and pp. 14–240, Tananarive: Imprimerie Officielle.

Du Feu, V. (1996), *Rapanui (Descriptive Grammars)*, Routledge, London.

Dyen, I. (1953). "Review of Otto Dahl, Malgache et Maanjan." *Language*. 29 (4): pp. 577–590.

Elli, R. P. L. (1988). *Dizionario bara-italiano*, Fianarantsoa: Ambozontany.

Fee, S., & Gueunier, N. (2003). "Le vocabulaire des Doany de l'Androy, Langage des esprits et mots de l' étranger dans un culte de possession du sud de Madagascar." *Etudes Océan Indien*. 35–36: pp. 225–144.

Gil, D. & B. Comrie (Eds.), *The world atlas of language structures online*. Munich: Max Planck Digital Library, chapter 41. Available online at: http://wals.info/feature/41 (accessed 10. 11. 2017).

Gordon, L. (1986). *Maricopa morphology and syntax*. Berkeley: University of California Press.

Greenhill, S. J., Blust. R, & Gray, R. D. (2008). *The Austronesian Basic Vocabulary Database: From Bioinformatics to Lexomics. Evolutionary Bioinformatics*. 4: pp. 271–283.

Gress, M. del C. (Tr.) (2012). Madagascar's Constitution, 2010. [s. l.] constituterproject.org. Available online at:
https://www.constituteproject.org/constitution/Madagascar_2010.pdf (accessed 21. 10. 2017).

Houtman, F. (1603). *Spraeckende word-boeck inde Maleysche ende Madagascarsche talen met vele Arabische ende Turcsche woorden*. Amsterdam: Jan Evertsz.

Hurles, M. E., Sykes, B. C., Jobling M. A., and Foster P., (2005). "The dual origin of the Malagasy in island Southeast Asia and East Africa: Evidence from maternal and paternal lineages." *The American Society of Human Genetics*. 76: pp. 894–901.

Institute National de la Statistique (INSTAT). (2005). *Enquête Périodique auprès des Ménages: Rapport principal*. Antananarivo: Repoblikan'i Madagasikara, Ministère de l'économie, des finances et du budget, Secrétariat général: Institut national de la statistique, Direction des statistiques des ménages.

Keesing R. M. (1974). "Theories of culture." *Annual Review of Anthropology*. 3: pp. 73–97.

Kimball, G. (1991). *Koasati Grammar*. Lincoln: University of Nebraska Press.

小池啓一，町田龍一郎（著），小野展嗣，田辺力（編）（2010）.『昆虫　小学館の図鑑 NEO POCKET』小学館.
Korneev, L. A.（1966）. *Mal'gašsko-russkii slovar'*. Moscow: Sovetskaia Entsiklopediia.
Korneev, L. A.（1970）. *Russkii-mal'gašsko slovar'*. Moscow: Sovetskaia Entsiklopediia.
Kusuma, P., Cox, M. P., Pierron, D., Razafindrazaka, H., Brucato, N., Tonasso, L., Suryadi, H. L., Letellier, T., Sudoyo, H., Ricaut. F-X.（2015）. "Mitochondrial DNA and the Y chromosome suggest the settlement of Madagascar by Indonesian sea nomad populations." *BMC Genomics*. 16: 191.
Langness, L. L.（1974）. *The study of culture*. New York: Chandler and Sharp Publishers.
Leach E. R.（1982）. *Social anthropology*. London: Fontana.
Mahdi, W.（1988）. *Morphophonologische Besonderheiten und historiche Phonologie des Malagasy*, Berlin: Dietrich Reimer.
Mahdi, W.（1994）. "Some Austronesian maverick proto-forms with culture-historical Implications- I & II." *Oceanic Linguistics*. 33（1): pp. 167–490.
Manoro, R.（1983), *Description morpho-syntaxique du Tsimihety*（*Madagascar*）. Thèse de Doctorat du Troisième Cycle en Linguistique, Université Paris-7, Volume I. Texte. IV, p. 366; Volume II. Corpus. II, p. 242.
Munthe, L.（1982）. *La tradition arabico-malgache vue à travers le manuscrit A-6 d'Oslo et d'autres manuscrits disponibles*. Antananarivo: T. P. F. L. M.
Nishimoto, N（2012）. The concept of time and its expression in the Tandroy dialect of Malagasy, *African Study Monographs*. 33（1）: 1–15.
西本希呼（2012）.「マラガシ語タンルイ方言」，塩田勝彦（編）『アフリカ諸語文法要覧』溪水社.
西本希呼（2016）.「レキルヴェ」飯田卓・西本希呼・深澤秀夫・Razafiarivony, M.（編）『マダガスカルの民話II』東京外国語大学アジア・アフリカ言語文化研究所.
西本希呼（2016）.「名前が語る家族史」『世界の名前』岩波書店辞典編集部. pp. 48–50.
Organisation internationale de la Francophonie（2003）. *La Francophonie dans le monde 2002–2003*. Paris: Larousse.
Rabenilaina R. B.（1983）. *Morpho-syntaxe du malgache. Description structurale du dialecte bara*. Paris: SELAF.
Rajaona, S.（1926a）. *Structure du malgache: étude des formes prédicatives*. Fianarantsoa: Ambozotany, Madagascar.
Rajaona, S.（1926b）. *Problèmes de morphologie malgache*. Fianarantsoa: Ambozotany.
Rajaona, S.（2003）. "Les Articles en Tandroy." *Etudes Ocean Indien*. 35–36: pp. 31–40.
Rajaona, S.（2004）. *Les phénomènes morphologique*. Antananarivo: Editions Ambozontany.
Rajaonarimanana, N.（2001）. *Grammaire moderne de la langue Malgache*. Paris: Langue et Mondes L'Asiathèque.
Rajaonarimanana, N., & Fee, S.（1996）. *Dictionnaire malgache dialectal-français: Dialect Tandroy*. Paris: L'Asiathèque.
Rajemisa-Raolison, R.（1971）. *Grammaire Malgache*. Fianarantsoa: Editons Ambozontany.
Rakotondranaivo, A.（2006）. *Dialogue*. Antananarivo: Trano Printy Fiangonana Loterana Malagasy.
Randriamasimanana, Ch.（2007）. "Malagasy control structures." *Concentric: Studies in Linguistics*. 33（2): pp. 91–120.
Rasoloson, J.（1997）. *Lehrbuch der madagassischen Sprache*. Hamburg: Buske.

Rasoloson J., & Rubino, C. (2005). "Malagasy." In A. Adelaar & P. N. Himmelmann (Eds.), *The Austronesian languages of Asia and Madagascar*. London, New York: Routledge.

Richardson, J. (1885). *A new Malagasy-English dictionary*. Antananarivo: The London Missionary Society.

Rubino, C. (2000). *Ilocano dictionary and grammar, Ilocano-English, English-Ilocano*. Honolulu: University of Hawai'i Press.

Rubino, C. (2005). "Iloko." In A. Adelaar, & N. P. Himmelmann (Eds.), *The Austronesian Languages of Asia and Madagascar*. London, New York: Routledge.

崎山理 (2009).「マダガスカルにおけるオーストロネシア系言語由来の植物名称の意味変化」『国立民族学博物館研究報告』33 (2): pp. 227–264.

Simons, G. F. and Charles D. F. (ed.), (2017). *Ethnologue: Language of Africa and Europe*, Twentieth Edition, Dallas: SIL International Publications.

Sims, J., and Kingeztt, J. C. (1970). *Dictionnaire Français-Malgache*. Antananarivo: Trano Printy Fiangonana Loterana Malagasy.

Stark. E. (1969). *Malagasy without moans: A first course in the Malagasy language for English-speaking students*. Tanarive: Trano Printy Loterana.

柴田紀男 (1992).「マアニャン語」『言語学大辞典』三省堂, 第 4 巻.

Shumway, E. B. (1971). *Intensive course in Tongan*. Honolulu: University of Hawai'i Press.

Sibree, J. (1882). "Curious words and customs connected with chieftainship and royalty among the Malagasy." *The Journal of the Royal Anthropological Institute of Great Britain and Ireland*. 21: pp. 215–230.

Simon, P. (1988) *Ny fiteny fahizay: reconstitution et périodization du malgache ancient jusqu'au XIVe siècle*. Paris: Institut des Langues et Civilisations Orientales.

Smith-Hefner, N. (1988). "Cara Tengger: Notes on a Non-Standard Dialect of Javanese." In R. McGinn (Eds.), *Studies in Austronesian linguistics*. Athens, OH: Ohio University Center for Southeast Asian Studies.

Steinhauer, H. (2005). "Ritual languages, special registers and speech decorum." In A. Adelaar, & N. P. Himmelmann. (Eds.), *The Austronesian languages of Asia and Madagascar*. London, New York: Routledge.

田中耕司 (2013)「稲作——「アジア稲作圏」の飛び地」, 飯田卓・深澤秀夫・森山工 (編)『マダガスカルを知るための 62 章』明石書店.

Tata, A. (1957). *Lexique français-antaifasy*. Antananarivo: Cahier manuscrit d'une centaine de pages conserve dans les archives de l'IRSM Sciences Humanies Tsimbazaza.

東京外国語大学アジアアフリカ言語文化研究所 (1967).『アジア・アフリカ言語調査票〈上〉』東京外国語大学アジア・アフリカ言語文化研究所.

Tryon, D. T. (1995). "Introduction to the comparative Austronesian dictionary." *Comparative Austronesian Dictionary, An introduction to Austronesian Studies Part I, Trends in Linguistics documentation 10*. Berlin, New York: Mouton de Gruyter.

土田滋 (1988).「カナカナブ語」『言語学大辞典』三省堂, 第 1 巻.

Tuuk, H. N. van der. (1864). "Outlines of grammar of Malagasy language." *Journal of the Royal Asiatic Society*, 8 (2): pp. 419–466.

Tylor, E. B. (1871). *Primitive Culture: Researches into the Development of Mythology, Philosophy, Religion, Art, and Custom*. London: John Murray.

Tryon, D. T. (1997). *Parler tahitien en 24 leçons, méthode pratique*. Paris: Octavo.

Valverde & Thomas Honoré (2004) *Antandroy: Mystère d'un people*. Antananarivo: Carambole

Edition.
Velonandro, E. (1983). *Lexique des dialectes du nord de Madagascar*. Valbonne: Centre de Documentation et de Recherche sur l'Art et les Traditions Orales au Centre Universitaire Régional, Tuléar-Madagascar et Centre de Documentation et de Recherche sur l'Asie du Sud-Est et le Monde Insulindien, CNRS-EHESS.
Vérin, P., Kottak, C., & Gorlin, P. (1969). "The glottochronology of Malagasy speech communities." *Oceanic Linguistics*. 81 (1), pp. 26–83.
von Humboldt, W. (1836–1839). *Über die Kawi-Sprache auf der Insel Java, nebst einer Einleitung über die Verschiedenheit des menschlichen Sprachbaues und ihren Einfluß auf die geistige Entwicklung des Menschengeschlechts*. 3 vols. Berlin: Akademie der Wissenschaften.
Webber, J. (1853), *Dictionnaire malgache-français*. Paris: Établissement Malgache de Notre-Dame de la Ressource, Ile Bourbon.
Young, R. W., & Morgan, W. (1980). *The Navajo Language: A Grammar and Colloquial Dictionary*. Albuquerque: University of New Mexico Press.

付録 1　動詞の変化表

動詞の語根とⅠ型、Ⅱ型、Ⅲ型の形とその命令形（各動詞の下）と名詞化接頭辞 f- がついた時の形を記す。空欄となっている箇所は、その変化形がない、もしくは使われていないため、調査でデータを得なかったものである。なお、第 3 章 4.2 で詳しく述べたが、Ⅰ型は独立型人称代名詞がつき、Ⅱ型、Ⅲ型は接辞型人称代名詞がつく。命令形は派生の仕方によっては強制（アクセント）の位置が移動するので、参考のためアクセントを鋭アクセントで示した。Ⅲ型動詞と、名詞化接頭辞 f-, ha- は語根から派生した抽象名詞は、語根の意味に加えて手段、道具、場所を表し（～の、～で、～となど）、文の意味によって使い分けられる（「～と遊ぶ、遊ぶ場所、遊び方、～で遊ぶ」など）。

Roots 語根	Form I verbs Ⅰ型動詞	Form II verbs Ⅱ型動詞	Form III verbs Ⅲ型動詞	*f*-nominals, *ha*-nominals f- 名詞、h- 名詞
	Imperative form 命令形	Imperative form 命令形	Imperative form 命令形	
adíly 'land, ground' 土地、地面	*mañadíly* 'to limit' 制限する	*adíly*, adilíe 'to limit' 制限する	*añadíly* 'to limit' ～で制限する	*fañadíly* 'the action of limiting' 制限すること
	mañadilía! 'Limit!' 制限せよ	*adilío!* 'Limit!' 制限せよ	*añadilío!* 'Limit!' ～で制限せよ	
akánjo 'clothes' 布、服	*miakánjo* 'to wear' 着る	*akánjo* 'to wear' 着る	—	*fiakánjo* 'cloth, materials for clothes, wearing something' 服、服のための素材
	miakanjóa! 着ろ	*akanjó!* 着ろ	—	
sároñe 'clothes' 布、服	*misároñe* 'to wear' 着る	*sároñe* 'to wear' 着る	*isároña* 'to wear' ～で着る	*fisaróñañe* 'wearing something, material for wrapping' ～で着る事、包む布
	misaróha 'to wear' 着ろ	*saróño!* 'Wear!' 着ろ	—	
ákatse 'going out' 出かけること（語根）	*miákatse* 'to go out, to bring something out' 出かける、何か	*akáre* 'to go out, to bring out' *aákatse, aka* 'to go out, to	*iakára* 'to go out, to bring out' （～へ、～に） 出かける、何か	*fiakárañe* 'place, destination to go out, the action of going out' 出かける場所、出かけ

	持って行く	bring out' 出かける、何か持って行く	持って行く	る事
	miakára 'Go out! Bring out!'	*akáro* 'Go out! Bring out!'	*iakáro* 'Go out! Bring out!'	
álake 'take' 取る（語根）	*maláke* 'to take' *mangálake* 'to take' 取る *miála* 'to remove' 取り除く	*aláe* 'to take' 取る	*iála* 'to take' （～で、～のために）取る	*fiála* 'tweezers, materials' ピンセット、道具
	mangála! 'Take!' 取れ！	*aláo!* 'Take!' 取れ！	—	
síntake 'snatch, separate' 分かれる（語根）	*maníntake* 'to take smb. to, to move apart, to separate' 分ける、取り外す *misíntake* ' to separate' 分かれる	*asínta* 'to take smb. to, to move apart, to separate' 分ける、取り外す *síntahe* 'to separate' 分かれる	*isintáhañe* 'to take smb. to, to move apart, to separate' （～を、～から、～で）取る	"*faníntake* 'the action of taking sb. to his own home by force' 力尽くで自分の家から誰かをつれてくること
	manintáha 'Take smb here!' ここに誰かつれてこい！	*sintáho* 'Take smb here!' ここに誰かつれてこい！	*isintáho* 'Take smb here!' ここに誰かつれてこい！	
aloñe 'jealousy, envy' 嫉妬	*míaloñe* 'to get jealous' 嫉妬する	—	*ialoñañe* 'to get jealous' （～で、～に）嫉妬する	*fialoñañe* 'jealousy, the action of getting jealous' 嫉妬、嫉妬すること
	mialóha 'Be jealous!' 羨ましく思え	—	*ialóño* 'Be jealous!' 羨ましく思え！	
aly 'fight' 闘い、喧嘩	*miály* 'to fight' 闘う	*ály* 'to fight' 闘う	*ialiañe* 'to fight' ～と（～で）闘う	*fialíañe* 'place to fight, battle-field' 戦場、闘う場所

	mialía 'Fight!' 闘え！	—	*ialío* 'Fight!' 闘え！	
áloke 'shadow' 影	*miáloke* 'to shelter' 隠れる *mañaloke* 'to hide' 隠す	*alófañe* 'to shelter' 隠れる	*alófo* 'Shelter, Hide!' 隠れろ	*fialófañe* 'shadow, the action of sheltering' 隠れ家、隠れること
	mialófa 'Shelter!' 隠れろ	*alófo* 'Shelter, Hide!' 隠れろ	*ialófo* 'Shelter, Hide!' 隠れろ	
ámbeñe 'guard' 保護	*miámbeñe* 'to guard' 守る	*ambéna* 'to guard' 守る	*iambéna* 'to guard' （～で）守る	*fiambénañe* 'the action of guarding' 保護、守ること
	miambéna 'Guard!'	*ambéno* 'Guard!'	—	
ámpe 'enough, help' 十分である、助け	*miámpe* 'to add' 追加する *mañámpe* 'to help, to assist' 助ける、手伝う	*ampéa* 'to help, to add' 助ける、追加する	*añampéa* 'to help, to add' 助ける、追加する	*fañampéañe* 'the action of helping, assistance' 助けること
	mañampéa 'Help!' 助けて！	*ampéo* 'Help!' 助けて！	*añampea* 'Help!' 助けて！	
ándro 'washing' 洗うこと	*miándro* 'to wash' 洗う *mañándro* 'to determine the lucky or unlucky day' 運のいい日か悪い日か決める	—	*iandróa* 'to wash' 洗う	*"fiandroañe* 'the action of washing, materials, place for washing' 選択、洗う場所、洗う道具
	mañandróa 'Divine!' 占え！ *miandróa* 'Wash!'	—	*iandró* 'Wash!' 洗え！	—

<table>
<tr><td></td><td>洗え！</td><td></td><td></td><td></td></tr>
<tr><td rowspan="2">ásiñe
'respect, saint'
尊敬、神聖</td><td>miásy
'to respect'
尊敬する</td><td>ásy
asía
'to preserve his own dignity, to respect'
尊厳を保持する、尊敬する</td><td>iasíañe
'to respect'</td><td rowspan="2">fiasíañe
'the action of respecting, honorific words, worshipfulness'
尊敬すること、敬語、尊厳</td></tr>
<tr><td>miasía
'Respect!'
尊敬せよ！
masiña
'Be a saint!'
神聖であれ！</td><td>asío
'Respect!'
尊敬せよ！</td><td>iasío
'Respect'
尊敬せよ！</td></tr>
<tr><td rowspan="2">ávy
'arrive, capacity'
到着、可能、能力</td><td>mahávy
'to bring smth.'
何かを持って来る
ávy
'to arrive, to be able to'</td><td>ávy
'to arrive, to be able to'
到着する、できる</td><td>iavíañe
'to arrive, to be able to'
(〜に) 到着する、(〜で、〜と) できる</td><td rowspan="2">fiavíañe
'the action of arriving, capacity'
能力、可能性、できること</td></tr>
<tr><td>mahávy
'to bring smth.'
何かを持って来る
ávy
'to arrive, to be able to'</td><td>avía
'Come!'
おいで！</td><td>iavío
'Come!'
おいで！</td></tr>
<tr><td rowspan="2">bábe
'piggyback'
おんぶ</td><td>mibábe
'to carry on one's back'
おんぶする</td><td>babeáñe
'to carry on one's back'
おんぶする</td><td>ibabéañe
'to carry on one's back'
(〜で) おんぶする</td><td rowspan="2">fibabéañe
'piggyback, materials for piggyback'
おんぶすること、おんぶする道具</td></tr>
<tr><td>mibabéa
'Carry on!'
おんぶして！</td><td>babéo
'Carry on!'
おんぶして！</td><td>ibabéo
'Carry on!'
(〜で) おんぶする</td></tr>
<tr><td rowspan="2">béko
'song, Tandroy traditional song'
タンルイの伝統的歌</td><td>mibéko
'to sing'
歌う</td><td>béko
'to sing'
歌う</td><td>ibekóañe
'to sing'
歌う</td><td rowspan="2">fibekóañe
'the action of singing traditional songs at the festival'
伝統的な祭りで歌をう</td></tr>
<tr><td>mibekóa
'Sing!'</td><td>bekó
'Sing!'</td><td>ibekó
'Sing!'</td></tr>
</table>

	歌って！	歌って！	歌って！	たうこと
énga ‘break, separate, leave’ 別れる、離れる（語根）	*miénga* ‘to break, to separate, to leave’ 別れる、分裂する、去る *mañénga* ‘to offer, to give’ 与える	*énga* ‘to break, to separate, to leave’ 別れる、分裂する、去る	—	*fañéngañe* ‘the action of leaving somebody, the action of breaking up’ 置き去りにすること、別れ、
	mañengá ‘Go out!’ 出て行け！	*engáo* ‘Go out!’ 出て行け！	—	
étake ‘hide’ 隠れる（語根）	*miétake* ‘to hide’ 隠れる *mañétake* ‘to conceal, to cover’ 隠す	*étaha* ‘to hide’ 隠れる	*ietáha* ‘to hide’ 隠れる	*fietáhañe* ‘hiding, the action of hiding’ 隠れること、隠れる場所
	mietáha ‘Hide!’ 隠れろ！ *mañetáha* ‘Hide!’ 隠せ！	—	*ietáho* ‘Hide!’ 隠れろ！	
fáfa ‘cleaning’ 掃除（語根）	*mamáfa* ‘to clean down’ 掃除する *mifáfa* ‘to clean’ 清潔でいる	*fináfa* ‘to clean down’ 掃除する	*amáfa* ‘to clean down’ 掃除する	*famáfañe* ‘the action of cleaning, cleanup, materials for cleaning’ 掃除、掃除道具
	mamafá ‘Clean!’ 掃除しろ！	*fafáo* ‘Clean!’ 掃除しろ！	*amafáo* ‘Clean!’ 掃除しろ！	
féhe ‘tie’ 縛る（語根）	*miféhe* ‘to bind’ 縛る *maméhe* ‘to bind’ 縛る	*féheñe* ‘to bind’ 縛る	*ameháa* ‘to bind’ 縛る	*fameháeañe* ‘materials for binding, the action of binding’ 縛る道具
	mifeheá	*fehézo*	*ameháo*	

	'Bind!' 縛れ！ *mamehéa* 'Bind!' 縛れ！	'Bind!' *fehéo* 'Bind!' 縛れ！	'Bind!' 縛れ！	
fitake 'mistake' 過ち	*mamítake* 'to deceive' 騙す	*fitáhe* 'to deceive' 騙す	*amitáhañe* 'to deceive' 騙す	*famitáhañe* 'the action of deceiving' 騙すこと、詐欺
	mamitáha 'Deceive!' 騙せ！	*fitáho* 'Deceive!' 騙せ！	*amitáho* 'Deceive!' 騙せ！	
fóha 'get up' 起きる（語根）	*mifóha* 'to get up' 起きる *mamóha* 'to wake sb. up' 起こす	*foháze* 'to get up' 起きる	*ifoháza* 'to get up' 起きる	*fifoházañe* 'the action of getting up, the action of waking somebody up' 起きること、起こすこと
	mifoháza 'Get up!' 起きて！ *mamoháza* 'Wake sb. up!' 起こして！	*foházo* 'Get up!' 起きて！	*ifoházo* 'Get up!' 起きて！	
fóño 'cover' 包む	*mamóño* 'to cover' 包む *mifóño* 'covered' 包んでいる	*afóño* 'to cover' 包む	*amoñósa* 'to cover' 包む	*famoñósañe* 'materials for covering, the action of covering' 包むもの、包むこと
	mamoñósa 'Cover!' 包め！	*afoñóso* 'Cover!' 包め！	*amoñóso* 'Cover!' 包め！	
alíño 'forget' 忘れる（語根）	*mañalíño* 'to forget' 忘れる *mañalívo* 'to forget' 忘れる	*halíño* 'to forget' 忘れる	*añalivóa* 'to forget' 忘れる	*fañalivóñañe* 'oblivescence, forgetting' 忘却、忘れること
	mañalivoá 'Forget!' 忘れて！	*haliñóvo* 'Forget!' 忘れて！	*añalivó* 'Forget!' 忘れて！	

“*ánañe* ‘fortune’ 財産 ”	*mánañe* ‘to have’ 持つ	*anáñañe* ‘to have’ 持つ	*anáñañe* ‘to have’ 持つ	*fanáñañe* ‘fortune’ 財産
	manáña ‘Get!’ 持て！	*anáño* ‘Get!’ 持て！	*anáño* ‘Get!’ 持て！	
háneñe ‘meal’ 食事	*mihínañe* ‘to eat’ 食べる	*háne* ‘to eat’ 食べる	*ihinánañe* ‘to eat’ 食べる	*fihinánañe* ‘meal, the action of eat-ing’ 食べ物、食事
	mihinána ‘Eat!’	*háno* ‘Eat!’	—	
háníñe ‘lacking’ 欠乏	*máníñe* ‘to feel lonely’ 寂しく思う	*maníña* ‘to feel lonely’ 寂しく思う	*imaníñañe* ‘to feel lonely’ 寂しく思う	*hamaníñañe* ‘loneliness’ 寂しさ
	—	—	—	
háy ‘knowledge’ 知識	*maháy* ‘to be able to’ できる	*háy* ‘to be able to’ できる	*ahaía* ‘to be able to’ できる *ahaíza* ‘to be able to’ できる	*fahaíañe,* fahaízañe ‘capacity’ 能力
	mahaía ‘Understand!’ 理解せよ！	*haío* ‘Understand!’ 理解せよ！	*ahaío* ‘Understand!’ 理解せよ！	
ísy ‘exist’ 存在する（語根）	*mísy* ‘to exist’ ある、いる	*asía* ‘to add’ 加える	*isíañe* ‘to add’ 加える	*fisíañe* ‘existance’ 存在
	misía ‘Be alive!’ 生きて！	*asío* ‘Add!’ 追加して！	*isío* ‘Add!’ 追加して！	
jótso ‘descend’ 降りる（語根）	*mijótso* ‘to descend’ 降りる *manjótso* ‘to dismount’ 降ろす	—	*ijotsóañe* ‘to descend’ 降りる *anjotsóañe* ‘to dismount’ 降ろす	
	mijotsóa ‘Get down!’ 降りて！ *manjotsóa*	—	*ijotsó* ‘Get down!’ 降りて！ *anjotsó*	

	'Dismount!' 降ろして！		'Dismount!' 降ろして！	
lámake 'mat' 敷物	*mandámake* 'to cover with a mat' 敷物で包む	*aláma* 'to cover with a mat' 敷物で包む	*andamáha* 'to cover with a mat' 敷物で包む	*fandambáñañe* 'materials for covering, the action of covering' 包むもの、包むこと
	mandamáha 'Cover!' 包んで！	*alamá* 'Cover!' 包んで！	*andamáho* 'Cover!' 包んで！	
léha 'go' 行く（語根）	*mandéha* 'to go' 行く	*andéna* 'to go' 行く	*andehána* 'to go' 行く	*fandehánañe* 'going out, place to go out' 出かけること、行く場所
	mandehána 'Go!' 行け！	*andenáo* 'Go!' 行け！	*andenáo* 'Go!' 行け！	
“*líne* 'wait' 待つ（語根）	*mandíñe* 'to wait' 待つ	*liníñeñe* 'to wait' 待つ	*andinísañe* 'to wait' 待つ	*fandinísañe* 'the action of waiting, place to wait' 待つこと、待つ場所
	mandiñísa 'Wait!' 待って！	*liñíso* 'Wait!' 待って！	*andiníso* 'Wait!' 待って！	
líly 'cut, slice' 刈る、切る	*mandíly* 'to cut' 切る	*lilía* 'to cut' 切る	*andilíañe* 'to cut' 切る	*fandilíañe* 'the action of cutting, materials for cutting' 切るための道具
	mandilía 'Cut!'	*lilío* 'Cut!'	*andilío* 'Cut!'	
óme 'give' 与える（語根）	*mañóme* 'to give' 与える	*oméa* 'to give' 与える	*añoméañe* 'to give' 与える	*fañoméañe* 'gift, the action of giving' 贈り物、与えること
	mañoméa 'Give!' ちょうだい！	*oméo* 'Give!' ちょうだい！	*añoméo* 'Give!' ちょうだい！	
órike 'follow' 追う	*mañórike* 'to follow' 追う *miórike*	*oríhe* 'to follow' 追う	*añoríhañe* 'to follow' 追う	*fañoríhañe* 'the action of following, things to follow' 追うこと、追うもの
	'run down' 走る			
	mañoríha 'Follow!'	*orího* 'Follow!'	*añorího* 'Follow!'	

	追え！	追え！	追え！	
páñake ‘memory, healing’ 記憶、修理	*mipáñake* ‘to fix up, to heal’ 直す、癒す	*pañáfe* ‘to reconcile, to heal’ 直す、癒す	*ipañáfañe* ‘to heal’ （〜で、〜と）癒す	*fipañáfañe* ‘the action of healing, the action of reparing, materials for healing’ 修理、癒すこと、直すこと
	mipañáfa ‘Fix up!’ 直して！	*pañáfo* ‘Fix up!’ 直して！	—	
páy ‘search’ 探すこと（語根）	*mipáy* ‘to look for’ 探す	*paíe* ‘to look for’ 探す *paiáve* ‘to look for’ 探す	*ipaíañe* ‘to look for’ 探す	*fipaíañe* ‘the action of looking for something’ 探すこと
	mipaía ‘Search!’ 探して！	*paío* ‘Search!’ 探して！ *paiávo* ‘Search!’ 探して！	*ipaiávo* ‘Search!’ 探して！	
pétrake ‘sit down’ 座る	*mipétrake* ‘to sit down’ 座る	*petráhañe* ‘to sit down’ 座る	*ipetráha* ‘to sit down’ 座る	*fipetráhañe* ‘the action of sitting down, place to sit down’ 座ること、座る場所
	mipetráha ‘Sit down!’ 座れ	*petráho* ‘Sit down!’ 座れ	*ipetráho* ‘Sit down!’ 座れ	
píteke ‘stick’ ひっつく	*mipíteke* ‘to stick’ ひっつく	*apíteke* ‘to stick’ ひっつく	—	—
	mipitéha ‘Stick!’ ひっつけ！	*apitého* ‘Stick!’ ひっつけ！	—	
ráe ‘receive’ 受け取る（語根）	*mándrake* ‘to receive’ 受け取る	*raése* ‘to receive’ 受け取る	*andráesa* ‘to receive’ 受け取る	*fandraesañe* ‘the action of receiving’ 受理、受け取ること
	mandraésa ‘Receive!’ 受け取って！	*raéso* ‘Receive!’ 受け取って！	*andráeso* ‘Receive!’ 受け取って！	
ráoke ‘gather’	*mandráoke* ‘to gather’	*ráofe* ‘to gather’	*andráofañe* ‘to gather’	*fandráofañe* ‘the action of gathering,’

集める（語根）	集める	集める	集める	集会
	mandráofa 'Gather!' 集まって！	*ráofo* 'Gather!' 集まって！	*andráofo* 'Gather!' 集まって！	
rára 'prohibition' 禁止	*mandrára* 'to prohibit' 禁止する	*rára* 'to prohibit' 禁止する	*andráraňe* 'to prohibit' 禁止する	*fandráraňe* 'the action of prohibiting, prohibition' 禁止、禁止にすること
	mandrará 'Prohibit!' 禁止にせよ！	*raráo* 'Prohibit!' 禁止にせよ！	*andraráo* 'Prohibit!' 禁止にせよ！	
róhy 'rope, string' 紐、縄	*mandróhy* 'to attach' ひっつける	*rohízaňe* 'to attach' ひっつける	*andróhiza* 'to attach' ひっつける	*fandrohízaňe* 'the action of attaching, materials for attaching' ひっつけること、ひっつける道具
	mandrohíza 'Attach!' ひっつけよ！	*rohízo* 'Attach!' ひっつけよ！	*androhízo* 'Attach!' ひっつけよ！	
róro 'sleep' 眠り（語根）	*miróro* 'to sleep' 寝る	*roróa* 'to sleep' 寝る	*iroroaňe* 'to sleep' 寝る	*firoroaňe* 'the action of sleeping, sleep' 寝ること、睡眠
	mirorόa 寝ろ！	*iroró* 寝ろ！	*iroró* 寝ろ！	
rótse 'sleep' 眠り（語根）	*mírotse* 'to sleep' 眠る	*iróta* 'to sleep' 寝る	*iróta* 'to sleep' 寝る	*firótaňe* 'the action of sleeping, sleep' 眠り
	miróta 'Sleep!' 寝ろ！	*iróto* 'Sleep!' 寝ろ！	—	
sálaka 'meet' 会う（語根）”	*manálaka* 'to meet' 会う	*sálaka* 'to meet' 会う	*análaka* 'to meet' 会う	*fanalákaňe* 'meeting, the action of meeting, place for meeting' 出会い、会う場所
	manalaká 'Meet!' 会って！	*salakáo* 'Meet!' 会って！	*analakáo* 'Meet!' 会って！	
sámbotse 'slave' 奴隷	*misámbotse* 'to catch' 捕まえる	*sambóreňe* 'to catch' 捕まえる	*isambóraňe* 'to catch' 捕まえる	*fisambóraňe* 'place, materials for catching, the action of catching' 捕まえる場所、捕獲
	misambóra 'Catch!' 捕まえて！	*sambóro* 'Catch!' 捕まえて！	*isambóro* 'Catch!' 捕まえて！	

sámba 'look' 見る（語根）	*misámba* 'to observe' 見る	*sámbaeñe* 'to observe' 見る	*isambáeñe* 'to observe' 見る	*fisambáeñe* 'observation, place to observe, the action of observing' 観察、見る場所
	misambá 'Observe!' 見て！	*sambáo* 'Observe!' 見て！	—	
sítse 'move' 動く（語根）	*misítse* 'to move' 動く	*síra* 'to move' 動く	*isíra* 'to move' 動く	*fisírañe* 'movement, the action of moving' 動作、動くこと
	misíra 'Move!' 動け！	*isíro* 'Move!' 動け！	*isíro* 'Move!' 動け！	
sóa 'good' 良い	*mañasóa* 'to improve' 良くする、改善する	*hasóae* 'to improve' 良くする *hasoave* 'to improve' 良くする	*añosóañe* 'to improve' 良くする	*fahasóañe* 'improvement, the action of improving', 良くすること、改善 *fañosóañe* 'improvement' 良くすること、改善
	mañasoáva 'Improve!' 改善せよ！	*hasoáo* 'Be good!' 利口にしていて！良くあれ！	*hasoáo* 'Be good!' 利口にしていて！良くあれ！	
sókake 'open' 開ける（語根）	*manókake* 'to open' 開ける *misókake* 'open' 開いている	*sokáfañe* 'to open' 開ける	*anokáfañe* 'to open' 開ける	*fanokáfañe* 'the action of opening, place to open' 解放、開ける場所
	manokáfa 'Open!'	*sokáfo* 'Open!'	*anokáfo* 'Open!'	
sótro 'spoon' スプーン	*misótro* 'to drink' 飲む	*sotróeñe* 'to drink' 飲む	*isotróa* 'to drink' 飲む	*fisotróañe* 'drinking, the action of drinking' 飲むこと
	misotróa 'Drink!' 飲め！	*sotró* 'Drink!' 飲め！	*isotró* 'Drink!' 飲め！	
táñe 'grip' つかむ（語根）	*mitañe* 'to grip' 掴む	*tána* 'to grip' 掴む	*itánañe* 'to grip' 掴む	*fitánañe* 'the action of gripping, material for gripping' 掴むこと、掴む道具
	mitána	*táno*	*itáno*	

	'Grip!' 摑め！	'Grip!' 摑め！	'Grip!' 摑め！	
táo 'do' する（語根）	*manáo* 'to do' する	*anóeñe* 'to do' する	*anóa* 'to do' する	*fanóañe* 'action' 行為、動作
	manóa 'Do!' せよ！	*anó* 'Do!' せよ！	*anó* 'Do!' せよ！	
takálo 'exchange' 交換	*mitakálo* 'to exchange' 代わる *manakálo* 'to exchange' 交換据する	*atakálo* 'to exchange' 変わる、交換する	*anakalózañe* 'to exchange' 換える	*fanakalózañe* 'materials to change, exchange' 変える道具、交換
	manakalóza 'Exchange!' 交換して！	*atakaló* 'Exchange!' 交換して！ *atakalózo* *'Exchange!'* 交換して！	*anakalózo* 'Exchange!' 交換して！	
talíly 'talk, word' 語り、言葉	*mitalíly* 'to talk' 語る	*talilíe* 'to talk' 語る *talilíeñe* 'to talk' 語る	*italilía* 'to talk' 語る	*fitalilíeñe* 'the action of talking, narration' 語り *fitaliliañe* 'the action of talking, narration' 語り
	mitalilía 'Talk!'	*talilío* 'Hello.'	*italilío* 'Talk!'	
téa 'like' 好き（語根）	*nitéa* 'to like' (only used in the past tense) 好きだ (過去形でのみ使われる)	*téa* 'to like' 好きである	—	*hatéa* 'the action of loving, adoration' 愛すること、愛
	—	*teávo* 'Love!' 愛して！	—	
tiáhy 'memory' 記憶、思い出	*maniáhy* 'remember' 覚える	*tiahíe* 'remember' 覚える	*aniahía* 'remember' 覚える	*faniahiañe* 'memory, the action of remembering'

	manahía 'Remember!'	*tiahío* 'Remember!'	*anahío* 'Remember!'	記憶、覚えること
tílike 'visit' 訪問	*mitílike* 'to visit' 訪問する	*tilíhe* 'to visit' 訪問する	*itelíha* 'to visit' 訪問する	*fitelíhañe* 'the action of visiting, place to visit' 訪問、訪問場所
	mitilíha 'Visit!' 訪問して！	*tilího* 'Visit!' 訪問して！	*itelího* 'Visit!' 訪問して！	
tíoke 'wind' 風	*mitíoke* 'to blow' 吹く	*tinío* 'to blow' 吹く *tinófe* 'to blow' （tinofeko）	*itinófañe* 'to blow' 吹く	*fitiófañe* 'materials to blow' 吹く道具
	mitiófa 'Blow!' 吹け！	*tiófo* 'Blow!' 吹け！	*itiófo* 'Blow!' 吹け	
tóboke 'put' 置く（語根）	*mitóboke* 'to put' 置く	*tobóha* 'to put' 置く	*itobóha* 'to put' 置く	*fitobóhañe* 'the action of placing something, place to put' 置くこと、置く場所
	mitobóha 'Put!' 置け！	*tobóho* 'Put!' 置け！	*itobóho* 'Put!' 置け！	
tóiñe 'reply' 応答する（語根）	*manóiñe* 'to reply' 答える	*tóiñe* 'to reply' 答える	*anóiña* 'to reply' 答える	*fanoíñañe* 'response, the action of replying' 返事、答えること
	manóiña 'Reply!' 返事せよ！	*toíño* 'Reply!' 返事せよ！	*anoíño* 'Reply!' 返事せよ！	
tózo 'endurance, work' 忍耐、仕事	*mitózo* 'to work hard' 一生懸命働く	*tozóa* 'to work hard' 一生懸命働く	*anozóañe* 'to work hard' 一生懸命働く	*fanozóañe* 'endurance, the action of working hard' 必死で働くこと、忍耐
	mitozóa 'Work hard!' 必死で働け！	*tozó* 'Work hard!' 必死で働け！	*anozó* 'Work hard!' 必死で働け！	
tsépa 'catch' 捕まえる	*mitsépake* 'to catch' 捕まええる	*tsinépa* 'to catch' 捕まえる	*itsepáha* 'to catch' 捕まえる	*fitsepáhañe* 'materials for catching, the action of catching' 捕まえる道具、捕まえること
	mitsepáha 'Catch!'	*tsepáho* 'Catch!'	*itsepáho* 'Catch!'	

	捕まえて！	捕まえて！	捕まえて！	
tsíñe 'silence' 静けさ	*mitsíñe* 'to be silent' 静かにする	*tsíña* 'to be silent' 静かにする	*itsíñañe* 'to be silent' 静かにする	*fitsíñañe* 'silent place, reason to be silent' 静かな場所、静かでいる理由 *habáñiñe* 'silence' 沈黙
	mitsíña 'Be silent!' 静かに！	*atsíño* 'Be silent!' 静かに！	*itsíño* 'Be silent!' 静かに！	
tsikómbe 'imitate' 真似	*mitsikómbe* 'to imitate' 真似する	*tsikómbe* 'to imitate' 真似する	*itsikombéañe* 'to imitate' 真似する	*fitsikombéañe* 'imitation, the action of imitating' 真似
	mitsikombéa 'Imitate!' 真似せよ！	*tsikombéo* 'Imitate!' 真似せよ！	*itsikombéo* 'Imitate!' 真似せよ！	
vále 'response' 答え	*miväle* 'to return' 答える *mamále* 'to reply' 答える	*valéa* 'to reply' 答える	*amaléa* 'to reply' 答える	*famaleáñe* 'the action of replying' 答えること
	mamaléa 'Reply!'	*valéo* 'Reply!'	*amaléo* 'Reply!'	
véloñe 'alive' 命	*maméloñe* 'to be alive' 生きている	*amelóma* 'to be alive' 生きている	*famelómañe* 'to be alive' 生きている	*fivelómañe*, or *hameló-mañe* 'the action of being alive' 生命、生きること
	maméloma 'Be alive!' 生きて！	*velómo* 'Be alive!' 生きて！	*amelómo* 'Be alive!' 生きて！	
vetsevétse 'thought' 思考、考え	*mivetsevétse* 'to think' 考える *mametsevétse* 'to think' 考える	*vetsevétse* 'to think' 考える	*ivetsevétseañe* 'to think' 考える *avetsevetséa* 'to think' 考える	*fivetsevétseañe* 'thought, the action of thinking' 思考、考えること *fametsevetseañe* 'thought, the action of thinking' 思考、考えること
	mivetsevetséa 'Think!' 考えて！ *mametsevetséa* 'Think!' 考えて！	*vetsevetséo* 'Think!' 考えて！	*ametsevetséo* 'Think!' 考えて！ *ivetsevetséo* 'Think!' 考えて！	

<table>
<tr><td rowspan="2">vóatse
‘creation’
創造</td><td>mambóatse
‘to create’
作る</td><td>amboáre
‘to create’
作る</td><td>amboárañe
‘to create’
作る</td><td rowspan="2">famboárañe
‘creation, the action of creating’
創造、建築、工作</td></tr>
<tr><td>mamboára
‘Create!’
作れ！</td><td>amboáro
‘Create!’
作れ！</td><td>amboaráo
‘Create!’
作れ！</td></tr>
<tr><td rowspan="2">vónje
‘approach’
近づく（語根）</td><td>mamónje
‘to approach ’
近づく</td><td>vónje
‘to approach ’
近づく</td><td>amonjéañe
‘to approach’
近づく</td><td rowspan="2">famonjéañe
‘approaching, place to approach’
接近、近づく場所</td></tr>
<tr><td>mamonjéa
‘Approach!’
近づいて！</td><td>vonjéo
‘Approach!’
近づいて！</td><td>amonjéo
‘Approach!’
近づいて！</td></tr>
<tr><td rowspan="2">vóry
‘assemble’
集める（語根）</td><td>mivóry
‘to assemble’
集まる
mamóry
‘to gather’
集める</td><td>vóry
‘to gather’
集まる
（voriko）
集める</td><td>ivoríañe
‘to assemble’
集まる
amoríañe
‘to gather’
集める</td><td rowspan="2">fivoríañe
‘meeting’
集会
famoríañe
‘the action of gathering, place to gather’
集めること、集める場所</td></tr>
<tr><td>mamoría
‘Gather!’
集めよ！</td><td>vorío
‘Gather!’
集まれ！</td><td>ivoriáo
‘Assemble!’集まれ！
amoriáo
‘Gather!’
集めよ！</td></tr>
<tr><td rowspan="2">záha
‘visit’
訪問する（語根）</td><td>mizáha
‘to visit’
訪問する</td><td>—</td><td>izáhañe
‘to visit’
訪問する</td><td rowspan="2">fizaháñe
‘the action of visiting, place to visit’
訪問する、訪問場所</td></tr>
<tr><td>mizahá
‘Visit!’
訪問して！</td><td>—</td><td>izaháo
‘Visit!’
訪問して！</td></tr>
<tr><td rowspan="2">zára
‘division’
分割</td><td>mizára
‘to divide’
分ける
manjara
‘to divide’</td><td>zaráe
‘to divide’
分ける</td><td>izára
‘to divide’
分ける</td><td rowspan="2">fizárañe
‘division, the action of dividing’
分配、分けること</td></tr>
<tr><td>mizará
‘Divide!’
分けろ！</td><td>zaráo
‘Divide!’
分けろ！</td><td>izaráo
‘Divide!’
分けろ！</td></tr>
</table>

付録２　タンルイ語例文集（和訳－英訳）

ここでは、本文では取り扱いきれなかった例文を列挙する。ある用例を聞き出すために話者に訳してもらったものや、自然会話を聞き取り、書き起こしたものなどである。本書の記述と照らし合わせて、批判的視点で参照していただきたい。また、学術研究のみならず、旅行や海外派遣といった実用目的でタンルイ語ないしマダガスカルで話されている言語を使う機会があるときに、実践してみてほしい。

1　Aia ty homba ʔo? もしくは Ho aia rehe?
あなたはどこへ行くのですか？
Where are you going?

2　Ia zao?
そこにいるのは誰ですか？
Who is there?

3　Ho antrañoko añy raho.
私は自分の家へ行きます。（私の家へ帰ります。）
I will go home.（I will return to my home）.

4　Holy raho.
私は帰ります。
I'm going home.

5　Aia ty hombaʔo? もしくは Ho aia rehe?
あなたはどこへ行くのですか？
Where are you going?

6　Aia ty teaʔo hombañe?
あなたはどこへ行きたいのですか。
Where would you like to go?

7　Ho amaʔareo añy zahay.
私たちはあなたのところへ行きます。
We will come to you.

8　Raha ino andeha areo añy?
あなたは何をするために行くのですか？
What are you going to do ?

9　Tsy mahazo mandeha rehe naho tsy miarake amako.
あなたは私なしでは行くことができない。
You cannot go without me.

10　Antraño ao vao ty Paul?
ポールは家にいますか？
Is Paul home?

11　Nañino rehe avy mialokaloke etoy io?（etoy のかわりに etoa でも可）
どうしてあなたはここに休憩しにきたのですか？
Why did you come here for a vacation?

12　Lalañe mañantanañe vao toy?
この道は町に行けますか？
Does this road go to town?

13　Eka, iñy ty lalañe.
はい、この道です。
Yes, this is the road/way.

14　Tsy itoy ty lalañe soa.
この道は正しい道ではありません。
This is not the right road/way.

15　Itoy soa.
こっちが正しい道です。
This is the right road/way.

16　Iñe ty lalañe tsy maintsy homba?o.
この道があなたが行くべき道です。
This is the road you should take.

17　Malalake vao lalañe?
道は広いですか？
Is the road wide?

18　Aha, tery le tery ro sady miolakolake.
いいえ、道は狭くグネグネしています。
No, the road is very narrow.

19　Aia ty lalañe nomba?e.
どちらの方向（道）へ行ったのですか？
Which way did you go/Which road did you take?

20　Itoy ro lalañe nomba?e
この方向（道）です。
This way（road）.

21 Aia ty lalañe omba amaʔareo?
あなたのところへ行く道はどれですか？
Which is the way/road to your house?

22 Tokoe ho lalañe valoandao atomboke ro ifañalavira i Toamasiñe vaho i Tananarivo.
トゥアマシナは、タナナリヴから歩いて約８日です。
Toamasiñe is about eight days walk from Tananarivo.

23 Manao akory ty toetrandao?
天気はどうですか？
How is the weather?

24 Manao akory ty andro androany?
今日の天気はどうですか？
How is the weather today?

25 Maike ty andro.
今日は乾燥しています。
It is dry today.

26 Mazava ty andro.
今日は良い天気です。
The weather is fine today.

27 Madio ty lañitse.
空は澄んでいます。
The sky is clear.

28 Be rahoñe ty lañitse.
空に雲がいっぱいあります。
It's cloudy.

29 Tamy eneñe ro nanomboke avy ty orañe.
雨は６時に降り始めました。
It started raining at six o'clock.

30 Mijanoña etoa mbarapahatapitse ty orañe.
雨が降るまでここにいて。（命令形）
Stay here until it rains（instruction）.

31 Tratry ty orañe tañe a bazary zahay.
私たちは市場で雨にびっくりした。
We were caught in the rain at the market.

32 Efa nitsahatse vao i orañe?

雨はやみましたか？
Has it stopped raining?

33 Mañotroke ty andro.
今日は雷がなります。
Today there will be lightning.

34 Mañotroke i orambaratse y.
嵐が来ます。
A storm is coming.

35 Arindrino ty varovaronkely naho mañelatse ty andro.
雷がなったら、窓を閉めて。（命令形）
When it thunders, close the window.

36 Anteo kede ty harandra latsake.
ほら、落ちた霰（あられ）を見て！
Look, there are hailstones/Look, it's hailing!

37 Inño ty antsiben'Andriamañitse（もしくは havañe）
虹がのぼった。
There is a rainbow.

38 Mihamazava ty lañitse.
空は明るくなってきた。
The sky has cleared.

39 Misava ty orañe.
雲はなくなった。
The clouds have cleared.

40 Lasa i rahoñe y.
雲はなくなった。
The clouds have cleared.

41 Mamiratse（もしくは Mibeake） ty masoandro.
太陽が輝いている。
The sun is shining.

42 Mandrivotse ty andro.
風が吹いている。
The wind is blowing/it's windy.

43 Mandrivotse mafe ty andro.
風が強く吹いている。

There is a strong wind/it is very windy.

44 Terake sahady ty volañe.
月はもう出ている。
The moon is already out.

45 Diavolañe ty volañe.
満月だ。（月は丸い。）
There is a full moon.

46 Vaho niboake ty volañe.
月は出たところだ。
The moon has just come out.

47 Mafana naho fahavaratse.
夏は暑い。
Summer is hot.

48 Aleoko fahavaratse toy izay asotry.
私は冬より夏のほうが好きだ。
I like summer better than winter.

49 Amy ty asotry itika zao.
今は夏の真ん中だ。
Now it is the middle of the summer.

50 Andro inoñe androany?
今日は何曜日ですか？
What day is it today?

51 Tinainy ty androany.
今日は月曜日です。
Today is Monday.

52 Tamy kamisy teo reke ro terake.
彼は先週木曜日に生まれた。
He was born last Thursday.

53 Afake lereñandro raho ro hipoly.
私は１週間で戻ります。
I will return in a week.

54 Malalake ty fotoako.（もしくは Manampotoañe raho.）
私には時間がある。
I have time.

55　Tea mihira hatramy ty foha-ajajaʔe reke.
彼は子どものころから遊ぶのが好きだ。
He has enjoyed playing since childhood.

56　Vaho taoñe zao ty tsy nahatreakoʔo aze.
私は彼を見なくなって８年が経つ。
I have not seen him for eight years.

57　Ho liñasañe rehe hatramy roa.
私はあなたを２時まで待つ。
I will wait for you until two o’clock.

58　Fa ela ty nahafantrako ty lahilahy tiañe.
この男性を知って長い。
I have known that man a long time.

59　Herentaoñe zike raho ro narary avao.
私は１年間病気だ。
I have been ill for a year.

60　Tsy fa handeha vataʔe rehe zao?
あなたは今出るのではないの？
Aren’t you going out now?

61　Lilio mofo o ho ahy.
私のためにパンを切って。
Cut me a bread for me.

62　Aia tikañe ro hivily raha?
どこで買い物をしようか？
Where should I go shopping?

63　Hotrino ty ivarotaʔo azy?
あなたはこれをいくらで売りますか？（＝いくらですか）
How much are you selling thisfor?（＝What does this cost?）

64　Firy metatse ty hovilieʔo?
何メーター買いますか？
How many meters would you like to buy?

65　Fatapera ro itonako bageta.
私は七輪でサツマイモを焼く。
I will bake sweet potatoes in the charcoal brazier.

66 Aia ty hahitatikañe saroñe hovilieñe？
あなたはどこで布を見つけますか？（未来形）
Where will you find the cloth?（future tense）

67 Lafo loatse zao toy.
これは高すぎます。
This is too expensive.

68 Tsy mete loatse fa mateantoke raho.
それは本当に無理です、私の失うものが多すぎます。（値段交渉の時）
That price is much to high, I can’t afford that. .（when bargaining）

69 Mipalia tombombarotse bey loatse rehe.
あなたは自分の利益をあげようとしすぎだ、高すぎる。
You are trying to rip me off. This is, too expensive.

70 Hataoke mora amaʔo toy.
あなたに安くしますよ。
I will make it cheaper for you/I will reduce the price for you.

71 Tsy misy sasy fa lany ty volako.
買いません、お金が全然ないです。
I won’t buy it, I don’t have any money.

72 Misaotse le misaotse azo ramose, misaotse azo raho.
ムッシュー（おじさん)、本当にありがとうございます。
Thank you very much ramose（uncle).

73 Hotahin’añahary rehe.
あなたに神のお恵みを。
God bless you.

74 Misaotse azo indrindrandrindra raho.
本当に心より御礼申し上げます。
I’m really grateful./I thank you from the bottom of my heart.

75 Misaotse azo le misaotze azo raho, misaotse azo bevata be dia be raho.
私はあなたに本当に感謝します、私はあなたに心から感謝します。
I really appreciate it, I thank you from the bottom of my heart.

76 Tena soa be vataʔe ty vitaʔo tamako.
あなたはたくさん私を助けてくれた。
You have helped me a lot.

77 Mahasambatse ahy rehe.

あなたは本当に私を幸せにした。
You have made me really happy.

78 Mana kigñe ty agnamboneʔe amy ty soroko reke.
彼女は私の肩にもたれかかった。
She leaned against my shoulder.

79 Mivalike ty lohako.
私は考えすぎている。
I think too much.

80 Mandeha lio ty sofiʔe.
彼は鼻血を出している。
He has a nosebleed.

81 Ajaja ay nifoke rivotse malio.
子どもは新鮮な空気を吸った。
The child breathed fresh air.

82 Nandoa isaky ty mihina iereo.
彼らは食事をすべて吐いた。
They vomited all their meals.

83 Amboa ay nitifatse aze amy ty feʔe.
犬は彼の脚を噛んだ。
The dog bit his leg.

84 Matahots i ajaja y f'ie tsy hanao akore.
子どもは怖がっているがどうしたらよいかわからない。
The child is scared, but he does not know what to do.

85 Mizotso ty andro.
太陽が沈む。
The sun descends.

86 Manotso vare raho.
私は米を降ろす。
I unload the rice.

87 Nisolo toerañe i Andry ty Mima.
ミマはアンディの代理をした。
Mima replaced the position of Andry.

88 Nanolo latabatse an traño ao ty Mima.
ミマは家のテーブルを取り替えた。

Mima changed tables in the house.

89 Mivavake amy razañe iereo.
彼らはご先祖様にお祈りをする。
They pray with ancestors.

90 Antseñe reke.
彼は鼻声で話す。
He has a nasal voice.

91 Mihomokomoko raho.
私は口をすすぐ。
I will rinse-out my mouth.

92 Tsy mirehake am-pikama.
口をいっぱいにしたまま話してはいけない。
Do not speak with your mouth full.

93 Dokotera ay mamboatse ty mifeko.
その医者は私の歯を抜いた。
He dentist pulled-out my tooth.

94 Manasa nify raho.
私は歯磨きをする。
I brush my teeth.

95 Manoratse amy taña-havia raho.
私は左手で書く。
I write with my left hand/I am left handed.

96 Mandrae tañaña aze raho.
私は彼の（彼女の）手を握った。
I shook his（her）hand.

97 Fañafoly mahafake marare.
薬は早く効く。
The medicine works quickly.

98 Manday marare hitsabo.
病人を病院へ運ぶ。
I will take a sick person to the hospital.

99 Mihaly vovo raho.
私は井戸を掘る。
I will dig a well.

100 Mitsogo voñen-kazo.
茎から花をもぎ取る。
I will cut the flowers off the stem

101 Misy botane ambone latabatse.
机の上に埃がたまっている。
Dirt/dust has accumulated on the desk（The desk is dirty/dusty）

102 Mandemoke botane i tomobilie ey.
その車が埃をまきあげる。
The car is dirty.

103 Miaro rivotse.
風をよける。
（I）protect（myself）from the wind.

104 Mipetrake（miabesatse）ambane aloke.
木陰で休む。
I take a rest in the shade of the trees.

105 Manjava vosiañeʔe.
星がまたたく。
The stars are shining.

106 Miroro mandeha naho koa votso.
私は夜更かしで朝寝坊する。
I will stay up late and get up late. I will stay up late and sleep in.

107 Nanapake mofo an-tsasae raho.
私はケーキを半分に切った。
I cut the cake in half.

108 Voa ty gripa iereo iaby.
皆病気だ。
Everyone is sick.

109 Manañe rohim-pilongoa amaʔe raho.
私は彼女（彼）と友人になる。
I will be friends with her（him）.

110 Ino ty antoe tsy kamao akoho?
あなたはなぜ鶏を食べないの？
Why do aren’t you eating the chicken?

111 Siloke raho, zay ty ihinamako akoho oo.
病気だから私は鶏を食べれないの。
Ican't eat the chicken because I feel sick..

112 Mikajy ahe rangahe ey.
人が私を呼ぶ。
Someone will call me.

113 Hitoka azo raho naho hariva.
私は今夜あなたを呼ぶ。
I will call you tonight.

114 Mihisa an-tañe ao ajaja reo, le mikorake mafe.
子どもたちは外で遊んでいる、そして大声で叫んでいる。
The children are playing outside and shouting loudly.

115 Nitoka mafe raho, tsy misy oloñe nahare ahe.
私は叫んだが、誰も耳を傾けてくれなかった。
I cried, but no one paid any attention.

116 Nibeko an-kavoriañe tao ty Soa.
スアは祭りのときに歌を歌った。
Soa sang a song at the festival.

117 Ihe mibeko mafe.
あなたは大きな声で歌う。
You sing in a loud voice./You sing loudly.

118 Nitsinjake ajaja rey ty omale.
昨日子どもたちは踊った。
The children danced yesterday.

119 Mibeko malaza ty Soa.
スアは有名な歌手だ。
The children danced yesterday.

120 Mianatse mitsinjake an-dakilasy ao iereo.
彼らは学校で踊りを習っている。
They are learning to dance at school.

121 Misaontsy tañate radio ao ty Soa.
スアはラジオでしゃべる。
Soa is speaking on the radio.

122 Nirehake tamy rañeko raho, momba ty ho aviko.

私は友だちと自分の将来について話した。
I talked about my future with my friends.

123 Nirehake aze amy nareo raho.
私は彼にあなたのことを話した。
I talked to him about you.

124 Nañambarañe raho fa mate ty reneko.
私の母の死を私に知らせた。
I was informed of the death of my mother.

125 Hambarako amareo amy telefone ty iaviako.
私は電話で到着をあなたに知らせる。
II will phone you when I arrive.

126 Nitifaje ty meregne reke.
彼は蛇に噛まれた（蛇は彼を噛んだ)。
He was bitten by a snake（A snake bit him).

127 Nihehe iereo naho nandalo ty Soa.
スアが通った時、彼らは笑った。
When Soa walked by, they laughed.

128 Ia nampitomañe ajaja oo?
誰が子どもを泣かせたのか？
Who made the child cry?

129 Mampaliofo ahe vaovao zay.
この知らせは私を喜ばせた。
This news made me happy/I was happy to hear the news.

130 Mora matahotse raho.
私は怖くて死にそうだ。
I am afraid to die.

131 Ajaja reo matahotse amboa.
この子どもらは犬が怖い。
These children are afraid of dogs.

132 Matahotse mirehake vory ondaty iereo.
彼女は公の場で話すのが怖い。
She is afraid of public speaking.

133 Manañe tarehe malahelo reke.
彼女は悲しそうだ。

She looks sad.

134 Nalahelo mafe raho tamy naharezako aze mate.
私は彼（彼女）の死の知らせを聞き悲しくなった。
I was sad to hear the news of his（her）death.

135 Boseke ahy raho.
私は罪悪感を感じる。
I feel guilty.

136 Boseke rañeko raho.
私は私の友だちにたいして怒っている。
I am angry with my friend.

137 Nahaboseke ahy rañeko.
私の友だちは私を怒らせた。
My friend made me angry.

138 Vaovao toy nahagaga antika.
この知らせは私たちを驚かせた。
This news surprised us.

139 Tsy mahagaga azo naho masiaka amboako oo.
私の犬は凶暴だから驚かさないで。
Do not startle my dog because he's fierce.

140 Nahafake areteñe y fañafoly.
薬で彼の病気は治った。
The medicine cured his illness.

141 Fereʔe nalake afake.
彼の傷はすぐに治った。
His wounds healed quickly.

142 Mahakama soa mañome here antika.
良い食事は私たちの健康を良くする。
A good meal will improve our health/A good meal will make us feel better.

143 Mamaky fitaratse an-traño ao ty Soa.
スアは家の窓ガラスを壊す。
Soa is breaking the window of the house.

144 Tsy rambeseo fingaʔo amy ty tañaʔo maloto.
汚い手で食器を触るな。
Do not touch the tableware with dirty hands.

145 Nikasike ty soroke reke.
彼は私の肩に触れた。
He touched my shoulder.

146 Nihitsahe Soa amy ty tomboʔe lambako y.
スアは足で私の服を踏んだ。
Soa stepped on my clothes.

147 Mamoko manda raho.
私はフェンスを飛び越える。
I will jump over the fence.

148 Nialy raho, le novokoneko manday.
私は走ってフェンスを飛び越えた。
I ran and jumped over the fence.

149 Mamokomoko naho manda bitro oo.
うさぎは飛び跳ねて歩く。
The rabbit jumps and walks.

150 Milay tratra naho mandeha mereñe.
蛇は這ってすすむ。
The snake slithers forward.

151 Nirotse soa ihe eo?
よく眠れましたか？
Did you sleep well?

152 Te hatory raho.
私は眠い。
I'm sleepy.

153 Nimamo toake iereo omale.
彼らは昨夜酔っていた。
They were drunk last night.

154 Teako rehe.
私はあなたを愛している。
I love you.

155 Teako ty milagno an-driake.
私は海で泳ぐのが好きだ。
I like to swim in the ocean.

156 Tsy teako ty miasa ela.
私は長時間働くのは好きでない。
I do not like to spend too much time working.

157 Akondro mora lo.
バナナは腐りやすい。
Bananas tend to rot/Bananas rot easily.

158 Hafanañe mahalo hena.
暑さで肉は腐る。
The meat rots in the heat.

159 Misitrike ambane fandrae ao ty Soa.
スアはベッドの下に潜り込んだ。
Soa climbed under the bed.

160 Sambo misitrike ambane ranomasiñe.
船が海に沈んでいる。
The ship is sinking in the sea.

161 Miharota akanjoko toy fa ela.
古いので私の服は破れる。
Because they are old, my clothes might rip.

162 Manokom-bary ty Soa.
スアはお米を炊いている。
Soa is cooking rice.

163 Ampandevezo rano mafana raho fa marare.
病気なので私はお湯を沸かす。
Because I am sick, I will boil some water.

164 Nilay mpangalatse ey naho avy nangalatse nrala.
泥棒はお金を盗んで逃げた。
The thief stole money and ran away.

165 Nitinomboko meso iereo.
私は彼らをナイフで殺した。
I killed them with a knife.

166 Nitinomboko amy ty meso iereo.
私は彼らをナイフで殺した。
I killed them with a knife.

167 Boke toy nanañatse ahy talily Antandroy.

この本は私にアンタンルイの歴史を教えてくれる。
This book will teach me the history of Antandroy.

168 Ty fahazaran-draha manañatse antika mihoatse boke eo.
経験は本より多く私たちに教えてくれる。
Experience teaches us more than books.

169 Hañofa tomobily ty Soa fa holy Androy añe.
スアはアンドゥルイに帰るために車をかりる。
Soa will go back to Androy by car.

170 Mampindrañe lamba ahy ty Soa nenteko nijintsake.
スアは踊るために服をかりた。
Soa put on clothes for dancing.

171 Naetako añate boke ao vola.
私は本の中にお金を隠した。
I hid money in the book.

172 Tsy ambarako ndaty hafa ty raha volañeko toy.
私は他人に自分の言い分を言いたくない。
I do not want to tell the others about myself.

173 Tsy mahavazoho soa rangahe eo.
この人は目が悪い。
That person has bad eyesight.

174 Tsy nahatrea azo raho omale.
昨日私はあなたを見なかった。
I did not see you yesterday.

175 Mañisake vola an-traño ao ty Hange naho Soa.
スアとハンゲは家でお金を数える。
Soa and Hange count money at home.

176 Fito iereo ty nateran-dreneʔe.
彼らは母が生んだ７人の子どもたちだ。
Those are their mother's seven children.

177 Tsy manam-potoañe raho hagnampeako azo.
私はあなたを手伝う時間がない。
I don't have the time to help you.

178 Mifañampe iereo.
彼らは助け合う。

They will help each other.

179 Ilaiñe ty mañampe rarakereo.
貧しい人を助ける必要がある。
We need to help poor people.

180 Azafady fa nampandiñe azo raho.
あなたを待たしてすみませんでした。
I'm sorry to have kept you waiting.

181 Nandiñe azo ela bey raho.
私はもう長い間あなたを待たせた。
I have made you wait for a long time.

182 Mieretseretse raho fa soa fañahe reke.
私は彼は親切だと思う。
I think he is kind.

183 Mieretseretse mafe fa añe Androy ty Soa.
スアはアンドゥルイへ行きたいと強く思う。
I think Soa really wants to go to Androy.

184 Mieretseretse raho fa raty ty milaño an-draike eo.
私はこの海で泳ぐのは危ないと思う。
I think it's dangerous to swim in this ocean.

185 Nihaliñoko añate tomobily ao lamboko y.
私は車の中に服を忘れた。
I leftmy clothes in the car.

186 Teako ty mamaky boky toy izay miakatse ambalikañe.
私は外出するより本を読むほうが好きだ。
I prefer reading books to going out.

187 Ihe afake miakatse fa'ie tsy moly hale.
あなたが夜までに帰ってくるなら外出してよい。
You may go out if you come back before dark.

189 Ty afake niavy reke fa nisiloke.
彼は病気のため来れなかった。
He could not come because he is ill.

190 Mampalehelo fa tsy afake niavy iareo.
あなたたちが来れなかったのは残念だ。
It is a shame that you could not come.

191 Ty hana toy antoñoe andeseñe mandeha.
この靴は歩くのにふさわしい。
These shoes are suitable for walking.

192 Mahafinaritse ahe ty mañome kado azo.
私は喜んであなたにプレゼントを贈ります。
I am happy to give you a present.

193 Nomeñe ahy o kado nivilieʔe omale.
彼は昨日買ったプレゼントを私にくれた。
He gave me the gift he bought yesterday.

194 Omeo kado reke.
彼（彼女）にプレゼントをあげて。
Give him（her）the gift.

195 Mañome kado azo raho.
私はあなたにプレゼントをあげる。
I will give you a gift.

196 Nomeñe kado raho.
私はプレゼントをもらった。
I received a present.

197 Mañiry te hikama ronono rangahe eo.
この人は牛乳を飲みたい。
This person wants to drink milk.

198 Mangatoy azo haneñe.
このマンゴーは食べれる。
This mango is edible.

199 Soa bey naho rae.
スアは父よりも大きい。
Soa is bigger than his/her father.

200 Mipetrake amy ty traño bey foloay añate tanañe ao reke.
彼（彼女）は村の中で一番大きな家に住んでいる。
He（she）lives in the biggest house in the village.

201 Railahy añate mpianatse reke.
彼は生徒の中で一番大きい。
He is the biggest among the students.

202 Mboe tanora raho naho reneʔe.
私は彼（彼女）の母と同じ歳だ。
I am the same age as his（her）mother.

203 Tanora naho zaho reke.
私は彼（彼女）より若い。
I am younger than him（her）.

204 Mamy bonbon toy.
この飴は甘い。
This candy is sweet.

205 Bonbon toy mamy naho bonbon tia.
この飴はあの飴より甘い。
This confection is sweeter than that confection.

206 Teako ty mofomamy toy zay masira.
私は塩辛いパンより甘いパンのほうが好き。
I like sweet bread more than salty bread.

207 Homa malake tsy soa amy ty fahasalamañe.
早く食べることは体に良くない。
Eating quickly is not good for your health.

208 Naho mandeha an-tsena reke, mateteke mibily vary.
彼（彼女）は市場へ行くといつもお米を買う。
He（she）always buys rice when going to the market.

209 Volom-draha ino ty teaʔo?
あなたは何色が好き？
What's your favorite color?

230 Tokoe anjanoñe malaky aly io.
早く紛争をとめないといけない。
You have to stop the conflict as soon as possible.

231 Nisy traño mae tañilako teo.
私の家のそばで火事があった。
There was a fire near to my house.

232 Noho tsy fitandreman'ajaja reo nahavy traño mae oo.
子どもたちの不注意で火事が起こった。
The fire was caused by the children's carelessness.

233 Ndaty 20 ty nimate tamy traño mae oo.

火事で 20 人死んだ。
Twenty people were killed in the fire.

234 Voa sazy drala 30 Ar fa nangalatse.
私は盗んだので 30 アリアリ罰金を払った。
I paid a fine of 30 Ariary for a stealing.

235 Tereñe handoa loaloha naho mandala amy lalañe.
道を通るとき税金を払う。
We pay a tolls when we use the road.

236 Mpivarotse oo mandoa loaloha 100 Ar isam-bolañe.
商人は毎月 100 アリアリ税金を払う。
Merchants pay a tax of 100 Ariary each month.

237 Voalohae volañe valasira ao ho añe Tana raho.
私は 1 月頭にタナへ行く。
I will go to Tana at the beginning of January.

238 Isaky tinainy maraiñe, mandeha an-tsena mivily vary raho.
毎週月曜日に私は市場へお米を買いに行く。
Every Monday I go to the market to buy rice.

239 Miasa eto raho, tinainy hatra joma.
私はここで月曜から金曜まで働いている。
I work here from Monday to Friday.

240 Nosy bey laharañe fahaefatse erantane Madagasikara.
マダガスカルは 4 番目に大きな島国だ。
Madagascar is the fourth largest island country.

241 Nifoha tamy ty nofiʔe reke.
彼（彼女）は夢から目覚めた。
He（she）woke up from a dream.

242 Nanonofy amboa raho.
私は犬の夢を見た。
I dreamed of a dog.

243 Nahatiahe azo raho naho nahita an-jokeʔo.
あなたの弟を見たとき私はあなたのことを思い出した。
I thought of you when I saw your brother.

244 Manambetambe azo raho mba hiviliaʔo hana.
私はあなたが靴を買うように説得する（甘い声で勧誘する）。

I will persuade you to buy shoes（persuade you with a sweet voice）.

245 Marimarike ahy ty Soa fa nahita ahy niarake tamy valiʔe y.
スアは私を心配している、なぜなら私が彼女の夫と出かけたからだ。
Soa is worried about me, because I went out with her husband.

246 Matoke aze raho satria hendre reke.
私は彼（彼女）がいい子なので安心する。
I am relieved that he（she）is a good child.

247 Hofan-traño lafo naho ampindraiñe amy ty loaloha.
私の収入に比べて家賃は高すぎる。
Compared to my income, my rent is too high.

248 Mampindre ty fomban-draza japoney naho Malagasy raho.
日本とマダガスカルの文化を比較する。
Compare the culture of Japan and Madagascar.

249 Nampihahake maro y ty tsy fitovian-kevetse nisy tama ay.
意見は皆同じでないので、すべての人はばらばらになる。
Since opinions are not all the same, we/they won't allagree.

250 Mizala telo ty fahitako lohatsoratse eo.
この文章は三部構成だ。
This sentence hasthree parts.

251 Nandrae taratasy avy tamin-dreneko raho.
私は母から手紙を受け取った。
I received a letter from my mother.

252 Ino ty raha ampiasao, ampirehetañe afo?
あなたは火をつけるために何を使う？
What do you use to light the fire?

253 Manda tsy mahefa mianatse ty Soa.
スアは学校へ行くことを拒む。
Soa refuses to go to school.

254 Nanapa-kevetse zahay fa hahemotse liam-tikoñe y.
私たちは出発を延期することに決めた。
We decided to postpone our departure.

255 Mboe ty nanapa-kevetse raho ammy ty hatao amy fara-hereñandro.
私は今週末何をするかまだ決めていない。
I have not decided what I will do this weekend.

256 Manohetse an-drae ty Soa.
スアは父に反対している。
Soa disagrees withhis father./Soa is upset with his father.

257 Misakañe ahy tsy ho añe Androy ty Soa.
スアはアンドゥルイへ行くことについて私に反対している。
Soa doesn't won't me to go to Androy.

258 Manam-potoañe raho androañe hariva.
私は今夜約束がある。
I have an appointment tonight.

259 Ambarao ahe ty mariñe.
真実を言ってください。
Please tell me the truth.

260 Isaʔe nifake fañadinañe ty Soa.
スアは試験に合格した人のうちの１人だ。
Soa is one of the people who passed the exam.

262 Isaʔe ajaja-pela reo eto Toliara reke.
彼はトゥリアラの少女らの間で有名だ。
He is famous among the girls of Toliara.

263 Hatramy dime sahirañe raho.
私は５時まで忙しい。
I am busy until five o'clock.

264 Vola kele avao ty hihinanako androañe.
私は今日食べる分のお金しかない。
I don't have enough money to eattoday.

265 Sisa kele avao ty an-dakozy ao.
台所には牛乳しか残っていない。
There is only milk in the kitchen.

266 Manambetambe ajaja mitañe raho.
私は泣いている子を慰める。
I comfort a crying child.

267 Ajaja mitañeo nitambetambezeko.
泣いている子を私が慰めた。
I comforted a crying child.

268 Ihe le mampamono ahe.
あなたは私を殺そうとしている。
You are about to kill me.

269 Mamoño kado raho.
私はプレゼントを包んでいる。
I am surrounded by presents.

270 Rasoa omeo ahe kado fa ho foñosako.
スアさん、プレゼントをちょうだい、私が包もう。
Mr. Soa, please give me the gift, I will wrap it.

271 Misafotse vodofotsy raho.
私は布団で自分をくるむ。
I wrap myself in the futon.

272 Saforo raho fa manara.
寒いから包んで。
I am wrapped-up because it is cold.

273 Taño soa ze raha ambarako azo.
私の言ったことをしっかり覚えておいて。
Make sure to remember exactly what I said.

274 Inó tika fa misy ty Andriañahare.
神がいることを信じよう。
I believe that there is a god.

275 Mahamotso azo fifinanañe sokakeo.
亀を食べたらあなたは社会からはみだしてしまう。
If you eat turtle, you will be excluded from society.

276 Ty fiavy o vazaha o le mihamotso ty fomba Antandroy.
外国人がやってきてアンタンルイの伝統が失われた。
Foreigners came and the traditions of Antandroy were lost.

277 Mandrefa taratasy amaʔo raho.
私はあなたに手紙を送る。
I will send you a letter.

278 Amy ty fara volañe handrefa taratasy amaʔo.
月末に私はあなたに手紙を送る。
At the end of the month, I will send you a letter.

279 Bageda natonoko toy.

これは焼けたサツマイモだ。
This is a baked sweet potato.

280 Mitono bageta raho.
私はさつまいもを焼く。
I will bake sweet potatoes.

281 Fatapera ro itonoako bageta.
私は七輪でサツマイモを焼く。
I will bake sweet potatoes in the charcoal brazier.

282 Fatapera fitonoako bageda y.
このサツマイモは私が焼く。
I will bake this sweet potato.

283 Mifosa azo raho fa tsy niavt tamako tañe rehe.
あなたが私のところへ来ないから私はさみしい。
I am lonely because you won't come to visit me.

284 Tsimotso fa naho mipoly rehe mangalake azy.
心配ない、戻るときにそれを取ったらいい。
Don't worry, you can take it when you return.

285 Siloke voa ty tazo raho.
I feel dizzy.
めまいがする。

286 Manonta i hazo y raho.
私は木を切り倒す。
I cut down trees.

287 An traño ao to añañako volamena maro.
金貨がたくさんあるのは家の中だ。
It is in the house that I have many pieces of gold.

288 Añala añe ro nanamboara i Zatovo traño.
ザトゥヴが家を建てたのは森の中だ。
It was in the forest that Zatovo constructed the house.

289 Mitonta i azo y trae rivotse.
風が吹き、木は倒れた。
The wind blew and the tree fell down.

290 Nimate vinono i Mima añombe y.
ミマは牛を殺した。

Mima killed the cow.

291 Mahavono i akoho y i Mima.
ミマは牛と鶏を殺すことができる。
Mima can kill cows and chickens.

292 Mahafaty i akoho i Mima.
ミマは鶏を殺すことができる。
Mima can kill cows and chickens.

293 Mifamono i añombe rey.
牛は互いに闘っている。
The cows are fighting each other.

294 Ampeontika hinday ty entañe toy.
この荷物を運ぶのを（私たちは）手伝おう。
We will carry this package.

295 Ampeantika hinday entañe toy.
私たちはこの荷物を運ぶのを手伝う。
We will help you carry the package.

296 Akory rehe?
元気ですか？（あなたはどうですか。）
How are you?

297 Soa vao raho.
私は元気です。
I am well/fine.

298 Misoloho amaʔo raho.
すみません。（あなたの前を失礼します。）
Excuse me（when going in front of someone）.

299 Misaotse ty amaʔo.
私はあなたに感謝しています。
I am grateful to you.

300 Misaotse amy ty nataoʔo ahe.
あなたがしてくれたこと、あなたに感謝します。
（今まで本当にありがとうございました。）
thank you for everything./Thank you for what you gave me.

付録3　タンルイ族の民話（和訳－英訳）

ここでは、口頭伝承によって世代から世代へと語り継がれてきたタンルイ族の民話を紹介する。人びとの生活のなかから生まれ、語り継がれた民話には、その話者地域の価値観やマナー、技術や歴史、教訓などが反映されていると考えられる。

これから紹介する民話の内容は、一読して、すぐに理解できないこともあろう。筆者が特に苦戦したのは、最初の「レキルヴェ」という民話である。「長男の肝臓を食べたい」という内容はとても驚くべきものだった。異文化であるため、私たちの価値観や尺度からは理解しがたいように感じることもあるかもしれない。もしくは、私たちの社会に伝わる民話や昔話に共通する部分を発見するかもしれない。それらの解釈は、読者に委ねようと思う。

現地調査で一番苦労するのは、民話の書き起こしと分析、対訳である。単語レベルでの語彙収集や、あらかじめ用意した例文、設定した疑問点を対面調査で質問し、資料を集めて分析するといった調査とは異なり、モノリンガル話者が語る生きた物語（口で語り、耳で聞く物語）を記録するため、これまで組み立ててきたさまざまな構文規則がすべての民話に機械的にあてはまるわけではない。間投詞や挿入句、省略など、例外が多々ある。しかし、それこそが今後さらなる言語分析を進めるうえでの重要な資料にもなる。

第I部は、モノリンガル話者にタンルイの口頭伝承の民話を語ってもらい、それらをもとにテープ起こしを行い、フランス語のできる現地協力者の助けを得て翻訳したものである。無文字社会であるため、通常、口頭伝承される民話を書き起こして記録することなどない。そのため、話者は語るのに20分以上もかかる長い民話であってもすべてを暗唱し、語り継いでゆく。その伝統は現代も残っている。初等教育を受け、マダガスカル語標準語やフランス語の読み書きを学習している子どもも、ほとんどがタンルイ族の民話を暗唱し、語ることができる。

第II部は、Benolo（1989）をもとに、タンルイ話者の協力のもと対訳したものである。文の構文や内容には不明な箇所が多く、まだ改善の余地が残る。ここでは大まかな意訳を記載している。

These folktales are gathered from field work on the monolingual Tandroy native speakers. We recorded, transcribed, and then translated the narratives of the speakers with the help of French-Tandroy bilingual speakers. The folktales represented here are direct translations of the original narratives, and hence may contain some repeated content, as this was how the stories were described.

第Ⅰ部　調査で収集・録音した民話

1.　Rekilove（レキルヴェ）

タンルイ語原文

Rekilove

Lehe teo ze ndaty taloha zao nampirafe. Ie re nampirafe, nimate amy ty zao ty vali?e raike.
Raike avao amy ty zao ty nitratse?o. Vali?e raike nimateo niterake ajalahe telo lahe.
Vali?e raike veloñe?o tsy niterake. A ie re ela amy ty zao tean-dahy amy ty zao raike tsy terake toy.
Nañararaotse amy ty zao reke, fa tsy mifankahay amy zokenanake?eo.
Te hamono zokenanake?e. Mody namboatse afera hoe:

"Ie zao, zaho milaolao, paiavo raha matsiro!"
Nandeha amy ty zao valie?ey namono osy, tsy nitea?e, namonoañe kobatroke, tsy nitea?e fa tsy tea laolao izao. Namonoañe akoho, tsy nitea?e ze laolao?e zao.
"Inoñe avao valiko" hoe ty vali?e, ty ho tea laolao oo.
"Tsy takao, raha tea laolaoko le mitofa avao rehe.
"Ambarao ahy hoe valie?ey, fa teako rehe fa tsy maintsy azoko!"
"Azo," hoe re.
"Aviko." hoe vali?e.
"Aie hoe re, ty tea laolaokoo ty ate zokenanaoo, fa izaho tsy te hihina raha maro."
"Ty ate zokenanakoo?"
"Ie" zay.
"Mahaliñisa rehe, fa azoko zay, fa tea raho"
"Alao hoe re raha avio zay afake raha tea laolaoko, fa izay ty raha hañe?e!"

Nandeha amy ty zao ra?e, nitalily amianadahe telolahe io.
"Ie re iza ry kiahe, zao zao ty raha i valikoy. Mandehana amono?areo ose añala añe, ento?areo mbeto ty ate?e, hañenteako aza te hane?e vatae.
"Ehe"hoe ianae telo lahe rey.

Nandeha amy ty zao anae telo lahe rey, namono ose añale, nente?e mboakañe amy ty zao ty ate?e.
"Aie toy aten-kenay!" Natolotse aze.
Ehe, tsy ate?eo toy hoe re, fa aten'ose toy fantako! Kay raha tsy ho avi?o añontaniao?o ahy, ho avioo.
"Aten'ose toy fantako."
Ento atoy miarake amy ty ate?e naho ty tañae fa izay ty tea laolaoko-oo.

Nandeha amy ty zao ka rae nanakey namory ana?e re indraike.
Ie e zao hoe re, alao?areo añaley ty Rekilove. Rekilove biby añaley, ndaty fa ie mihako añaley avao, fa tsy moly antanañe, fa sahala biby.　Nandeha amy ty zao anae telo lahe, hipay ty lian-dRe-

kilove. Zokenanake toy nanday lefoñe sive. Ivo nanake toy nanday lefoñe valo. Tsitso nanake toy nanday lefoñe fito.

Nandeha amy ty zao iereo, nandeha, ie le niavy amy ala mangiekike añe iereo nifanara dia tsy nisy nifanorike, nipay lia ty lian-dRekilove an-kafa an-kafa iaby. Le katao ty nitendreke zoke nanake tea i ampelay ty ateʔey le ty lia biby añala.
Nitoka amy ty zao re:
"Oe lahireo e!"
"Oe!"

歌　Eh ty lian-dRekilove vao intoy io kirahe sa lia biby añala.
Eh! Tsy lian-dRekilove vao intoy io kirahe sa lia biby añala.
Hhmm! dao ry kiake hoe re.

Ndao hoe ilaʔe re.
Nandeha ireo nandeha iereo, ie alohalohañe i zokeʔey le nitoka.

歌　Eh ty lian-dRekilove vao intoy io kirahe sa lia biby añala.
Eh, tsy lian-dRekilove vao intoy io kirahe sa lia ty biby añala
Hom! Ndao rikiahe
Ndao hoe ilea re
Nandeha iereo, nandeha iereo ie ilea ie avy alohañe ka i zokeʔey le nitoka.

歌　Eh ty lian-dRekilove vao intoy io kirahe sa lia biby añala.
Eh! Tsy lian-dRekilove vao toy io kirahe sa ty lia biby añala
Hom! ndao ry kiake.
Nandeha iereo nandeha iereo. Ie aloha avao añe. Ie aloha añe zokeʔey ie nitoka:

歌　Eh ty lian-dRekilove vao intoy io kirahe sa lia biby añala.
Eh! Tsy lian-dRekilove vao toy io kirake
Sa ty lia biby añala.

Hom! Toa raho ry kiahe hoy biby
Lay amy zao hahirey naho fa mireʔe. Nanoy biby, le nivotrake amy zokeʔe eo.
Le kanao nizoeʔe eo le biby hafa añate longoñe ao.
"Ino vao," hoe biby "iño raha ipaivaʔareo ahy io ?" "Tsiñe." hoe iereo.
"Volañeʔo biby fa afake anareo ty fiay nareo androany." Tsiñe hoe iereo.
"Ah! mba anake miserañe toa io," hoe biby, mipaipay ahe añala toy minday ty ino nahareo aho nipaia nareo io?"
"Ah! zahay rañandria" hoe iereo tsy mipay azo, fa Rekilove mpaiaʔay io.
Ataʔay ty lian-dRekilove liaoy! Kay tsy lian-dRekilove!
"Nandeha añe kiahe hoe le, fa tsy zaho Rekiloveʔo. Ingo ty trandrake andeso areo, hisaroʔa nareo ty fiaiʔareo, fa ndra nifereñesako fa ndra nifereñesako.
Nandeha iereo nandeha iereo ieavy anaty ala nisy an-dRekilove ndraike nifanara dia amy zao iereo, nandeha ankafa ankafa.

Le kanao nitendreke lian-dRekilove?ey le zoke?ey ka.
Nitoka ka zay re?ey.

歌　Eh ty lian-dRekilove vao intoy io kirahe sa lia biby añala.
　　Eh! tsy lian-dRekilove vao fa sa ty lian-dRekilove

Hoom! Ndao ry kiahe
Nandeha iereo nandeha iereo.

歌　Eh ty lian-dRekilove vao intoy io kirahe sa lia biby añala.
　　Eh! tsy lian-dRekilove vao fa sa ty lian-dRekilove

Nandeha iereo, nandeha iereo.
Ie avy amy ty misy an-dRekilove ao! Nitoka ndraike

歌　Eh ty lian-dRekilove vao intoy io kirahe sa lia biby añala.
　　Eh! tsy lian-dRekilove vao fa sa ty lian-dRekilove

Nandeha iereo nandeha iereo, ie niavy añia Rekilove eo ama, voratsake hoe ty Rekilove ty miboake ampo raha ao.
Le mijanoña iereo ty Rekilove.
Nandrivondrivotse ty mboankañe, nandrivondrivotse ty mboankañe, le nitsondrikitsindriko re ambone zañe añe. Nalain-dRekilove: finirae zañe?ey, finirae zañ?ey. Nidira iereo torake lefoñe?ey amy ty zao ty Rekilove. Tinora zoke nanake?ey tsy voa tinorake tsy voa tinorake tsy voa. Lany lefoñe sive?ey.
"Añe ka rehe", hoe ivonanakey hitoraha ko aze. Tinorae ka tsy voa, tinorae ka tsy voa, lany lefoñe. Nizilike zai?ey. Mate tika hoe zoke?ey, fa tsy mate tika. Ty biby toy ndra hamono antika, fa lany lefoñe?ey! Lefone natorake aze navorie ambany eo avao. Ahy zaie avao tave la ty lefoñe an-tañañe, nidira i zaie torake ka. Finitse?e tsy voa finitse?e tsy voa finitse?e le tavela raike lefoñe?ey. Linantse aze te Rekilove le nirohake le nitafa hohoke. Nivisoviso amy zao iereo, linanta?e amy ty zao te Rekilove, Nalae amy ty zao ty aten-dRekilove naho ty tañae.
"Ie avy anolan-tanañe?ey ?" mietaha rehe hoe zay rey fa handay aze mba tanañe mbeo zahay hane?oo.
Eh! hoe zoke?ey.
Nandeha amy zao zay rey nanday azy mba antanañe?eo. Eh! toy ie nimateay naha ela anay io sarotse ty nahafatesañe aze, vao izao mate?ay toy ate?ey, toy taña?ey.
"Toy avao raha mampijale rakembao?oo, amy laolao?e zao hiafaha laolao?oo zao. Toy aten-kenay naho tañae?ey !"
"Zoke areo toy" hoe re.
"Zoke ay toy" hoe zay rey.
"Mba nahafoe nareo!" hoe re.
"Tsy mahay nahafoe io, fa ihe ty haha valen-dra?ay azo ahafoeza?ay longoa?ay io, ty hanañan-dra?ay valy, ty hanañan-dra?ay anake tsiefa.
Ty ha elae tsy ty nombo ay tsy nivonoe ay io, fa te ihe ty naha tonga namonoa?ay aze eo.
"Ie lalao ve ty laolao zao!"

"Ohm, izaho ka hoe re ama! Nipaiaviko io fa ndra tsy mipay ka raho ario nareo añe!"
"Aha! Ampela manoño-neñ ahe ty añeʔeo" hoe valiey.
"Ndañe hoe re alao atoy lahe hitomboke azy."

Lay zay rey nalake zoke iereo amy ty nietaha añe.
"Tomboho hoe raeʔey, le ataovo siripilasy hoe re fa lako fampijaleʔe anareo zay.
"Kay." hoe ie ndaty tsy ho nananako anake avao ty ampela tiañeʔeo, fa tsy ndaty hohaneʔe vataʔe.
Tomboho hoe re! Tinombo zokenanake amy zao re, nimate.

"Ie zao" hoe ty talily, tsy taliliko fa talily ty taloha.

和訳

レキルヴェ

むかしむかし、あるところに、2人の妻を持つ男がいた。そのうちの1人の妻が死んだ。死んだほうの妻には、3人の息子がいて、もう1人には子はいなかった。残された妻は、ライバルであった彼女の死を利用した。もう彼女は死んだのだからバレる余地もあるまい、女は3人兄弟の長男を殺そうと企んだ。実は、女は息子が欲しかったのだが、子を産むことはできなかったのだ。

そこで彼女は、妊娠を装い、空腹のふりをした。
彼女は言った。「ああ、妊娠でお腹が空く、何か食べたい！」
そこで夫は、牛を殺した。だが彼女は満足しない。今度は大きな山羊を殺した。まだ満足しない。鶏を殺したが、まだ満足しなかった。

夫は問うた。「君はいったい何が食べたいんだね？」
女は言った。「あなたは何も私に与えてくれない。私のことをかまってくれないんだね。それなら静かにしていておくれ」
夫は言った。「言ってごらん、なんてったって君は僕の妻だ、愛している。だから食べ物を得るためなら、何だってする」
女は言った。「私の欲しいものを本当にくれるのかい？」
「もちろんだ」。夫は答えた。
女は言った。「私が欲しいのはただ1つ。あなたの長男の肝臓よ」
夫は言った。「僕の息子の肝臓？　わかったよ。少し待っていてくれ。僕は君を愛しているのだから、用意するよ」
女は言った。「私のところへ持ってきてくれるのかい？　じゃあ、取ってきておくれ。長男の肝臓しか私の欲求を満たすものはないのよ」

そこで、男は息子たちにすべてを語った。
「わが息子たちよ、よく聞け。私の妻が、わが長男の肝臓を食べたいと言っている。だから、お前たちは森へ行って山羊を殺し、私にその山羊の肝臓を持ってきてくれ。そして妻がそれを本当に食べるところを見よう」
「わかりました」。3人の息子たちは言った。

そこで、息子たちは森へ行き、山羊を殺して、父にその肝臓を渡した。

夫は言った。「さあ、肝臓だよ」
女は言った。「それは食べないよ。森の山羊の肝臓だとわかってる。あなたは私に言ったでしょう、長男の肝臓を私にくれるって。それとも私にくれないつもりかい。山羊の肝臓なんぞ私は食べないよ。さあ、手と一緒に肝臓を私に持ってきておくれ。それしか私の欲求を満たすことはできない」

父はもう一度息子たちに相談した。
「森へ行って、レキルヴェを探してきてくれ」

レキルヴェとは、森で生活している人間だ。野蛮人とも言われる。村で見ることはない。というのも、近所でもレキルヴェは、動物と見なされているからだ。そこで、3人の息子たちは森へレキルヴェを探しに行った。長男は9本の槍を持っていった。次男は8本の槍を持っていった。末っ子は7本の槍を持っていった。森に着くと息子たちはそれぞれ分かれてレキルヴェを探しに行った。

レキルヴェの足跡を探していた長男が、動物の足跡を見つけて、兄弟2人を呼んだ。そして歌った。

歌　ああ、レキルヴェの足跡があそこにある。森の動物の足跡だ。
　　ああ、違う、これはレキルヴェの足跡ではない、これは森の動物の足跡だ。
　　さあ、行こう兄弟よ。

彼らは探し続けた。どんどん歩いた。少し遠くへ行ったところで、ふたたび長男が足跡を見つけた。そこで、2人を呼ぶために、同じ歌を歌った。

歌　ああ、レキルヴェの足跡があそこにある。それとも森の動物の足跡か。
　　ああ、違う、これはレキルヴェの足跡ではない、これは森の動物の足跡だ。

彼らは探し続けた。長男はさらに進み、2人は後ろで探した。長男に追いつけないからだ。それでも長男は弟たちが見えなくっても歌い続けた。

歌　ああ、レキルヴェの足跡があそこにある。それとも森の動物の足跡か。
　　ああ、違う、これはレキルヴェの足跡ではない、これは森の動物の足跡だ。

探し続け、長男は遠くへ行き、弟たちが見えなくなれば歌った。

歌　ああ、レキルヴェの足跡があそこにある。それとも森の動物の足跡か。
　　ああ、違う、これはレキルヴェの足跡ではない、これは森の動物の足跡だ。

ついに、ある動物と出会った。そこで叫んだ。「これは動物の足跡じゃない、レキルヴェの足跡だ！」

動物は答えた。
「そうさ、私はレキルヴェだよ」

動物の声を聞いた弟たちは、大喜びで長男のところへ急いだ。ところが、そこにいたのは、レキルヴェではなく他の動物だった。

「何の用だい？」動物は言った。
1人が言った。「僕らが用があるのは君じゃない」
動物は言った。「早く用件を言いな。さもないと殺すぞ」
もう1人が言った。「僕らが探しているのは君じゃないんだ」
動物は言った。「ここに私を探しにくる者はみな、私の死を求めてやってくる。君たちは私を探しに来たようだが、私は君たちから何を取ったというのだ？」

「僕たちが探しているのは君ではないんだ。レキルヴェを探しているんだ。僕らは君をレキルヴェと思ったのだけど、勘違いだった」

「お行き、君たちが探しているのはレキルヴェではないんだよ。さあ、これを持ってお行き。ハリネズミが君らの食べ物だ」

そこで、兄弟はハリネズミを持って立ち去った。少し離れたところで、長男と弟たちははぐれてしまった。長男は弟たちよりもとても早く歩いていったからだ。

しばらくして、長男は、レキルヴェの足跡を見つけた。そこで、弟たちを呼んだ。そこで歌った。

歌　ああ、ここにあるのはレキルヴェの足跡だ。動物の足跡ではない。
　　ああ、ここにあるのはレキルヴェの足跡ではないのだろうか、
　　いや、これはレキルヴェの足跡だ。

弟たちは長男と大喜びした。足跡を追いかけて、どんどん歩いた。

歌　ああ、ここにあるのはレキルヴェの足跡だ。動物の足跡ではない。
　　ああ、ここにあるのはレキルヴェの足跡ではないのだろうか、
　　いや、これはレキルヴェの足跡だ。

彼らは歩いた、どんどん歩いた。

歌　ああ、ここにあるのはレキルヴェの足跡だ。動物の足跡ではない。
　　ああ、ここにあるのはレキルヴェの足跡ではないのだろうか、
　　いや、これはレキルヴェの足跡だ。

兄弟たちはどんどん歩いた。ついにレキルヴェに辿り着いた。まだ兄弟たちは歌を歌っていた。レキルヴェは隠れ家に急いで逃げ込んだ。彼らの歌声が聞こえたからだ。レキルヴェは木を切って、バオバブの木の上に上った。

長男は、レキルヴェに槍を投げ始めた。1本目を投げた。2本目を投げた。しかしまったくレキルヴェに命中しやしない。ついには、すべての槍を使い切ってしまった。

次男が言った。「僕に任せて」。残念ながら、8本の槍は全部外れてしまった。
長男は言った。「もう僕たちはここで死ぬしかない。もう僕らの手元には槍は一本も残っていないし、レキルヴェは怒って攻撃的になっている」

レキルヴェは目の前にあったすべての槍を拾い集めた。もう末っ子の槍しか残っていない。末っ子は槍を投げた。しかしまったくだめだ。ところが、最後の1本の槍がレキルヴェの腹に命中した。兄弟たちは、急いでレキルヴェを殺して、彼の肝臓と両手を持って村へ戻った。

末っ子は長男に言った。「兄さん、隠れて。ここからは僕らがすべてを持って村へ戻るから」

村へ到着した。
弟たちは言った。「どうぞ、お望みの両手と肝臓です。少し時間がかかってしまいました。なにしろ、家族を殺すというのは難しいことで、やっとのことで殺すことができたのです。さあ、両手と肝臓をどうぞ。これこそ、お望みのものでしょう」
女は言った。「これがあなたたちの長男の肝臓か？」
弟たちは言った。「はい、そうです」
女は言った。「あなたたちは、自分の長男の命を犠牲にしたってことだよ」
弟たちは言った。「私たちじゃありません、あなた様です。僕たちの父の妻ですから、僕たちは兄を犠牲にしました。僕たちの父が妻を持ち、多くの子を持つためです」
女は言った。「私が長男の肝臓を欲しかったのは事実だ。けれど、今はもういらない。それを投げ捨てたまえ」
父は言った。「この女は私を愚かにさせた。なんてひどい女だ。兄さんを呼んできてくれ、殺そう」

そこで弟たちは兄を探しに行った。そして、父は息子に妻を殺すよう命じた。

「目の前で妻を殺してくれ。この女のしたことは、善悪を弁えない非道なことだ。君たちにとっても酷いことをした。この女は、食べるつもりは最初からなく、私から子どもを奪おうとしただけだ」

そこで、長男はその女を殺した。

おしまい。これは私のお話ではない、遠い祖先のお話だ。
（語り手　Jean-Noël）＊西本（2016）をもとに加筆修正した。

英訳

Rekilove

Once upon a time, there was a man with two wives. Then, one of the wives died. The dead wife had three sons, but the other wife had no children. The surviving wife decided to take advantage of the death of her rival and plotted to kill the eldest of the three children, thinking that there was no need to pay heed to the dead wife. She had wanted a son of her own but could not have children.

She pretended to be hungry from being pregnant. "Ah, I am pregnant. I am hungry and want to eat something!" she said. So, the husband killed a cow, but the wife was not satisfied. When he killed a big goat, she still was not satisfied. He killed a chicken, but she remained dissatisfied.

The husband asked, "What is it you really want to eat?"
"You haven't given me anything," the surviving wife replied. "You are not paying attention to me. If you are going to be that way, don't bother asking."
The husband said, "Tell me. No matter what, you are my wife. I love you. I would do anything to get what you want to eat."
The wife questioned him: "You will really give me whatever I want?"
"Of course," answered the husband.
His wife said, "I just want one thing. The liver of your eldest son."
The husband responded, "My son's liver? I understand. Please wait a little longer. I love you, so I will get it."
The surviving wife was assertive, saying, "Will you bring it to me? Then, go get it. Your eldest son's liver is the only thing that will satisfy my desire."

Subsequently, the husband told his sons everything. "My sons, listen carefully to me. My second wife says that she wants to eat my eldest son's liver. Therefore, you shall go to the forest, kill a goat, and bring me the goat's liver. Then, I will see if she is really going to eat it."
"We understand," the three sons rejoined.

Accordingly, the sons went to the forest, killed a goat, and gave its liver to their father.

The husband delivered it to his wife, saying, "See, here is the liver."
His wife responded, "I won't eat this. I know this is the liver of a forest goat. You told me that you would give me your eldest son's liver. You weren't planning on giving it to me, were you? I won't eat a goat's liver. I want you to bring me your eldest son's liver together with his hand. Only that will satisfy my desire."

The husband again consulted with his sons and instructed them, "Go to the forest, and look for a Rekilove."

Rekilove refers to a person living in the forest, also known as a savage, who is never seen in the village because he is considered an animal. The three sons went to the forest to look for a Rekilove. The eldest son took nine spears. The next oldest son took eight spears, and the youngest son took seven. They split up and went into the forest to search for a Rekilove's footprints. The eldest son found the footprints of an animal and called out to his brothers. Then, he sang.

Song: *Ah, there are Rekilove's footprints. The footprints of a forest animal.*
Ah, no, they are not Rekilove's footprints. They are the footprints of a forest animal.
So, let's go, my brothers.

They continued to search. They walked on and on. A bit farther, the eldest son found more footprints. He sang the same song to call for the other two sons.

Song: *Ah, there are Rekilove's footprints. Or are they the footprints of a forest animal?*
Ah, no, they are not Rekilove's footprints. They are the footprints of a forest animal.

Their search continued. The eldest son went further than the other two sons because they could not catch up with him. Nevertheless, the eldest son continued to sing even as he lost sight of his brothers.

Song: *Ah, there are Rekilove's footprints. Or are they the footprints of a forest animal?*
Ah, no, they are not Rekilove's footprints. They are the footprints of a forest animal.

Continuing to search, the eldest son went on ahead and sang, even though he could no longer see his brothers.

Song: *Ah, there are Rekilove's footprints. Or are they the footprints of a forest animal?*
Ah, no, they are not Rekilove's footprints. They are the footprints of a forest animal.

Finally, he encountered an animal. He cried out, "These are not the footprints of an animal; they are a Rekilove's footprints!"

The creature answered.
"That is right. I am a Rekilove."

The other brothers heard the animal's voice and sped toward their older brother with great joy. However, when they got there, they did not find the Rekilove, but another animal.

"What do you want?" asked the animal.
One brother replied, "You are not what we want."
The animal said, "Tell me what you have to talk to me about. Otherwise, I will kill you."
Another brother spoke: "You are not what we are searching for."
The animal questioned them further: "Everyone who has come searching for me has sought my death. You look like you are searching for me, so what are you saying I took from you?"

"You are not what we are searching for. We are searching for a Rekilove. We thought you were a Rekilove, but we were wrong."

"What you are searching for is not a Rekilove. So, take this and go. The hedgehog is your food."

The brothers took the hedgehog. The eldest son walked more quickly than his brothers, and they became separated, losing sight of each other.

After a little while, the eldest son found a Rekilove's footprints. Again, he called out to his brothers and sang.

Song: *Ah, there are Rekilove's footprints. They are not the footprints of a forest animal.*
Ah, they might not be Rekilove's footprints.
No, they are Rekilove's footprints.

The two other brothers were overjoyed when they heard this song. They followed and walked on.

Song: *Ah, there are Rekilove's footprints. They are not the footprints of a forest animal.*
Ah, they might not be Rekilove's footprints.
No, they are Rekilove's footprints.

They continued their journey.

Song: *Ah, there are Rekilove's footprints. They are not the footprints of a forest animal.*
Ah, they might not be Rekilove's footprints.
No, they are Rekilove's footprints.

The brothers walked for quite a while. Finally, they reached a Rekilove as they were still singing their song. The Rekilove quickly fled to his hideaway; he had heard their singing. The Rekilove cut a tree, and then climbed to the top of a baobab.

The eldest son began throwing spears at the Rekilove. He threw the first spear, then the second. However, all of them missed their target. Eventually, he used up all his spears.

The next oldest son said, "Leave it to me." Unfortunately, all eight of his spears missed their target as well. The eldest son said, "We will all die here. We do not have even one spear left; the Rekilove is angry and getting aggressive."

The Rekilove gathered all the spears in front of him. Only the youngest son had spears left. He threw them. None of them hit except the last, which hit the Rekilove's stomach. The brothers then quickly killed the savage and carried his liver and hands back to the village.

The youngest son told the eldest son, "Brother, hide somewhere. We will carry everything back to the village from here."

They reached the village.
The brothers approached their father's wife, saying, "Here, we have both hands and the liver as desired. It took some time because it was difficult to kill a family member—as you can imagine—, but we finally managed to kill him. So, we have both his hands and his liver. Have them as you so wish."
The wife inquired, "This is your eldest brother's liver?"
The brothers answered, "Yes, it is."
She said, "You sacrificed your own brother."
The brothers replied, "Not us—you did it. You are our father's wife, so we sacrificed our older brother. This is so our father's wife will have many children."
The wife responded, "It is true that I wanted your eldest brother's liver. However, I no longer need

it now. Throw it away."
The husband exclaimed, "This woman has made me stupid. What a terrible woman! Call your eldest brother, and we shall kill her."

Then, the brothers went to search for their eldest brother. The husband then ordered his sons to kill his surviving wife.
"Kill my wife in front of my eyes. This outrageous woman does not know right from wrong. She has done a terrible thing to you. This woman never wanted to eat the liver; she just wanted to get rid of my child."

So, the eldest son killed the woman.

The End.

This is not my story, but one from my distant ancestors.
Storyteller: Jean-Noël

2. Sambilobe（サンビルヴェ）

タンルイ語原文

Sambilobe

Naho teo ty zatovo raiky avao ty vali'e, niterake reke valo lahy. Ie avi eo amizay nandeha namira hatra'e. Finira rahatsake, finira i hatsake. Ie le nirokake reke mandeha noly antanañe. Io ala hatra'e finira'eo ala kokolampo. Fe ie tsy nizoe'etao. Naho niavy ty kokolampo, hentea'e.
Kokolampo の頭の中　Nanao akory mareo toa nibabobabokeo?
Naho natsanga'e alaey, le nitsangañe aby. Ie avieo ty zatovo nipoly añy indraiky, latsandraha.
"ha!!" hoy ty zatovo. I ala finiroako omaly nanao akory nitsangañe aby toa
Finira'e indraiky koa i ala'e, ie nirokake noly koa reke, fa nirokake.
Naho niavt ao koa i kokolampo tompon'ala gaga, mba ty ndaty mitera ahy izay io ty fira'e i anako reo toa, ie avieo naho tsy nitera ray tsy niteroa reny raho mitsangana nareo. Nitsangañe koa i ala, ie niavy koa ty Zatovo naho nimaroay tsy teo koa ty Kokolampo. Fa nipalia tsinjoke añy. Zoe i zatovo i ala finirae'y nitsangañe aby koa toa.
"Aha" hoe ty Zatovo.
Izaho mamira koa le mamira, fa ho eto raho hiambiñe azy.
Finirae i ala ie reke rokake nitobokeantane ty vato eo. Eo avao ty atovo le eo avao ty Zatovo, ie le ny tolakandro vao noly. Ie naho niavy ty Kokolampo, nirovitse nahita i ala et te nibabobaboke aby. Hita i anjomba misy azy. Naho tsy niteroa reny tsy nitero a ray raho hoe reke. Mitsangana nareo. Nitsangañe aby koa i ala ey. Nifankatratre iareo roa ty tao. Hoe ty Kokolampo: irehe nihatsake itoa io. Natao akory zahay sy anako natao itoa o?
Eka hoe ty Zatovo.
Ie zao hoe ty Kokolampo.
Natao akory zahay sy anako natao itoa io?
Ana?o vao io hoe ty Zatovo.
Anako io hoe ty Kokolampo.
Ie zao hoe ty Zatovo. Tsy hialiako rehe, fa vale teako.
Ho valio raho?（Kokolampo）
Ho valiko rehe.（Zatovo）
Izaho biby io akory? Teako avao hoe ty Zatovo（Zatovo）
Izaho bibiy io akory? Sarotse ty fombako.（Kokolampo）
Valiko avao rege fa teako.（Zatovo）
Andao ito,（Zatovo, Kokolampo）.
Nandese i Kokolampo andakato ommisy azy ao, le niteradahy natao i Hery ty añara?e.
Ie reke nibeibey ty tokan-dahy Hery, nialoñe amizay i anake amy valy bey. Namantoke amizay ty Zatovo, ombotoareo i fatotse androano ao io tsy hamono i ambetikañe avao.
Enka hoe ty valilahy mpo,
Ho aia rehe hoe ty rene?e.
Hañombotse rototse androano ao zao tsy hamono añombe ay io.（anake roa）
Ha amaky hoe ty rene?e, ka miheo añe rahe, fa misy voay ty añe, hoañe reho neny fa hafandrako varovoro ty atao azy, fa tsy traihiñe avao,
Eka hoe reke.

Nandeha iareo amy valilahy votro, nifandraoke nitofa ty valilahy votro, fa rokake, ie reke notorihy i Hery le nipotsoa ke indroaike avao. Tinkava i valilahy votro amaʔe i fototsey, naho niavy eo, intoy ie baba niazoay “ie toy? “Eka ie io.” “ie zao” hoe ty ra iareo, “angalao areo tantely añala añy raho.” Nandeha koa ty valilahy votro, handeha koa raho hoe ty tokan-dahy Hery, “ho aia nareo.” Hoe ty rene! E “Hampanga la i dada tantely fa te hihina tantely mena reny zahay”. ha hoe ty reneʔe, ka miheo añe rehe fa biby zao, “andenako avao” hoe reke, fa tean-dra ay “noho manao izao” hoe ty reneʔe, mitondra voñinkatay vaho afo rehe, “ie rehe avt añala ao mitokavo”, “eka” hoe reke, le nentiʔe nandeha nandeha nandeha iareo, ie avy añaty ala ao, nitoka amizay ty tokandahy Hery. Nitoka amizay ty tokandahy Hery nanao hisa.（一部書き取り不明）

Nareheʔeamizay i voñikatoy ie, narahi i ntely iñy ty eo, nikohezeʔe ke nentiʔe noly antanañe mbeo, ie reke niavy aokay fa mandiñy azy avao tantely ie, le niazoʔe, intoy re baba hoe ty valilahy votro fa niazoay, “niaziareo?” “Eka baba”, añy i fitohokey”
“Eka” hoe iareo, nilay nikovovoke neʔe añy indraiky. “o ehe!.” (Hery),”ah!” hoe ty reneʔe, “izahay ampangala ndroaʔay ombelahy tsy miviloñe, te hihinañe hena zao ka reke ka hangalake aze añy zahay” “biby anake” hoe reke, “Tsy rebe miheo añy rehe.”
“Andenako fa teandraʔay zao.”
“ie zao” hoe ty reneʔe, “En!” indeso tsivatsitsa toy ie rehe le avy añaty alabe misy azy ao, le mitokava, le naho fa mahatrea reke, manganiha rehe ambony hataʔe añe, “en” hoe reke.
Nandeha iareo! Nandeha iareo! Ie niavy anta liaviañy, nitoka ty tokandahy mahery.
Nihira…
Naho nivovoke ty valilahy votro ty lay le antanañe. Nitsatike ty tokandahy mahery le ambonge hataʔe agy. Nitra try tratrike i tsimviloñe, le amy fototse hatay misy azy eo. Nahintrae i ravikatay amy ambe masiakeʔy eo. Ie reke (Hery) niondrikeo amizay, finofoʔe i vatri troa y. Le andamosiao, ie avieo nampitreñeʔe iareo. Soa ho rendrae, nampitreñe indraike i ambelahe.

Hira

“an” hoe ty raʔe, “I tokandahy mahery avao nahavy io eto,” “Miakara aby nareo mikorakorake eto avao,” le anako vataʔe nitehatehake antany ao, nijotse ty tokandahy mahery le nandrasa i ambelahy, le nizara feno I anañe y.
Vita amizao iñe, manao mahavita raha avao hanarako torosatre areo, nivory, i mandika boake atiñana ato, “I mialy zay” hoe reke.
Enakitsoko, “En” hoe ty valilahy votro, “Nahitriko le i hatoe y ty nanjo.”
Nihitrikitrike koa ty raike le ry maty. Nihitrikitrike koa ty raike le ry maty.
Ie le ry lany ty valilahy votro nihitrikitrike koa ty tokandahy mahery le tsy maty.
“Ie zao io ty anako”.
“Ie zay” hoe ty tokandahy mahery.

日本語対訳

サンビルヴェ

むかしむかし、サンビロベ（＝ザトゥブ　ザトゥブとは民話のなかに出てくる賢い人物の総称）という男がいた。彼には１人の妻がおり、８人の息子がいた。彼は森に木を切りに行った。彼は木を切った、何度も木を切った。疲れると、家へ帰った。彼が木を切った森は、神聖な森、神様、ククランプ（Kokolampo）の森である。けれど、彼が最初に木を切っているときに、神様はいなかった。ククランプが住処に戻ってきた。神は森の木が倒れていくのを見た。
「森よ！　森よ立て！　森よ立て！　前のような森に」
ザトゥヴはふたたび森に戻ってきた。彼は、切った木がすべて立っているのを見た。ザトゥヴはびっくり仰天した。彼は森に言った。「私が切った木がすべて立っている」。彼は森に言った。「私はもう一度、木を切る」
疲れると、彼は村へ戻った。ククランプは森の持ち主だ。ククランプが戻って森を見ると、森はまた切られていた。「誰がこんな仕業をしたのか、見た者はいるか？　どうして、私の子どもを切るのだ？」ククランプは言った。「もし私が父や母に悪いことをしなかったら、立っているのか」
森はふたたび立った。
ザトゥヴは、木を切るために森に戻った。「私は木を切る、木を切る」。ザトゥヴは言った。疲れると、彼は木陰に入った。
ククランプは様子を見るために戻ってきた。夜になり、ザトゥヴは村へ戻った。ククランプは森に戻り、森の木がふたたび切られているのを見た。ククランプは悲しくなり、森を見て泣いた。彼の森が破壊されていたからだ。ククランプはふたたび森に願った。もう一度命を持ち、立ち上がることを。
ザトゥヴとククランプが森で遭遇した。
「森を切っているのはお前か？」ククランプは言った。
「そうです」。ザトゥヴは言った。
「どうしてそんなことをするのだ」。ククランプは言った。
「ここはあなたの森ですか？」ザトゥヴは言った。
「そうだ、この森は私の子どもだ」。ククランプは言った。
「喧嘩はしたくない。なぜなら僕はあなたと結婚したいからだ」。ザトゥヴは言った。
「私と結婚したいだって？　私は人間ではない、私は見てのとおり動物だ。私の慣習は難しい」。ククランプは言った。
「大丈夫、結婚しよう」。ザトゥヴは言った。
彼らは互いに同意し、ククランプの住む洞窟へ行った。ある日、ヘリという男の子が生まれた。ヘリが成長しはじめた頃、ザトゥヴの子どもと第1婦人は嫉妬した。つまり、ザトゥヴには、第1婦人と第2婦人がおり、それぞれに子どもがいるということだ。第1婦人は人間で、第2婦人は怪物だ。
「さあ、行って、川から枝を持ってきなさい。私たちの牛を殺すために」。ザトゥヴは子どもたちに言った。
「わかった」。子どもたちは言った。第1婦人の子どもの名前は、ヴァリラヒヴトゥという。
「僕も行く」。ヘリは言った。
「ヘリはあそこへは行かないで。あそこはワニがいて危ないから」。彼の母は言った。
「川へ枝を取りに行くよ。パパに言われたから」。ヘリは言った。
彼の母は言った。「あそこへ行くなら、これ（ヴルヴル　vorovoro）を持ってお行き。これで、木を取れる」
「わかった」。ヘリは言った。
彼ら（ヘリとヴァリラヒヴトゥ）は、出かけた。到着したとき、ヴァリラヒヴトゥは休憩した、疲れていたからだ。ヘリはヴルヴルで枝を取り続けた。一度だけ枝を取ることができた。ヴァリラヒヴトゥが着くと、ヘリの手から無理やり枝を取った。ヴァリラヒヴトゥはヘリとともに、枝を父に見せるために、彼が一番強いことを示すために帰った。
「どうぞ」。ヴァリラヒヴトゥは言った。
「よくやった、2人とも。蜂蜜を探しに森へ行ってくれ」。父は言った。
「わかった」。ヴァリラヒヴトゥは出かける準備をした。
「僕も行く」。ヘリは言った。ヘリの母は同じことを言った。
「ヘリは行かないで」
「いや、僕も行く。パパは赤いはちみちを食べたがっているから」
「あそこは危ない」。母は言った。
「僕は行く、あの蜂蜜はパパの好物だから」。ヘリは言った。
彼の母は、蜂蜜を取るために Voñinkatay と火を持っていくよう助言した。
（彼らは）進んだ、どんどん進んだ。
蜂蜜のある森に到着したとき、彼らは歌を歌った。ヘリは呼びかけ、大きな声で歌を歌った。Voñinkatay に火をつけたとき、嬢王蜂がついてきた。こうして、たくさんの蜂蜜を見つけることができた。彼らは蜂蜜をたくさん集めて村へ持って帰った。ヴァリラヒヴトゥはザトゥヴの手に蜂蜜を渡した。蜂蜜を父に渡して言った。
「はい、どうぞ」
「ああ、息子たちよ、蜂蜜を見つけたのか！」
「はい、見つけました、このとおり」。息子たちは言った。
父は彼らを野生の牛の肉を探すために森へ行かせた。
彼らは前と同じように、出かけた。
母は野生の牛は別の道具で殺すようすすめた。彼らは捕まえるために一緒に出かけた。ヘリは歌った、何度も歌った。ヴァリラヒヴトゥは森からの音を聞いた。彼らは村へ走って戻った、ヘリが牛を捕まえたからだ。ツィミヴルニェがやって来たとき、ヘリは木に登り、木をとてもとても強く叩いた。ヘリはしっかり枝につかまった。ツィミヴルニェは疲れ、ヘリがつかまっている枝のところで休憩した。ヘリはゆっくり降りて、母がヘリに渡したヴァトィタで牛を殺した。ヘリは牛の背中をねらい、簡単に殺すことができた。彼らは牛をそっと持って村へ帰った。彼らが父のところへ着いた時、父に気づいてもらえるように音を鳴らした。
彼らは牛に叫ばせた。父が音を聞いた時、父は誰が牛を捕まえたのかと聞いた。
「牛をここに連れてきたのは本当にヘリかい？」
ヘリの父は家の外へ連れていき、彼は息子のヘリをたいそう褒めた。父は言った。
「ヘリ、素晴らしい。お前は私の英雄だ。ヘリは私の息子だ」
もう1人の息子に言った。
「おまえは私の息子ではない。外へ行け。おまえは何一つ成し遂げていない。お前は臆病者だ」
唯一の息子であるヘリは、外へ出て、父の家の前で牛を屠殺した。もう1人は見ていた。ヘリが肉の持ち主だ。ヘリは肉を村人たちみなに分け与えた。老人も子どもも牛の肉を喜んで受け取った。牛を分け与え終わった頃、彼の父は言った。
「2人とも森で果敢に殺した。だが真実ではない」
今日、家の土地で戦いをすることを許した。地面に倒れたほうが負けだ。地面に倒れたら死ぬ。それはヴァリラヒヴォトゥを殺すためだ。唯一の息子であるヘリだけが死ななかった。父は言った。
「ヘリ、お前は私の息子だ。血がつながった唯一の息子だ」

（語り手　Jean-Noël）

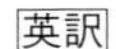

Sambilove

Once upon a time, there was a person called Sambilove (= Zatovo: Zatovo is a character who appears in folktales and illustrations and is considered a wise person). He had one wife and eight children. One day he went to the forest to cut down trees. He cut down several trees until he was tired; then, he returned home. The forest where he cut down the trees was considered a sacred forest, as it was where Kokolampo (God) lived. However, the first time he cut down the trees, the God was not there. When Kokolampo returned to the forest, the God saw the destruction.

Kokolampo ordered, "Forest, stand up, stand up, stand up, just as before."

Zatovo returned to the forest again. He was very surprised to see all the trees standing up. He said to the forest:

"The trees I cut down are all standing. I am going to cut them again."

Once again, he cut down the trees until he got tired, after which he returned to his home. When Kokolampo, the proprietor of this forest, returned, the trees were cut again.

"Is there anyone who saw who did what? Why did he cut down my children?" Kokolampo asked.

"If I did not do bad things toward my parents, can you once again stand up?" The forest recovered.

Zatovo returned again to the forest to cut down the trees.

"I am going to cut the trees, cut the trees."

When he became tired, he took rest in the shade of a tree. When night fell, Zatovo returned to the village.

Kokolampo came back to the forest. When she saw the trees cut down yet again, she was sad and cried because the forest was destroyed. Kokolampo asked to the forest again to come alive and the trees stood up.

Zatovo and Kokolampo finally encountered each other in the forest. Kokolampo asked,

"Is it you who is cutting down the trees?"

"Yes." Zatovo replied.

"Here in the forest, the trees are my children," Kokolampo said.

"I don't want to fight with you, because I want to marry you," Zatovo said.

"You want to marry me? I am not a human being, as you can see, I am an animal; my customs are difficult," Kokolampo replied.

"No problem, let's get married," Zatovo persisted.

Eventually, they both agreed and went to the cave where Kokolampo lived. One day, a boy whose name was Hery was born. When Hery grew up, Zatovo's first wife became jealous. That is to say, Zatovo had two wives, both of whom had children. His second wife was a wild animal.

"Go and bring me branches from the river to kill our zebus," Zatovo said to the children.

"Okay," the children replied. The name of one son by the first wife was Valirahivotro.

"I am going there too," Hery said.

"Hery, don't go over there, because a crocodile lives there and it is dangerous," his mother said.

"I am going to the river, because Papa asked me to," Hery argued.

"If you go over there, take Vorovoro. You can cut down trees with this."

"I see," Hery said.

The two of them (Hery and Valirahivotro) set out. When they arrived, Valirahivotro rested for a while, because he was tired. Hery continued cutting branches with Vorovoro. He succeeded in cut-

ting a branch only one time. Valirahivotro came up to him and forcibly took the branch from Hery's hands. Valirahivotro and Hery went home to show the father the branch.
"Here it is," Valirahivotro said.
"Good job. Now, both of you, go to the forest to take honey," the father said.
"Okay," Valirahivotro said as he prepared to leave.
"I am going to the forest too," Hery said. Hery's mother said the same thing as before.
"Don't go to over there, Hery."
"Yes, I will go there, because my dad wants to eat red honey."
"It is dangerous over there," his mother warned.
"I am going there, because that honey is my dad's favorite honey," Hery argued.
His mother advised him to carry Voñinkatay and set a fire.
They advanced toward the forest. When they arrived, they sang a song. Hery called out and sang with a loud voice. When he set fire to Voñinkatay, a queen bee followed him. In this way, he found a plenty of honey. They gathered a lot of honey and returned to the village. Valirahivotro gave the honey to Zatovo. He gave honey to his father.
"Here it is."
"Wow, my sons, you found the honey."
"Yes, we did, we found the honey."
The father then asked them to kill a wild zebu. They left like before. The mother advised Hery to carry other material to catch a zebu. Hery sang a song, again and again. Valirahivotro heard a sound in the forest. They ran toward the forest. Hery caught a zebu and they ran back to the village.
When Tsimilove (=a zebu) approached, Hery climbed a tree and struck the tree hard. Hery got stuck on a branch. Tsimilove became tired and rested below the branch where Hery was stuck. Hery got down slowly and killed the zebu. He aimed at its back and successfully killed it with ease. They gently recovered the killed zebu and returned to the village. When they arrived at their father's place, they made a sound so that he would notice them. He mimicked the cry of a zebu. When the father heard the sound, he asked who killed the zebu.
"Is it Hery who brought the zebu here?"
Hery's father brought him outside and showered praises on him.
"Hery you are superb; you are my hero; I am so proud. You are my son."
He said to the other son.
"You are not my son, get outside. You did not accomplish anything; you are a coward."
The only single son went out and butchered the zebu. The other watched. Hery was the owner of the zebu. He distributed the zebu meat to the people in the village, old and young, all of whom were happy to receive it. After Hery finished the distribution, his father said:
"Both of you went to the forest and killed the zebu bravely, but that is not true."
Today he allowed a fight on his land. It was to kill Valirahivotro. "If one lies down on the land, one will die." The only single son, Hery, is only the one who did not die.
The father said, "You only are the biological son."

(Storyteller: Jean-Noèl)

3. Triombe（トィルンベ）

タンルイ語原文

Triombe

Teo ty trimo, ndaty niozoñiñe ty raza'e le nanatahiñe le nanankakeo amizay izay zany ty tantara i triombe naho misy moanko ty raha mba tsy mazava ama'areo zany le mbo afake raho hitalily azy indraiky.
Madame "I trimobe io zany mihinañe ndaty?"
Monsieur "Eka, mihinañe ndaty i trimobe zao fa atele'e ty ndaty, fa tsy rasa'e satria reke ndaty be jabajaba, manahake ty toerañe toa tsy ombe azy, mihinañe ndaty, añombe aza hane'e."
Izay ty tantara i trimobe io. Tsy teto androy avao fa le manerañe i Madagascar

和訳

トィルンベ

トィルンベのお話。トィルンベは親の呪いを抱えた人、そして、罰された、罪を償わされた。
もし何かわからないことがあれば、個人的な質問があればお答えしよう。トィルンベの話を語ろうと思う。
女性　トィルンベは人間を食べるのですか？
男性　はい、彼は人間を食べます。人間を飲みこむので、人間をナイフで殺す必要はありません。トィルンベは大男です。
大きいからこの場所だと狭くて住めない。彼は人間も牛も食べる。
これが、トィルンベの話。タンルイのお話ではなく、マダガスカル全土のお話だ。

（語り手　ペンション Chez Flora の警備員）

英訳

Triombe

This is a story of Triombe. Triombe is a man who is suffering because of being cursed by his parents; he is being punished as recompense. If you have any questions personally, I will answer them. I am telling the story about Triombe.
Madame: Does Triombe eat human beings?
Monsieur: Yes, he eats humans. He swallows them, so he does not need to kill the human with a knife. He is a giant.
He is too gigantic to live in this place. He eats zebus too. This is the story of Triombe. This is not only the story of Tandroy, but also of any place in Madagascar.

（Storyteller: Security Guard at the Pension Chez Flora）

4. Ratoloho（ラトゥルフ）

タンルイ語原文

Ratoloho

Taloha tsy nahay namboatse trano ty toloho. Fa nipetrapotsi'e avao hatramizao, avy amizay i aroag-he y.
Talolo bebe "Mama! Maty i orañe y tikañe." nandeha amizay amy tatatse anjy,
"Maty i orañe y zahay." Aha ho ty tatatse, "tsy manao izay zaha y."
Mama toloho "Fa taliavo ty anjomba nisy anareo."
Zahay aba hoy ty toloho i anjomba nisy anay ao lo ary mantiñe tratriny orañe.
Mama toloho "Mba omeo anjomba atoa zahay." Tsy nañome ty tatatse. Izay zany maha mena ty maso i toloho io, fa nitañy tsy nome i tatatse anjomba hialofañe.
Tsy taliliko fa talily ty ndaty be taloha. Izay zany mampoñeno i toloho manao coucou io, fa mifane-hake mifolia anjomba hatramizao. Toloho tsy mahay mamboatse anjomba zao.

和訳

ラトゥルフ

むかしむかし、ラトゥルフ（鳥）は巣をつくることができなかった。彼女は簡素な場所で生活していた。ある日子どもが生まれた。雨が降ってきたとき、子どもは言った。
「ママ、雨に濡れて死んでしまうよ」
ママは他のタタツェという鳥のところへ行った。
「タタツェ、私たちは雨に濡れて死にそうなんです。ここに住処はありますか？」
タタツェは言った。
「ここにはあなたたちの住む場所はありません。自分たちで住処を探しに行きなさい」
ママは答えた。
「雨で体がだめになってしまいそうなのです。お願いです」
タタツェは言った。
「場所を提供することはできない」
雨は次第に強くなった。身を守る場所がないため、目は赤くなった。雨がたくさん降ってきた。タタツェが住処を与えてくれないから。私の民話ではない。むかしむかし誰かが語った話だ。

（語り手 Patrik）

英訳

Ratoloho

Once upon a time, Ratoloho（a bird）could not make a nest. She lived in a simple shelter. One day, a baby was born. When it started raining, the child said:
"Mom, I am wet and it is killing me."
The mother went to Tatatse's（another bird）nest.
"Tatatse, we are dying because of the rain, is there any space for us to live?"

Tatatse said:
“There is no space for you to live. Leave and go to look for a place to live by yourselves.”
The mother said:
“The rain is killing us, please.”
Tatatse replied:
“We cannot offer you a living place.”
The rains became heavier. Her eyes became red because she did not have a place to protect herself.
The rain became stronger because Tatatse did not give her any place.
This is not my folktale; it is a story that someone told me a long, long time ago.

（Storyteller: Patrik）

第Ⅱ部

ここから先の民話は、タンルイ族の調査協力者が個人的に所有していた民話集 Benolo（1989）をもとに、協力者の助けを得て、対訳したものである。

1. Foto ty fate ndaty（人間の死のはじまり）

タンルイ語原文

Foto ty fate ndaty

Nimpirañetse o tane o naho o lañitse o. Ie nimpirañetse iareo, namboatse ty tane, namboatse ndaty. Vaho tsy nihaiʔe ty hampitsangañe aze, tsy haiʔe ty hampandeha aze. Nizotso ty lañitse.
"Ino ty amboareʔo toy rañetse?"
"Rahako toy, fa ie tsy mete handeha."
"Añe rehe hanoako aze, hoe ty lañitse, fa izaho manañe an'Andriañahare mahay aze."
"Tinoʔe ama ty fofon-draha le niaiñe, le nahazo nivolañe. Le nivolañe am'izao."
A ie zao, hoe ty lañitse, zaraontikañe roa re, o raha o: vataʔe bey o azo ihe tane, fa rahaʔo rañetse; ty ahiko lehe fa maniñako, alaeko ty ahy toy."

Izao ty angalaʔe o fofon'aiñe o. Naho fa maniñe ty Andrianañahare, ndra te androany avao, alaeʔe i ze y, voroke an-tane eo ty nofotse toy fa raha nie i tane.

和訳

人間の死のはじまり

むかしむかし、大地と空は友だちだった。この仲良し２人は、地面と人間をこしらえた。ところが人間は、地面の上で寝そべったままだ。どれだけ励ましても、歩くどころか起き上がることもしない。すると空が、その場から立ち去ろうとした。
大地が尋ねた。「空くん、何をしているんだい？」
「この男は僕のものさ。だけど、歩いてくれないんだ」。空はそう答えた。
「でもね、心配しないで。僕に任せてくれればいいからさ」。空がつづけて言った。「というのも、僕は神様を知っている。神様がうまいこと、この男が立ち上がって歩けるようにしてくれるから」
空が男に深く息を吹き込むと、命が芽生えた。おまけに、男は言葉まで話せるようになった。そのとき男はほんとうに言葉を話したのだ。
「さて、これから先は……」空が言った。「僕たち２人の持ち物をはっきりと分けようじゃないか。君の物と、僕の物にね。この肉体は大地くん、君のためにあるのだから、君のものだ。もう１つのほうは僕のものだ。この男に僕たちが命を与えたことをときどき思い出すための印として、僕が取っておくことにするよ」

こうして空は命を奪ったのだ。今も神様は、あのとき空がどうやって命を我がものにしたのかを覚えている。肉体は大地の上で腐るけれど、それというのも肉体は大地の持ち物だからね。

＊神様は誰かの命を奪おうと思ったら、ただその人を殺して命を奪うだけだ。だから、肉体は大地の上に残るのだ。大地は、肉体に命を吹き込む方法を知らない。だから、命は肉体として大地に属するものであっても、霊魂としては空に属するのだ。人間は、やっぱり死ななきゃならないわけだ。

英訳

The origin of death in human beings

Once upon a time, the earth and the sky were friends. They then created the ground and a man. However, the man lay still on the ground; he could neither make him walk nor make him stand up. The sky then departed.
The earth asked, "What are you doing, friend?"
"This man is mine, but he won't walk," answered the sky.
"Oh, don't worry, my friend! I will do it…," said the sky, "…because I know God, who can make him stand up and walk."
He breathed deeply into the man, and life sprouted. Indeed, the man was able to speak; he did speak at that time.
"Well, from now on…," he said, "…let's divide our possession…one part belongs to you, and the other, to me." He continued, "This body is meant for you, earth; therefore, it is yours, my friend. The other part is mine and I will keep it as a token that will remind me of the fact that we brought this man to life."（Note that the translated text highlighted in gray may not be accurate, owing to the ambiguity of the original text.）

Thus, he took life away. Even today, God remembers how he took it. The body rots on the earth, but that thing itself belongs to the earth.

＊When God wishes to take someone's life, he simply kills that person and takes his life away. This is why the body rests on the earth. The earth does not know how to breathe life into the body. Thus, although life physically belongs to the earth, it spiritually belongs to the sky. Humans indeed have to die.

2. Ampela manañ'anake raike（1 人の娘とその娘）

タンルイ語原文

Ampela manañ'anake raike

Teo ty ampela mañan'anake raike. Ty añara ty anaʔe i Liahira. Manañe añombe maro iareo. Le ty añara ty añombelahiiareo i Marojelañe. Ie re niavy eo, le nandeha niarak'añombe am'izao i anaʔe y, le kanao niavy le nihariva. Le niroro am'izao naho nihaleñe.

Le niavy am'izao i ndaty mpangalatse y naho nihaleñe, le nandeseʔe aby i añombe i Liahira y. Ie re nañeno i akoho y, le nifoha am'izao ty reneʔe, le namoha aze.
"Mifohaza rehe Liahira, mifohaza rehe Liahira, fa tonga ty Marojelañe, hoy aho e !"
Le nifoha am'izao ty Liahira, le nandeha aman-dreneʔe añe nangalake ty lambaʔe vaho ty kotraʔe;
"E matoy i kotrako y ene e, e matoy i kotrako y ene e, fa tonga ty Marojelañe, hoy aho e!
E matoy i basiko y ene e, e matoy i basiko y ene e, fa tonga ty Marohelañe, hoy aho e!
E matoy i hanako y ene e, e matoy i hanako y ene e, fa tonga ty Marojelañe, hoy aho e!"

Le nivita am'izao ty alaʔe i raha iaby.

Le nandeha am'izao ty Liahira nañorike i añombeʔe y. Le nandeha, le nandeha. Ie re le nilavitse ama... janoñaʔe naho inay ty tren'agombelahy manahake ty tre i añombeʔey. Le nilay am'izao re. Ie re niay añ'ila i ndaty mpangalatse rey eo ama⋯ Le napoaʔe am'izao i basy y. Le nilay am'izao i ndaty mpangalatse rey. Le niroaheʔe am'izao i añombeʔe y nimban-tanañe eo. Le napoaʔe ereke avao i basy y ho rey i ndaty an-tanañe ao y. Le nasiʔe nasiʔe. Ie re le niavy añilan-tanañe ey ama⋯ Le napoaʔe indraike am'izao i basy y. Le nasiʔe, nasiʔe. Ie re niavy an-tanañe ao.

"Ingo i añombe y ene, hoe ty Liahira. Nitrako i ndaty rey f'ie nilay, le nideseko am'izao i añombe y"
"Ambeno ihenane o, hoe ty reneʔe. Le hasoa rehe tsy hiroro naho haleñe"
"Enl hoe ty Liahira"

Ie zao. Tsy taliliko fa talily ty taholo.
Toraheko ty za, mipotitse aroa mipotitse atia.
Toraheko ty ropiteke; mifampipitepiteke tika mirofoko.

和訳

1 人の娘とその娘

　むかしむかし、娘が 1 人いて、その娘には子が 1 人あった。
　娘の子の名はリアヒラといった。この母と子はたくさんの牛を飼っていた。マロジェレーニェという雄牛も、そのうちの一頭だった。
　母がその場所に辿り着くと、娘のリアヒラは牛たちを連れて出かけた。やがて夜になり、リアヒラは朝まで眠った。

その夜１人の泥棒がやってきて、リアヒラの牛を一頭残らず盗んでいった。一番鶏とともに目覚めた母は、すぐにリアヒラを揺り起こした。
「起きて、起きてよ。誰かがマロジェレーニェを掠っていったよ。ねえ！」
するとリアヒラは起き上がり、服を着ると、銃を取ってくるために母についていった。
「ママ、あたしの銃弾ベルトを頂戴。ねえ！　あたしの銃弾ベルトを頂戴よ、ママ。だって、マロジェレーニェが誰かに掠われたのよ。ねえったら！
ママ、あたしの銃を頂戴、あたしの銃を頂戴ってば。だって、マロジェレーニェが誰かに掠われたのよ。ねえ。
ママ、あたしの食べ物を頂戴、あたしの食べ物を頂戴ってば。だって、マロジェレーニェが誰かに掠われたのよ。ねえったら！」

そうしてリアヒラは支度を済ませた。
それから、雄牛のマロジェレーニェを探しに出かけた。歩いて歩いて、また歩いた。ずいぶん遠くまでやって来てから、あの雄牛や、他の牛の鳴き声が聞こえないかと耳を澄ませた。そこから先は走っていった。そうしてとうとう、泥棒たちのすぐ近くにまでやって来た。そしてリアヒラは銃を撃った。泥棒たちは逃げだした。リアヒラは例の雄牛を追い立てて村まで歩かせた。そうして道を歩きながら、村人たちのために銃を撃った。何度も何度も撃ち放った。村に帰り着くと、もう一度銃を撃った。何度も何度も撃ち放った。そして家に辿り着いた。
「連れてきたわよ、ほら、雄牛を」。リアヒラは母に言った。「あたしね、泥棒たちを捕まえたのよ。でも逃げられちゃった。だけどこの牛はたしかに捕まえたわ」。
「牛をしっかり捕まえておきなさいよ。それから、夜中に眠ってしまわないように気を張っておくのよ」
「わかったわ」

これでおしまい。これは現代のお話ではなく、遠い昔の物語である。
私はバオバブの木に物を投げる。するとその物はあちこちを通り抜けていく。
私はロピテケ（草の一種）に物を投げる。私たち、つまり家族は、いつも一緒にいるのだ。

英訳

Girl who has one child

Once upon a time, there was a girl who had one child.
The name of her child was Liahira. They had many cattle. The name of one of their ox was Marojelañe.
When she arrived there, her child went out with the cattle. Finally, night came. She slept during the night.

During the night, a thief came and stole all of Liahira’s cattle. When cock crowed, her mother got up and then woke her up.
“Wake up, you, wake up, you. Someone took Marojelañe, I say!”
Then Liahira got up and went with her mother to put on her clothes and take her gun.
“Ah give me my armed belt, mama, I say! Ah give me my armed belt, mama, because someone took Marojelañe, I say!

Ah give me my gun, mama, give me my gun, mama, because someone took Marojelañe, I say!
Ah, give me my food, mama, give me my food, mama, because someone took Marojelañe, I say!"

Then she finished taking everything.
Well, Liahira went to follow her ox. She went on, and on, and on. When she came far away, she listened for the cry of the ox or for that of the other cattle. Then she ran along. Finally she arrived at a place that was near the thieves. Then she fired the gun. The thieves ran away. She pushed the ox to the village. She fired the gun on the street for the people in the village. She fired and fired again. When she arrived at the village, she fired the gun once again. She fired and fired. She reached home.
"Here it is, an ox, mama." Liahira said. "I caught the thieves, but they ran away. I did capture the cattle."
"Seize the cattle" said her mother. "And be careful not to sleep during the night."
"I see." Liahira said.

The end. This story is not from my times, but from a period many years ago.
I throw something toward a baobab, and it goes through here and there.
I throw something to ropiteke（a type of grass）. We, a family, stick together.

3. Ty naha-bory rambo i ose（ヤギの尻尾が短いのはなぜ？）

タンルイ語原文

Ty naha-bory rambo i ose

Nimpirañetse ty ose naho i añondry. Nalake fihaminañe iaby iareo amin'Andriañahare añe.
"A ie zao, hoe ty ose, tsy mahavy añe raho, fa siloke o anako o, ento avao rañetse ty ahy, fa tsy mahavy ane raho."
"En koahe," hoe ty añondry.
Ie niavy añe re, natolotse iaby i raha y. Nandiva i añondry i e i ose y, natovoʔe i aze y. Ie naha-bey solo aze o.
"Ingo," hoe re, ty azo fa tsy niavy añe rehe, naho ingot y nomein'Andriañahare azo.
"A tañe koahe o aho o. Ndra te kede ty toy hiereñako, hoe ty ose, enteko avao ka ty ahy toy."
Izay naha-kele solo i ose naho naha-bey ohy i añondry o. Hafatse avao. Izay atao ty hoe, "Naho kele solo i ose o hafatse o, mba sambe mandena avao naho ao ty raha hombañe, fa tsy mañafatse avao."

和訳

ヤギの尻尾が短いのはなぜ？

ヤギとヒツジは友だちだった。2人は神様のところにある身づくろいのための品々がぜんぶ欲しいと考えた。
「あの……ええとね……」。ヤギが言った。「僕は行けないんだよ。ほら、子どもが病気だからね。だから、僕の分を取ってきてくれないかな。僕はそこへは行けないのだからね」
「いいとも、相棒」。ヒツジはそう言った。
ヒツジはそこに着くと、何もかも持ち去った。それからヤギの取り分を減らし、自分の取り分を増やした。すると、ヒツジの尻尾は長くなった。
「ほら、君の分だよ」。ヒツジが言った。「だって君（＝ヤギ）は来なかったからね。神様が君にくれた分はこれだけだよ。」
「そうかい。でも、これは少なすぎるな。もっと欲しいのに」。ヤギがそう言った。「ねえ、僕の分を持ってきてくれないかな。それは僕のものなんだからさ」
ヤギの尻尾が短くて、ヒツジの尻尾が長いことには、こういう理由があるってことだ。尻尾は同じではないのだ。「ヤギの尻尾は短くて、ヒツジとは違うものになりました」というふうに言われる。だから何かが必要なときは、誰かに任せきりにするのではなく、一緒について行くべきなのだ。

※何かが欲しいなら、自分でそれを探すことだ。人に頼ってはいけないのだ。

英訳

Why is a tail of the goat short?

A goat and a sheep were friend. They took all cosmetics at God's place.
"Ah···well." the goat said. "I cannot go there because my child is sick, friend, bring me mine, since

I cannot go there."
"hi, friend" the sheep said.
When he arrived and gave everything. The sheep reduced for the goat and he increased for the sheep. Then a tail of the sheep became longer.
"Here it is" he said. "it's yours, because you (=goat did not come, so here it is what the God gave to you.
"Ok, I see." "ah it is so few, I want more" the goat said. "Hey, bring me mine, because it's mine."
That's why a tail of the goat is short and a tail of the sheep is long. It's different. In this way, it is said that "a tail of a goat became short and different." You should go together when need something to help, but not to depend on somebody else.

* If you want something, you should search it by yourself and not to depend on other people.

4. Vosy katrake naho ty kotika（コブウシとネズミ）

タンルイ語原文

Vosy katrake naho ty kotika

Teo ty vosy naho ty kotika. Mitoboke añ'ohy i vosy i ey avao ty kotika. Ie re nahatrea ndaty iereo, nampitalilie i ndaty i re.
'Talilio kotika.'
'Toe jihy ty lavamasoʔo vao te i kotika ty añarako.'
'A vaho ia ty añara ty roandria?'
'I tsirohizantaly kahe.'
San'andro iareo mahasalaka ndaty, san'andro iereo mahasalaka ndaty, le ataoʔe hoe izao avao ze salakaiareo.
Ie re nahatrea ndaty folo lahy iereo, le nampitalilie i ndaty rey am'izao re.
'Talilio kotika.'
'Toe jihy ty lavamasoʔareo vao te i kotika ty añarako.'
'A vaho ia ty añara ty roandria.'
'I Tsirohizantaly kahe.'
'A vaho ia kahe, o ataoʔo jihiʔe o?' hoe i ndaty rey.
Le nipitsike am'izao ty kotika le ampo rofiañe añe. Le tsinepa i ndaty rey am'izao i vositse y. le nenteiereo. Le nañefakesaroñe am'izao iereo, napoiareo ambone i loviañe y ey i saroiereo y. Ie re ho nangalake i noroa i ndaty y am'izao i loviañe nisy i kotika y.

Ie zao. Tsy taliliko fa talily ty taolo.
Tinorako ty zañe: potitse aroa potitse atia.
Tinorako ty ropiteke. Mifampitepiteke tika mirofoko.

和訳

コブウシとネズミ

　むかしむかし、コブウシとネズミがいた。ネズミはしょっちゅうコブウシの尻尾にちょこんと乗っていた。そんな２人（コブウシとネズミ）の姿を見かけた人間は、きまって２人に挨拶をした。
「こんにちは、ネズミくん」
「僕の名前はコティカだよ」
「あなたの名前は？」
「ツィルヒザンタリーさ」
　２人は毎日のように人々に出会い、そのたびにネズミは同じことをしたものだった。
　ある日のことだ。10人の人々が２人に近づいてくるということがあった。
　人間たちはネズミに挨拶をした。
「こんにちは、ネズミくん」
「僕の名前はコティカだよ」
「あなたは何とおっしゃるのです？」
「ツィルヒザンタリー」

「誰だって？　ジヒー（貝の一種）じゃないか」と、人間たちは言った。
　ネズミはすぐさま、サイザル麻が生い茂る原っぱに飛び込んだ。でも人間たちはコブウシをつかまえて連れ去ってしまった。人間たちは服を脱いでサイザル麻の原っぱに脱ぎ散らかしたままにした。後になってから服を探したのだが、いくら探しても見つからない。ようやく服は見つかったけれど、どの服もネズミの噛み跡だらけだった。怒った人間たちはサイザル麻の原っぱに火をつけて、ネズミを懲らしめようとした。

　これでおしまい。これは現代のお話ではなく、遠い昔の物語である。
　私はバオバブの木に物を投げる。するとその物はあちこちを通り抜けていく。
　私はロピテケ（草の一種）に物を投げる。私たち、つまり家族は、いつも一緒にいるのだ。

英訳

The Zebu and the mouse

Once upon a time, there lived a zebu and a mouse. The mouse often sat on the tail of the zebu. Whenever a man would see them（the zebu and the mouse）, he would greet them warmly.
“Hello, mouse.”
“＜Translation in this part is not sure＞, my name is Kotika.”
“What’s your name?”
“Tsirohizantaly.”
They would meet people every day, and the mouse would always do the same thing.
One day, it so happened that 10 people approached them; they greeted the mouse.
“Hello, mouse.”
“＜Translation in this part is not sure＞, my name is Kotika.”
“What’s your name, sir?”
“Tsirohizantaly.”
“Who is that? It’s Jihy（a kind of shell）,” said the people.
The mouse immediately jumped into the sisal field. However, the people caught the zebu and took it away. They took off their clothes and left them on the sisal. Later, they tried to look for their clothes but could not find them. When they finally spotted their clothes, they noticed that the mouse had gnawed over all their clothes. Enraged, the men set the sisal field afire to punish the mouse.

The end. This story is not from my times, but from a period many years ago.
I throw something toward a baobab, and it goes through here and there.
I throw something to ropiteke（a type of grass）. We, a family, stick together.

5. Ty kibo naho i lambo（ツバメとイノシシ）

タンルイ語原文

Ty kibo naho i lambo

Teo ty kibo naho i lambo. Nimpirañetse iereo. Le ey avao iereo. Mandeha ty lambo mangalatse an-tonda añe. Mandeha ty kibo mihinañe am'i balahazo ndaty bey y añe.

Nisiloke ty lambo.
"Bekobeko raho kiboke, fa naho bekoeʔo ze bekoʔo zay raho, le janga."
"Le jangan-drehe?"hoe ty kibo.
"Le jangan-draho kiboke. Bekobeko momba o haneñe o avao."
Bineko i kibo re:
"Ty bageda aminay añe e milohatoto!
Ty tsako aminay añe e milohatsifa!
Ty balahazo aminay añe e fa kangolahy.
Ty taboara aminay añe e fa mavo bey.
Naho…" Teako zo bekoʔo zao kiboke." "Adono eo!" hoe ty kibo.
"Ty bageda aminay añe e milohatoto!
Ty tsako aminay añe e milohatsifa!
Ty balahazo aminay añe e fa kangolahy!
Ty taboare aminay añe e fa mavo bey!"
"O kibo."

"En," hoe ty kibo.
"Mba tariho raho zoke ama zo balahazo amaʔareo añe kangolahy zao."
"Fa jangan-drehe?"hoe ty kibo.
"Fa jangan-draho, tariho."

Tinary i kibo re ho an-tonda añe. Le nandeseʔe ama ty tandrife koboñe re.
"Ntao, hoe ty kibo, le oriho avao ze ombako", hoe ty kibo, le nenteʔe nizilike.
"Le miziliha etoan-drehe." hoe ty kibo.
"En" hoe re.
Le nizilike ambone i kiboñe y ey ty kibo, le mitsatsatiko am'i ahetse y ey. Nimoake eo ty lambo" jorobo hoe !" ampo i koboñe y ao. Mate.

Ie zao.

和訳

ツバメとイノシシ

むかしむかし、ツバメとイノシシがいた。2人は友だちで、ずっと長いこと仲良しだった。イノシシはよく原っぱに出かけては食べ物を盗もうとし、ツバメはよくお年寄りの家に飛んでいっては、おじいさんおばあさんのキャッサバを食べた。

あるとき、イノシシが病気になった。
イノシシが言った。「やあ、ツバメくん。僕のために歌を唱ってくれないかな？　そうすれば、病気も治ると思うんだ」
「君の病気はほんとうに治るのかい？」ツバメが言った。
「治るさ。治るとも。なあ、ツバメくん。食べ物の歌を唱っておくれよ」
そこで、ツバメはイノシシのために歌を唱った。
「あそこのサツマイモは素晴らしいね」
「あそこのトウモロコシは旨そうだ」
「あそこのキャッサバは熟れきっているね」
「あそこのカボチャはたいそう黄色いなあ」

「ああ、ツバメくん。君の歌はほんとうにいいねえ」
「あそこのサツマイモは素晴らしいね」
「あそこのトウモロコシは旨そうだ」
「あそこのキャッサバは熟れきっているね」
「あそこのカボチャはたいそう黄色いなあ」

「なあ、ツバメくん」
「なんだい？」ツバメは答えた。
「なあ兄弟、あの野原の熟れたマニオク（キャッサバ）のところまで、僕を連れて行ってくれないかい」
「そうすればほんとうに治るのかい？」
「ああ、きっと治るさ。だから僕をあそこまで連れて行っておくれよ」

ツバメはイノシシを野原に連れていった。そうして、＜英訳注：この部分の訳は不確かです＞洞窟の入り口にやってきた。
「さあ着いたよ」。ツバメが言った。「さあ行こうよ。僕が道案内をするからさ」
ところが、洞窟のまわりにはぼうぼうに伸びた草がびっしり生えていた。
ツバメは洞窟に近づいていった。
「さあ、ここから入っていけるよ」。ツバメが言った。
「わかったよ」。イノシシが答えた。
ツバメは洞窟のなかに入り、生い茂る草の上を飛んで進んだ。続いてイノシシも入っていったが、足を滑らせて洞窟の奥に落ち、死んでしまった。

これでおしまい。

英訳

The sparrow and the boar

Once upon a time, there lived a sparrow and a boar. They were friends, and they remained so for a long time. The boar would visit the field to steal some food, while the sparrow would fly to the houses of elderly people to eat their cassava.

Once, the boar fell sick.

The boar said, “Hey, sparrow, will you sing me a song? If you do, I’ll recover.”
“Will you really be able to recover, my friend?” said the sparrow.
“Yes, I will. Oh, sparrow, sing me a song about food.”
The sparrow then sang for the boar.
“The sweet potato over there is wonderful.”
“The maize over there looks delicious.”
“The cassava over there has ripened well.”
“The pumpkin over there is quite yellow.”

“Ah, sparrow, I really like your song.”
“The sweet potato over there is wonderful.”
“The maize over there looks delicious.”
“The cassava over there has ripened well.”
“The pumpkin over there is quite yellow.”

“Hey, sparrow.”
“Yes,” said the sparrow.
“Brother, please take me to the ripe manioc in the field.”
“Will you surely recover then?” asked the sparrow.
“Yes, I will recover. Please take me there.”

The sparrow takes the boar to the field. Then, ＜Translation in this part is not sure＞before the cave.
“Here we are,” said the sparrow, “Let’s go ahead, I will show you the way.”
However, thick, overgrown grass surrounded the cave.
The sparrow went ahead.
“You can enter from here,” said the sparrow.
“I see,” said the boar.
The sparrow entered the cave and jumped over the grass. The boar entered the place, but he slipped and fell into the cave and died.

The end.

6. I Bajy naho i Kokolampo（ヘビとココランポ）

タンルイ語原文

I Bajy naho i Kokolampo

Nimpirañetse ty bajy naho i kokolampo. Ie ey iareo,
"Nañinoñe ihe o kerahe le tsy mba mizaha amako ey o ?" hoe ty kokolampo. Avy aniany, le mimpoly aniany, avy aniany, le mimpoly aniany. Mba mizaha eto rehe, ty firañetantika…. le tsy mba mifampizaha o ?
"En-koehe" hoe ty bajy fa...

Ie niandro fara?e ty bajy nandeha, le nitaporetse an-dalañe eroan-koeke avao. Eo naho eo avao ty bajy.
"Mate raho aba!," hoe i ajaja y, mitsimbokoñe mban-tane eo. Fa boseke avao ty rene?e ty eo, ty tobo i bajiñe tsy manan-kandena.
"Toe tsy holy vao i rebajy o?"
"Mbe mirehadrehake koahe" hoe ty bajy.
Eo ty bajy…. Mizilike ajaja raike, le mbore mihotrake añ'afo eo, mizilike ajaja raike mbore mitonta am'i fatañe y.

Ie le niharoan-ty bajiñe ama…
"Holy raho koahe fa ela i zahako zay," hoe ty bajy.
"En," hoe ty rañe?e.
Nandeha re.

Le nanao izao am'izay i valy i kokolampoñe y hoe,
"Ty tozo i rage?o y tsy manan-kiongaha, o anan-teñañe o ro mbore mitonta am'o afo o, mbore mitonta am'o valañe o, ty loza?e. Milokirolokiro eo avao aman'anakamaso, ama ty laro?e, hoe nilaron'inoñe iaby."
"A niaby atoy avao v'iñy," hoe ty kokolampo, fa nampizahaeko?
"A le tsy moly", hoe re, naho fa nizaha fa… eo naho hamono o anantañañe o eo avao?
Ao re naho am-boho-traño ao avao.

Nizilike re.
"Inay ty rahako nihaliñoko rañetse", hoe re.
"Inon-jay?," hoe ty rañe?e.
"Tampaho," hoe re, ty ohiko ty."
"Tsy Harare rehe?," hoe ty kokolampo. Inone ty antoe ty hanampahako aze?
"Tampaho avao," hoe re, "naho fa ampanampaheko."
Tinampake i ohi?e y.
"Vita re?," hoe re.
"Vita"
"A eo a rehe rañetse, fa handeha raho."
"Oñe"

Nandeha re le añe.

Ie niafake telo hereñandro añe, niheren-dre, nimelañe i baeʔe y.

“Aia ty rañetso?,” hoe re.
“Izaho intoa,” hoe ty kokolampo.
“En koahe,” hoe re, fa…ty iaviako, hoe re, nampanampake i ohiko y am’izao teto y, hoe re, nimelan-koe re, i ohiko tinampake y.
Heheke, hoe re, ty nimelañaʔe.
“O rehake o,” hoe re, tsy melañe fa le an-troke ao avao.
“Loza,” hoe re, izaho ndaty tsy niavy avao, fa toe ty fosa ahy ama t’izaho tsy mizaha, tsy mandia anareo y ro niaviako, zo laroko ama zo masoko milokirolokiroke zao. Zafe zanake tika tsy mpilongo ka, le an-taneʔo rehe fa ho an-taneko raho.”
“A ho afake i firañetantikañe y,” hoe ty kokolampo, ndra t’ie an-taneʔo rehe, an-taneko raho, Le atao kokolampoñe avao ka rehe ndraie ama ty ombaʔo añe… hirañetantika.
“A naho izay,” hoe re, mirañetse avao tika ama t’ie atoy rehe, añe raho.
Izao ka, hoe re, tsy mizaha eto ka, tsy hitonta zo anaʔareo zao amʔo valañe o amʔo afo o.

Izao ka ty momba o rehake o, anoañe ty hoe te “melañe ty bae, fa ty rehake tsy melañe,” fa le an-troke ao avao, naho fa raty ty rehake o.

和訳

ヘビとココランポ

むかしむかし、ヘビとココランポ（シャーマンの一種）は友だちだった。2人はずっと前から仲良しだった。
「うちに遊びに来ないかい？」ココランポが言った。
「君は来てもすぐに帰ってしまう。せっかく来てもすぐに帰る。もっとゆっくりしてってもいいんじゃないかな？　僕たちは友だちだろう。もっとお呼ばれしあってもいいはずだよ」
「いいよ」。ヘビは答えた。「でもね……」

その日の午後、ヘビはココランポの家に出かけていき、玄関の前でとぐろを巻いて、そのまま動かずにいた。

「パパぁ！　僕死んじゃうよぅ」。ココランポの子どもの1人がそう言ってヘビを飛び越した。そのときヘビが身動きひとつしなかったことに、ママはプンプン怒った。
「あのヘビは帰らないのかしらね？」
「僕はおしゃべりをしに来たんだけどな」と、ヘビは呟いた。
ヘビはそのままそこで待っていた。もう1人の子どもが玄関から家に入ったが、何かの拍子で、いろりに転げ込んでしまった。また、3人目の子どもも家の中に入ったまではよかったが、キッチンで足を滑らせて転んでしまった。

次の次の日になっても、ヘビはいまだに玄関の前にいた。
「もう帰ろうかな。ずいぶん長くここにいたしね」。ヘビは言った。

「わかったよ」。友だちが答えて言った。

ヘビは玄関前から離れた。

ココランポの奥さんはご機嫌斜めだった。
「あんたの友だちはうちの子たちを脅かすようなことはしなかったけど、玄関の前でとぐろを巻いていたものだから、うちの子たちはいろりに転げ込んだり、キッチンで転んだりしちゃったじゃありませんか。
あいつはまったく災いの元ですよ！　あの細長い目で睨んでくるし、でかい顎もしているんですからね。まったく醜いったらありゃしないよ」

「なんだって？　ヘビくんが来たのか？　遊びに来いよと誘ったのは僕なんだけどね」。ココランポが言った。
「帰ってという頼みをあいつは聞き入れなかったんですよ。うちの子たちを殺しにでもきたのかしらね？」と、奥さんは言った。

2人が話をする間中、ヘビはずっと家の裏にいた。

そして前触れもなく、2人の所に割って入ってこう告げた。「やあみんな。ひとつ忘れていたことがあってね」

「何（を忘れたんだい）？」2人は尋ねた。
「僕の尻尾を切っておくれよ」。ヘビは言った。
「でも、痛くないかい？　どうしてそんなことを僕に頼むのかな？」ココランポが尋ねた。
「いいから切ってよ。切ってほしいんだよ」。ヘビは答えた。

ココランポはヘビの尻尾を切り落とした。
「終わったかい？」ヘビが尋ねた。
「ああ、済んだよ」。ココランポは答えた。

「じゃあ、またね。僕は帰るよ」
「わかったよ、さよなら」

ヘビははるか遠くまで行った。

3週間後にヘビが帰ってきた。傷はすっかり治っていた。
「ココランポくん、どこにいるんだい？」
「ここにいるよ」
「やあ。僕が戻ってきたのはね、ほら、ここで尻尾を切ってもらったからだよ。傷は治った。ほら、ここで君は僕の尻尾を切ったんだよ」
「だけど言葉は……言葉は永遠に胸に残るからね。だから、傷が癒えることはないんだよ」と、ココランポは嘆いた。
「災いの元ってことだね！　僕はもう人間を訪ねていくのはやめにするよ。僕の悪口ばかり言う人たちだからね。僕はもうここには来ないし、家から出るのもやめるさ。なにせ僕はでかい顎をしているし、細長い目で人たちを睨みつけるからね！　君はもう友だちじゃない。君には君の家があるんだし、僕にも自分の家があるからね」

「でもさ、君と僕がお互いの家に籠もっていても、友だちでいることはできるじゃないか。魔法を使えば、遠く離れていてもつながっていられるだろう」。ココランポが言った。

「わかったよ」。ヘビは言った。「これからも友だちでいられるんだね。でも、僕はもうここには来ないし、君の家族に迷惑をかけることもしないよ」

おしまい。

このお話は、次のことわざの教えをありありと示したものだ。「傷はいつかは癒えるけれど、言葉はけっして忘れられない」

要するに、心に突き刺さった言葉は、そのままずっと抜けないということだ。

英訳

The snake and the kokolampo

Once upon a time, a snake and a Kokolampo（a kind of Shaman）were friends. They had been friends for a long time.
"Why don't you come over to my house?" the Kokolampo said.
"You come and go back quickly, you come and go back quickly…Why don't you stay longer? We are friends. We should be visiting each other."
"Alright," the snake said. However…

That afternoon, the snake went over to the Kokolampo's house and curled up outside the door, motionless.

"Ah! Daddy, I'm going to die" a child said and jumped over the snake. The child's mother was angry because the snake didn't budge.
"Will the snake not return home?"
"I came here for a chat," the snake said.
The snake continued to wait there. Another child entered the house but accidentally burst into the fireplace. The third child fell down in the kitchen after he entered the house.

Two days later, the snake was still there.
"I'm going home now. I've been here long enough," the snake said.
"I see," said a friend.
The snake left.

Kokolampo's wife was not pleased:
"Your friend who lay outside our door never scared the children. Yet, they fell into the fireplace or in the kitchen.
He is a seed of disaster! He stares at us with his slitted eyes, and his jaw is so fat. Everything is

ugly.”

“What? Was he here? It was I who asked him to visit,” said Kokolampo.
“He refused to leave. Did he come to kill the children?” she asked.

The snake was behind the house all this while.

All of a sudden, he entered and said, “Hey friends, I forgot something.”

“What（did you forget）?” they asked.
“Cut my tail,” he said.
“But won’t it hurt? Why would you want me to do that?” asked Kokolampo.
“Just cut it. I want to have it cut,” the snake answered.

Kokolampo cut his tail.
“Finished?” he asked.
“Yes, it’s done,” replied Kokolampo.

“Well, see you friends. I’ll be on my way now.”
“Okay, bye.”

The snake went far away.

He returned three weeks later. His wound had healed.
“Where is my friend?” he asked.
“I’m here,” replied Kokolampo.
“Hi, friend. I’m here because, you know, I had my tail cut here. It has healed. Look, this is where you had cut it,” said the snake.
“But the words…The words stay in the heart forever, so the hurt never heals,” he lamented.
“The seed of disaster! I don’t visit humans now because they bad-mouth me. I don’t come here or go out. My jaw is fat, and I stare at people with my slitted eyes! You are no longer my friend. You have your own home and I have mine.”

“But we can remain friends even though you stay in your house and I stay in mine. If we use magic, we can keep in touch even when we are far away from each other,” Kokolampo said.

“Okay,” said the snake. “We can continue to be friends, but I won’t come here and I won’t cause your family any trouble.

The end.

This story illustrates the proverb “A wound will heal in time, but words are never forgotten.”

That is to say, words that sting remain in the heart forever.

7. Ajaja niarak'ose（子どもとヤギ）

タンルイ語原文

Ajaja niarak'ose

Teo ty ajaja niarak'ose. Nasiʔe añ'ala añe i ose y. Navotsoʔe naho niavtañe, le nandeha re nihinañe sañirañe.
Ie re mboe tsy maremaretse, aheoʔe naho lolo ro indroy. Niendrake re, le nañente ambane avao. Ie re niavy eo i lolo y nanao hozao:
"Ao ho babeko."
Le namale i ajaja y nanao hozao:
Nanao hozao indraike i lolo y:
"Fafaʔo tane amako o."
Le finafa i ajaja y i tane am'i lambosiʔe y. Le mbe tsy nimete avao re. Le nanao hozai i lolo y.
"Ao ho babeko tsy hatontako."
Le nandeha avao ama ty hahoʔe i ajaja y, le nandeseʔe an-kibory añe. Ie re niavy ao le nazoʔe ama ty ajaja fa nalaeʔe taolo. O ajaja reo ka fa nanjary lolo.
"Ingo ty rañeʔareo," hoe i lolo y.
"En," hoe iareo.
Matahotse i ajaja y f'ie tsy hanao akore.
Le nandeha am'izao i lolo y nipay haneñe hohaneiareo. Ie re nilavitse i lolo y, nitaoñe i tompo-trañο rey:
"Andao tika hihisa gea."
"Ndao" hoe i raike y.
Ie re niavy an-takake ey, le nanao hozao i tompon-tane rey:
"Anó gea ty fihisaʔareo!"
"Eñheʔeñ, anó aloha ty anareo."
Le nanao am'izao iareo:
"Tsigoridagorida, tsigoridagorida."
Mitsoratike, mitongalake, alesa.
"Anó am'izay ty azo", hoe iareo.
Le nanao ka re.
"Mba alae lakañe añe raho Laray e, mba alao lakañe añe.
T'izaho aman-draeko ao tsy mandrae raven-de.
T'izaho aman-dreneko ao tsy mandrae raven-de."
Le nivita zay nanao hozao am'izao re:
"Hamany hey raho ry gea."
"Eñ, hoe I namaʔe rey, f'ie tsy mandeha lavitse fa an-kalo o rongoñe o ao avao."
"Eghe'en, faly anay ty mamany marine."
Le nandeha am'izao re sare nanao namay. Le re nilavidavitse nitoka i namaʔe rey, f'ie le tsy nimete re fa le nilay avao. Le nandeha i ajaja rey noly an-trañoiareo añe. Le liaʔe tsy nihereñe am'izao i ajaja ambahiny y, fa le liaʔe nilay.

Ie re niavy i lolo y nañontane:

"Aia i rañeʔareo y?"
"Sare nanao namay re naho tsy trea'ay henane zay."
Le nengaʔe eo avao i entaʔe y le nilay re nañeañe i ajaja y. Le nihosokosoke ty lay am'izao re. Eheo i ajaja y naho indroy re, le nimane filay I ajaja y mban-drano eo（fa misy rano bey zao). Ie re niavy eo i ajaja y nitoka hozao:
"Mba alao lakañe ane raho Laray e, mba lalao lakañe añe.
T'izaho aman-draeko añe tsy mandrake raven-de.
T'izaho aman-draneko añe tsy mandrake raven-de."
（O Laray i añara ty ndaty mpangaro i lakañe y.）
Le nirey i ndaty y i toka y:
"Nay, nio ty toka," hoe i ndaty raike namaʔe y.
"Janoñentika honed," hoe ty Laray.
Le nijanoñeiareo am'izao i Lakañe y. Aheoiareo naho lolo ro mañeañe i ajaja y. Ie re le narine i ajaja y i lolo y, le najoiareo masika i ajaja y. Ie nijoñe an-drano ey ka i lolo y. Ie re le nijoñe ty tomboʔe, aheoʔe naho añate i rano y ao ty talinjoʔe. "Hete, mba lalake!" Le nimpoly am'izao re, le liaʔe nandeha an-trañoʔe añe.

Ie re niavy an-dafe eroy i ndaty nanday i ajaja y, le nazotsoiareo i ajaja y nañonteneaiareo:
"Ia ty raeʔo?"
Le tinoño i ajaja y ty raeʔe.
"Aia ty misy anareo?"
"Avaratse eroy," hoe re.
"Lavitse vao?" hoe i ndaty rey.
"Marine avao."
Nandeha añe iareo, nitarihe i ajaja y i lalañe y.
Le re niavy ao, aheo i reneʔe y naho i anaʔe y. Nilay mbeo re nitañe. Le nitrea i raeʔe y ka i anaʔe y, le nitañe ka re. Ie re nivita ty tañiiareo, le nampandrosoeiareo am'izao i ndaty ninday i anaiareo y. Le nandroso am'izao i ndaty rey.
"Joboñoʔareo ze teaʔareo, miziliha am-bala ao nareo."
Le nizilike am-bala ao i ndaty rey, nijoboñe ze teaʔe. Lehe nivita zay le nandeha am'izao iareo. Nanao hafaleañe ze teaʔe. Lehe nivita zay le nandeha am'izao iareo. Nanao hafaleañe tsy tan-tane ty roaeʔe. Nitsinjake, le nasandraiareo i ajaja y.

和訳

子どもとヤギ

　むかしむかし、ヤギ番の男の子がいた。ある日、彼は森でヤギのうち一匹を放して、シヒラーニュ（ハーブの一種）を探しに行った。
　しばらくして、ばったり幽霊に出くわした。男の子はドキリとして、すぐに目を伏せた。幽霊は近づいてきてこう言った。
　「おいで、君をおんぶしてってあげるよ」
　男の子はこう答えた。
　「いやだ。君の赤い背中が嫌いなんだよ」
　すると幽霊はこう言った。
　「私の背中の埃を払っておくれ」

男の子は幽霊の背中を拭ってやった。ところが、それでも幽霊は満足しない。もう一度、おぶってやるからと申し出て、こう付け加えた。
「ほら、君をおぶってってやるよ。背中から振り落とすようなことはしないからさ」
幽霊があんまり怖ろしくて、男の子は言われたとおりにした。幽霊はその子を背負って墓場まで連れて行った。するとそこには幽霊に捕まった他の子どもたちがいた。けれどもその子らは、もう幽霊になってしまっていたのだ。
「さあ、友だちを連れてきたぞ」。幽霊が言った。
「やあ」。子どもたちはそれに答えて言った。
男の子は怖くて怯えてしまったが、さりとてどうしていいのかもわからずにいた。

幽霊は子どもたちの食べ物を探しに出かけた。<訳注：この箇所の訳は不確か>
「そこの女の子、一緒に遊ぼうよ」
「いいわよ」。女の子は言った。
そうしてみんなで野原に着くと、みんなが言った。
「女の子、さあ、君のゲームの番だからね！」
「違うわ。あなたたちが先よ」
みんなは自分たちのゲームを始めた。
「ツィゴリダゴリダ、ツィゴリダゴリダ」
みんなは儀式のまねをして、両膝を地面について歩いた。
「さあ、君の番だよ」。みんなが言った。
ヤギ番の男の子は次のように話した。
「僕のために、ボートで何かを探しに行っておくれよ。僕のために、ボートで何かを探しに行っておくれ。お父さんのお家では、僕は何もしないんだ。お母さんのお家では、僕は何もしないんだ」
言い終わると、男の子は言った。
「君たち、僕はちょっとおしっこをしてくるね」
みんなが口を合わせて言った。「いいわ。だけどあんまり遠くへは行かないでよ。あそこの草むらに隠れてするといいわ」
「ダメだよ。人の近くでおしっこをするのはタブーだからね」
男の子は、おしっこがしたいふりをして、その場から離れた。そうしてずいぶん遠くまで行ったところで、女の子たちが大声で男の子を呼びはじめた。男の子は返事をせずに、もっと遠くまで走っていった。子どもたちは墓場に戻ったが、新しい友だちは戻ってこない。逃げてしまったのだ。

戻ってきた幽霊が言った。
「おまえたちの友だちはどこへ行った？」
「おしっこをしに行くと言っていたけど、それを最後に姿を消してしまったわ」
幽霊は重い荷物をそこに降ろすと、走って男の子を追いかけた。
幽霊の足はたいそうな速さだった。男の子は幽霊の姿を見かけると、そのまま走りつづけて池の近くまでやってきた（大きな池がそこにあったのです）。そうして池に辿り着くと、男の子は言った。
「ラライ、お願いだから、ここにボートを持ってきてくれないかい。お父さんのお家では、僕は何もしないんだ。お母さんのお家では、僕は何もしないんだ」
（ラライというのは、ある船乗りの男の名前だ）
ラライはその声を耳にした。

「おい、誰かがおまえを呼んでるぜ」。友だちの１人がラライに言った。
「耳を澄ませて聞いてみよう」。ラライが言った。
そこで２人は耳を澄ませた。男の子がもう一度呼びかけてきて、今度ははっきりとその言葉が聞き取れた。声のする方にボートを漕いでいくと、幽霊がその子に近づいていくのが見えた。幽霊がその子に辿り着く寸前に、どうにか男の子をボートに引きずり入れることができた。幽霊が近くにいるので、ボートを池に漕ぎ出した。そうしてとうとう幽霊に追いつかれると、みんなで池に飛び込んだ。彼らを追って池に飛び込んだ幽霊は、自分の影が水の中にあるのを見て言った。「ああ、なんて深いんだ！」それから幽霊は、森の中の家へと帰っていった。

男の子と、その命の恩人の２人は、池の岸に辿り着いた。男の子が舟から下りたとき、２人はこう尋ねた。
「君のご両親はどこにいるんだい？」
男の子は両親のことを２人に話した。
「君の家はどこにあるんだい？」
「北の方（あそこ）だよ。」
「遠いのかい？」
「いいや、近くだよ。」
男の子は２人を家まで案内した。そうして家に着くと、お父さんとお母さんが家の外に立っていた。男の子は両親に駆け寄って泣き出した。お父さんも一緒に泣いた。２人が泣き止むと、男の子の両親は、家まで息子を連れてきてくれた男たちに声をかけた。
「囲いの中に入って、お好きな牛を選んでくださいな」
男たちは言われたとおりにした。２人は一頭の牛を選ぶと、家に帰った。男の子の両親は盛大なお祝いをした。男の子は踊って、その牛の血を飲んだ。

これでおしまい。これは現代のお話ではなく、遠い昔の物語である。
私はバオバブの木に槍を投げる。するとその槍はあちこちを通り抜けていく。
私は槍を投げる。私たち家族は、いつも一緒にいるのだ。

英訳

A child with a goat

Once upon a time, there was a young goatherder. One day, he released one of his goats in the forest and went in search of Sahirañe（a kind of herb）.
A while later, he chanced upon a ghost. He got a start and immediately cast his eyes downward. The ghost came to him and said,
"Come, I'll carry you on my back."
The child answered,
"No, I hate your red back."
The ghost then said,
"Clean my dust there."
The child dusted his back, but he was not satisfied with it. The ghost offered to carry him once again saying,
"Come, I'll carry you on my back. I won't drop you down."
Afraid of the ghost, the child agreed. The ghost took him to a graveyard, where he saw other chil-

dren who the ghost had caught. Those children, however, had become ghosts.
"Here's your friend," the ghost said.
"Yeah," they replied.
The child was scared but he did not know what to do.

The ghost left in search of food for them to eat. ＜The translation is not sure in this part.＞
"Let's play together, girl!"
"Sure," the girl said.
When they arrived at the field, the people there said,
"Girl, play your game!"
"No, you first."
They started to play their game:
"Tsigoridagorida, tsigoridagorida."
They had an affected demeanor and walked on their knees.
"Well, now it's your turn," they said.
The child proceeded as follows:
"Please look for something for me by boat, look for something for me by boat. I do nothing when I stay at my father's home. I do nothing when I stay at my mother's home."
When he finished, he said,
"Girls, I'll just go urinate."
His friends said, "Okay, but don't go too far. Go behind the bush over there."
"No, urinating in close proximity to people is taboo."
The child left under the pretense of wanting to urinate. When he had already gone a great distance, the girls started to call out to him. He did not answer but ran further away. The children went home, but their new friend did not return. He had run away.

When the ghost returned, he said,
"Where is your friend?"
"He said he was going to urinate and that was the last time we saw him."
The ghost left his burden and ran to follow the child."
His course was quick. The child saw him and continued running until the pool（there was a large pond）. When he reached the pool, he said,
"Please, Laray, come here and bring a boat. I do nothing when I stay at my father's home. I do nothing when I stay at my mother's home."
（Laray was the name of a man, a sailor.）
The man heard his voice.
"Listen, someone is calling you," one of his friends said.
"Let's listen carefully," Laray said.
So they listened carefully. The child called again, and they heard him clearly this time. They rowed a boat toward the voice and saw the ghost approaching the child. They managed to get the child into the boat just before the ghost could get to him. They rowed the boat to the pond because the ghost was nearby, and when the ghost was upon them, they went into the pond. When the ghost followed them into the pond, he saw his shadow in the water and said, "Ah, how deep it is!" He then returned to his home in the forest.

The child and his rescuers reached the shore of the pond. When the child got out of the boat, they asked,
"Where are your parents?"
The child told them about his parents.
"Where is your home?"
"In the north (over there)."
"Is it far?"
"No, it's nearby."
The child guided them to his home. When they arrived there, they saw his father and mother standing outside the house. The child ran to them and cried. His father cried too. When they stopped crying, the child's parents called the men who had brought him into their house.
"Enter the fence and choose the cow that you like."
The men did as they were told. When they had chosen a cow, they returned home. The parents had a huge celebration. The child danced and drunk the cow's blood.

That's all. This is not my story but a story of old.
I throw a lance at the baobab. It goes here and there.
I throw a lance. Our family sticks together.

付録4　タンルイ語－英語辞書
Tandroy-English Dictionary

aŋadíly *(verb)* to limit {Form III}
aŋalivo *(verb)* to forget {Form II}
aŋambo on
aŋambone *(honorific, noun) (body part)* head
aŋampea *(verb)* to help {Form III}
aŋaraŋe *(noun)* name
aŋate *(locative)* inside
aŋateʔe *(locative)* inside
aby all
adaŋe *(root)* peace
adala *(noun)* idiot
adaladala *(noun)* fool
adilie *(verb)* to limit
adily land, ground {Form II}
aŋe overthere (invisible, very far from the speakers)
afake *(noun) (body part)* buttock
afak'omale *(temporal)* the day before yesterday
afara *(noun) (body part)* backside, hip
afarampotoa at the beginning
afara-potoka afterword
afo *(noun)* fire
afokasike match
afoŋo *(verb)* to cover {Form II}
aha no
ahaia *(verb)* to be able to {Form III}
ahandrefa *(locative)* West
ahandrefaŋe *(noun) (locative)* west
ahe *(pronoun)* me
ahe, ahy *(pronoun)* me
ahetse *(noun) (flora)* grass
aia where
aŋiankaly *(temporal)* tonight
aiŋe *(noun)* life
aŋivo between
ajaja *(noun)* child
ajaja mena *(noun)* baby
ajaja miarak'aŋondry *(noun)* sheepherder, pastor
ajaja miarak'ose *(noun)* goat-herder
ajaja vao terake *(noun)* new born
akalo *(noun)* stick
akanga *(noun) (fauna)* guinea fowl
akanjo *(noun) (livelihood)* clothes
akare *(verb)* to go out, to bring out {Form II}
akareŋe to go out {Form II}
akatanaoly *(noun) (flora)* medicinal plant
akatse *(root)* going out
akio *(noun) (fauna)* shark
akoho *(noun) (fauna)* chicken, cock
akondro *(noun) (flora)* banana
akore hello, how are you, how
ala *(noun) (nature)* forest
alaʔala *(noun) (nature)* grove, copse, woods
alae *(verb)* to take {Form II}
alaeŋe *(verb)* to take {Form II}
alake *(root)* take
alama *(verb)* to cover with a mat {Form II}
alenteke *(verb, honorific)* to grave {Form II}
aliŋo *(root)* forget
aloa *(verb, honorific)* to vomit
aloŋe *(noun)* jealousy, envy
alofaŋe *(verb)* to shelter {Form II}
aloha before
aloham-potoa before
aloke *(noun)* shadow
alone *(noun)* jealousy, envy
aly *(noun)* fight
amá */ah, well… (interjection used in the folktale)*
amafa *(verb)* to clean down {Form III}
aman *(particle)* at, in, with, for
amantara *(noun)* symbol
amany *(noun) (body part)* urine
ambahiny *(noun)* foreigner
ambane *(locative)* under
ambaneandro *(noun)* Merina people

ambe *(verb)* to guard {Form II}
ambea *(verb)* to guard {Form II}
ambeŋe *(noun)* guard
amboa *(noun)* *(fauna)* dog
amboare *(verb)* to create {Form II}
amboho *(noun)* *(body part)* buttock
ambone high, on
amehea *(verb)* to bind {Form III}
amitahaŋe *(verb)* to deceive {Form III}
amontana *(noun)* *(flora)* fig
am-panombohaʔe beginning
ampe *(noun)* enough, help
ampea *(verb)* to help {Form II}
ampela *(noun)* girl
ampelanoseandro *(noun)* mermaid
ampitso *(temporal)* tomorrow
ampoʔe out, outside
amy *(particle)* at, in, with, for
anaŋaŋe *(verb)* to have {Form II}
anabohitse *(noun)* *(fauna)* young ox
anaŋe *(noun)* fortune
anak'ampela *(noun)* girl, daughter
anake *(noun)* child
anakikiliŋe *(noun)* *(body part)* little finger
analake *(verb)* to meet {Form III}
anareo *(pronoun)* you (plural)
anatse *(noun)* advise
anay *(pronoun)* us
an-dalaŋe street
andamaha *(verb)* to cover with a mat {Form III}
andavan'andro *(temporal)* every day
andehana *(verb)* to go {Form III}
andena to go {Form II}
andevo *(noun)* slave
Andianaŋahare *(noun)* God
andigina *(noun)* *(fauna)* dragonfly
andiliaŋe *(verb)* to cut {Form III}
andinisaŋe *(verb)* to wait {Form III}
andraesa *(verb)* to receive {Form III}
andraofaŋe *(verb)* to gather {Form III}
andraraŋe *(verb)* to prohibit {Form III}
andro[1] *(noun)* day
andro[2] *(root)* wash
androaŋe today
androany *(temporal)* today
androhiza *(verb)* to attach {Form III}
anga-drano *(noun)* dandruff
angalake *(verb)* to take {Form II}
angatse *(noun)* ghost
angidy *(noun)* *(fauna)* dragonfly
animaraiŋe *(temporal)* this morning
anito today
anjaŋe *(adjective)* nourishing
anjale *(noun)* band belt
anjine *(verb, honorific)* to be silent, to keep quiet {Form II}
anjomba *(noun, honorific)* *(house)* house
ankihibe *(noun)* *(body part)* thumb
Antananarivo *(noun)* capital of Madagascar
antara *(adjective)* pond
antetse *(adjective)* old, aged
antitse old
antoŋoe[1] normal
antoŋoe[2] warm
antsasaʔe half
ao inside
aoly *(noun)* *(ritual)* medicine
aombe *(noun)* *(fauna)* cattle
aŋombe *(noun)* *(fauna, ritual)* cattle
aombe hako *(noun)* *(fauna)* wild cattle living in the forest
aombe halo *(noun)* *(fauna)* wild cattle
aombe hare *(noun)* *(fauna)* house cattle
aŋombe lofo *(noun)* *(fauna, ritual)* cattle for sacrifice employed for a funeral
aombe maola *(noun)* *(fauna)* mad cattle
aŋombe soro *(noun)* *(ritual, fauna)* cattle for sacrifice used for Hazomanga
aŋombe vave cow
aŋombositse *(noun)* *(fauna)* ox castrated a long time ago
aŋomeaŋe *(verb)* to give

{Form III}
aŋondry *(noun) (fauna)* sheep
aŋorihaŋe *(verb)* to follow {Form III}
apaly *(noun) (flora)* jackfruit
apiteke *(verb)* to stick {Form II}
apoke *(verb)* to put down
-ʔareo *(pronoun)* you, yours (plural)
ariano *(noun, honorific) (body part)* urine
arivo *(numeral)* thousand
arofo[1] *(noun, honorific)* life
arofo *God*
aroy *(locative)* over there (invisible)
asa *(noun)* work
asara *(temporal)* rainy season
asaramaŋitse *(temporal)* October
asaramanty *(temporal)* September
asia[1] *(verb)* to preserve his own dignity {Form II}
asia[2] *(verb)* to add {Form II}
asiaŋe *(verb)* to respect
asiŋe *(root)* respect
asinta *(verb)* to take something to, to move apart, to separate {Form II}
asotry *(temporal)* winter
asy *(verb)* to respect {Form II}
ate *(noun)* liver
atiaŋe here (visible)
atiŋana *(locative)* East
atimo South
atoaŋe *(locative)* here (invisible)
atoandro *(noun)* noon
atoly *(noun)* egg
atono *(adjective)* cooked, boiled
atroaŋe *(locative)* over there (invisible)
avao[1] only
avao[2] then
avaratse *(locative)* North
avieo later
avy[1] *(root, verb)* to arrive
avy[2] *(root, verb)* to be able to
-ʔay *(pronoun)* we, our (exclusive)
aze *(pronoun)* him, her, it
azo *(pronoun)* you
azon-droro *(adjective)* sleepy

baba *(noun) (kinship terms)* grandpapa
babe *(noun)* piggyback
babeaŋe *(verb)* to carry on one's back {Form II}
bae *(noun)* wound
bageda *(noun) (flora)* sweet potato
bajy *(noun) (fauna)* snake
balahazo *(noun) (flora)* manioc
balande *(noun) (livelihood)* lemma:
banaike *(noun) (ritual)* traditional dance
barado *(noun)* floor
baráka *(noun)* dishonor
bararaoke *(noun) (fauna)* cockroach
basiboka *(flora) Caesalpinia bonduc* Roxb
basy *(noun)* hand gun
befela *(noun, honorific) (flora) Catharanthus trivhophyllus*
behakeo *(adjective)* unlucky
beko *(noun)* Tandroy traditional song
bekoaŋe *(verb)* to sing
benalinga *(noun) (fauna)* ox castrated late
be soa all right
betro *(noun) (body part)* brain
bevata *(adjective)* many, big
bevoka *(adjective)* pregnant
bey *(adjective)* many, big
birao *(noun) (loanword)* office
boaty *(noun)* box
boŋeketaʔe *(noun) (flora)* pollen
boka *(noun) (flora)* grass
boke *(loanword)* book
bole *(noun)* cup
bongady *(noun)* money
bontane *(noun)* dust
boribory *(adjective)* rounded
bory *(noun)* circle
botana *(noun)* blowfish
bozo *(noun) (livelihood)* necklace

daba *(verb)* to be surprised {Form II}
dada *(noun) (kinship terms)* father, papa
dadabe *(noun) (kinship terms)* grand father
dadatoa *(noun) (kinship terms)* uncle
daro *(noun) (flora)*

demoke *(adjective)* blunt, dull
dime *(numeral)* five
diro *(noun)* *(flora)* *Tamarindus indica*
diso *(noun)* fault, mistake
dite *(noun)* *(locative)* tea
dokotera *(noun)* doctor
draike again

-ʔe *(pronoun)* he, she, it, his, his, her
efa already
efatse *(numeral)* four
eka yes
ela old
elaŋelaŋe among, between
elatse[1] *(noun)* lightening
elatse[2] *(noun)* wing
elo *(noun)* umbrella
endreke *(noun)* form, shape
ene my wife (vocative)
eneŋe *(numeral)* six
eno *(noun)* *(fauna)* termite
eo *(locative)* on
eo naho eo soon
ereke *(noun)* street
-ʔereo *(pronoun)* they, their
eretse *(noun)* attention
eroa over there (visible)
eroaŋe over there (visible)
eroy *(locative)* over there (visible)
etaha *(verb)* to hide {Form II}
etake *(root)* hide
etoaŋe *(locative)* here (visible)

fa *(conjunction)* but, then
faŋadily *(noun)* the action of limiting
faŋalivoŋaŋe *(noun)* oblivescence, forgetting
faŋampeaŋe *(noun)* the action of helping, assistance
faŋare *(noun, honorific)* *(body part)* saliva
faŋengaŋe *(noun)* the action of leaving somebody, the action of breaking up
faŋetse *(noun, honorific)* *(body part)* ear
fafa *(noun)* sweeping
fahadime *(numeral)* fifth
fahaefatse *(numeral)* fourth
fahaeneŋe *(numeral)* sixth
fahafito *(numeral)* seventh
fahafolo *(numeral)* tenth
fahaiaŋe *(noun)* capacity
fahaiŋe *(noun, honorific)* *(livelihood)* food
faharoe *(numeral)* second
fahasive *(numeral)* ninth, ancestor
fahatelo *(numeral)* third
fahatrelae long time ago
fahavalo *(numeral)* eighth; enemy
faŋindroaʔe *(numeral)* *second*
faŋintelone *(numeral)* third
falie *(noun)* *(body part)* *(honorific)* mouth
faly *(noun)* taboo
famafaŋe *(noun)* the action of cleaning, cleanup, materials for cleaning
famanta *(noun)* *(flora)* *Euphorbia*
fameheaŋe *(noun)* materials for binding, the action of binding
famitahaŋe *(noun)* the action of deceiving
famonty *(noun)* *(flora)* *Vernonia*
famotse *(noun, honorific)* *(body part)* tooth
fanaŋaŋe *(noun)* fortune
fanafoly *(noun)* medicine
fanahy fito loha *(idiom)* wisdom
fanake *(noun, honorific)* *(livelihood)* plate
fanalakaŋe *(noun)* meeting, the action of meeting, place for meeting
fandady *(noun)* spade
fandaŋitse *(noun, honorific)* lie, untruth
fandambaŋaŋe *(noun)* materials for covering, the action of covering
fandehanaŋe *(noun)* going out, place to go out
fandia *(noun, honorific)* *(body part)* leg
fandiliaŋe *(noun)* the action of cutting, materials for cutting
fandinisaŋe *(noun)* the action of waiting, place to wait
fandiorano *(noun)* *(fauna)* predaceous diving beetles
fandraesaŋe *(noun)* the action of receiving
fandraofaŋe the action of gathering
fandraraŋe *(noun)* the action of prohibiting,

prohibition

fandrohizaŋe *(noun)* the action of attaching, materials for attaching

faneatsy *(noun)* *(flora)* *Cadaba virgata*

fanenebola *(noun)* *(fauna)* wasp

fanenetse *(noun)* *(fauna)* wasp

fangaly *(noun)* shovel

fanintake *(noun)* the action of taking something to his own home by force

fanjakaŋe *(noun)* police station

fano *(noun)* *(fauna)* sea turtle

fantatse *(verb)* to know

fantsilolotse *(noun)* *(flora)* *Alluaudia procera*

faŋomeaŋe *(noun)* gift, the action of giving

faŋorihaŋe *(noun)* the action of following, things to follow {Form III}

faosa *(temporal)* dry season

fara *(noun)* *(kinship terms)* last born

farafara *(noun)* bed

faraky *(noun)* *(fauna)* digger wasp

fararotse *(noun)* *(fauna)* spider, cobweb

fary *(noun)* *(flora)* sugar cane

faseke *(noun)* *(nature)* sand

fataŋe *(noun)* kitchen

fatapera *(noun)* *(house)* charcoal stove

fe *(noun, honorific)* *(body part)* blind

fehe *(root)* tie

feheŋe *(verb)* to bind {Form II}

fengoky *(noun)* *(flora)* *Delonix adansonioides*

feno full

feo *(noun)* sound, voice

fere *(noun)* wound

fetsefetse mean, miser, sly like a fox

fia *(noun)* *(fauna)* fish

fiakanjo *(root)* clothes, materials for clothes, wearing something

fiakaraŋe *(noun)* place, destination to go out, the action of going out

fiala *(noun)* tweezers, materials

fialiaŋe *(noun)* place to fight, battlefield

fialoaŋe *(noun)* jealousy, the action of getting jealous

fialofaŋe *(noun)* shadow, the action of sheltering

fiambenaŋe the action of guarding

fiamontoŋe *(noun, honorific)* *(body part)* toilet, lavatory

fiandroaŋe *(noun)* the action of washing, materials, place for washing

fiantsoŋa *(noun, honorific)* *(body part)* nose

fiaraŋanaŋe *(noun, honorific)* *(body part)* voice

fiasiaŋe *(noun)* the action of respecting, honorific words, worshipfulness

fiatse *(noun)* *(fauna)* cattle whose head is white and black

fiaviaŋe *(noun)* capacity

fiay *(noun)* life

fibabeaŋe *(noun)* piggyback, materials for piggyback

fibekoaŋe *(noun)* the action of singing, traditional songs at the festival

f'ie then

fietahaŋe *(noun)* hiding, the action of hiding

fifiolke *(noun, honorific)* spoon

fifohazaŋe *(noun)* the action of getting up, action of waking somebody up

fify *(noun)* *(body part)* cheek

fihaino *(noun, honorific)* *(body part)* eye

fihalaŋaŋe *(noun, honorific)* *(livelihood)* pillow

fiheŋaraŋe *(noun, honorific)* *(body part)* vagina

fihinanaŋe *(noun)* meal, the action of eating

fihitsike *(noun, honorific)* *(body part)* tooth

filesy *(noun)* arrow

filiva *(noun, honorific)* *(livelihood)* spoon

filofilo *(noun)* *(flora)* *Gymnospoia*

finafa *(verb)* to clean down {Form II}

finday *(noun)* mobile phone

finga *(noun)* *(livelihood)* plate

finiatse *(noun)* needle

fioke *(noun, honorific)* *(livelihood)* spoon
fipaŋafaŋe *(noun)* the action of healing, the action of reparing, materials for healing
fipaiaŋe *(noun)* the action of looking for something
fipetrahaŋe *(noun)* the action of sitting down, place to sit down
firaŋenta *(noun)* friend
firariaŋe soa Congratulations!
fire how many, how much
firehake *(noun)* language, word
firoroaŋe *(noun)* the action of sleeping, sleep
firotaŋe *(noun, honorific)* the action of sleeping, sleep
fisafoa *(noun, honorific)* *(body part)* abdomen, stomach
fisafoaŋe *(noun, honorific)* *(body part)* abdomen, stomach
fisambaeŋe *(noun)* observation, place to observe, the action of observing
fisamboraŋe *(noun)* the action of catching, materials for catching
fisaroaŋaŋe *(noun)* wearing something, material for wrapping
fisiaŋe *(noun)* existence
fisiraŋe *(noun)* movement, the action of moving
fita *(noun, honorific)* head
fitaŋe *(noun)* hand
fitaheraŋe *(noun, honorific)* chest
fitake *(noun)* flam
fitampinaŋe *(noun, honorific)* *(body part)* kidney
fito *(numeral)* seven
fitoliha *(noun)* direction
fitoto *(noun, honorific)* hat
fivimby *(noun, honorific)* *(body part)* lip
fivoriaŋe *(noun)* meeting
fo *(noun)* *(body part)* heart
foha *(root)* get up
fohaze *(verb)* to get up {Form II}
fohe *(adjective)* brief, short
folo *(numeral)* ten
folodimeambe *(numeral)* fifteen
foloeŋeambe *(numeral)* sixteen
foloefatsambe *(numeral)* fourteen
folofitoambe *(numeral)* seventeen
foloiraikambe *(numeral)* eleven
foloroambe *(numeral)* twelve
folosiveambe *(numeral)* nineteen
foloteloambe *(numeral)* thirteen
folovaloambe *(numeral)* eighteen
foŋo *(root)* cover
fosa *(noun)* *(fauna)* fox
foto *(noun)* origin
foto?e *(noun)* *(flora)* stem, trunk
foty *(color)* white
foty loha mavo *(noun)* *(fauna)* cattle whose head is white but have a yellow-like body
foty mainty sofy cattle whose body is white but have a black ear
foza *(noun)* *(fauna)* crab

gazette *(noun)* newspaper
gea vocative (used between women of the same generation)
gege *(noun)* fool
gio *(noun)* *(body part)* yawn
goa *(body part)* blind
goranake *(adjective)* matured

habakabake *(noun)* *(nature)* sky
habe *(noun)* honor
habobo *(noun)* *(body part)* congealed milk (traditional food, one of the Tandroy's favorite food)
hady *(noun)* hole
hafafa *(noun)* heat
hafavaratse *(temporal)* November
hair *(noun)* *(body part)*
haizina *(noun)* darkness
hala *(noun)* *(fauna)* scorpion
haliŋe *(noun)* evening
haliŋo *(verb)* to forget {Form I}
haly *(noun)* hole, ditch
hamaniŋaŋe *(noun)* loneliness
hamba dime *(noun)* *(kinship terms)* quintuplet
hambaŋe *(noun)* *(kinship

terms) twin (the same sex)
hamba efatse *(noun)* *(kinship terms)* quadruplet
hamba telo *(noun)* *(kinship terms)* triplet
hana *(noun, honorific)* sandal
hane *(verb)* to eat {Form II}
haneŋe *(noun)* nutrition, meal
haniŋe *(root)* lacking
hao *(noun)* *(fauna)* louse
harado *(noun)* *(house)* floor
harato *(noun)* *(fauna)* cattle whose color is totally reddish except some parts
harato mavo *(noun)* *(fauna)* cattle whose color is reddish brown except the head
hariva *(temporal)* evening
haroŋa *(noun)* *(body part)* toothless
haroŋe *(noun)* basket
hasiŋe *(noun)* *(flora)* cotton
hasoa *(noun)* goodness
hasy *(noun)* cotton
hatea *(noun)* affection, love
hatra till
hatsiha *(temporal)* February
havaŋa right
havana *(noun)* rainbow
havelo *(noun)* life
havia left
hay *(root, verb)* to be able to
Hazomanga *(noun)* *(ritual)* ritual for purification
heŋatse *(noun)* shame
herinandro *(noun)* *(temporal)* week
hete *(particle)* oh! wow!
hiahia *(temporal)* March
hintseke *(noun)* tabacco
ho for
hoe it is said, (he/she) says/said
hoho *(noun)* *(body part)* nail
holitse *(noun)* *(body part)* skin
holitsehazo *(noun)* tree bark
homaneŋe *(verb)* to eat
homehe *(verb)* to laugh
horake *(noun)* rice-field
horo *(noun)* hunting
hotroke *(noun)* *(nature)* thunder
hozatse *(noun)* *(body part)* muscle

ia who
iaby all every
iakara *(verb)* to go out, to bring out {Form II}
iala *(verb)* to take {Form III}
ialiaŋe *(verb)* to fight {Form III}
ialoaŋe *(verb)* to get jealous {Form III}
ialofaŋe *(verb)* to shelter {Form III}
iambena *(verb)* to guard {Form III}
iandroa *(verb)* to wash {Form II}
iareo you (plural)
iasiaŋe *(verb)* to respect {Form III}
iaviaŋe[1] *(verb)* to be able to {Form III}
iaviaŋe[2] *(verb)* to arrive {Form III}
ibabeaŋe *(verb)* to carry on one's back {Form III}
ibekoaŋe to sing {Form III}
ie *(conjunction)* then
iŋe[1] over there (very far, visible)
iŋe[2] that
iereo[1] *(pronoun)* they
iereo[2] *(pronoun)* them
ietaha *(verb)* to hide {Form III}
ifohaza *(verb)* to get up {Form III}
ihe *(pronoun)* you
ihinanaŋe *(verb)* to eat {Form III}
ijotsoaŋe *(verb)* to descend {Form III}
ilaʔe half
ilaiŋe *(adjective)* important
ilailaʔe some
imaniŋaŋe *(verb)* to feel lonely {Form III}
imbalo *(numeral)* eight times
impito *(numeral)* seven times
impolo *(numeral)* ten times
indime *(numeral)* five times
indraekandro one day
indraike again, once
indraindraike sometimes
indroa *(locative)* that way
indroe *(numeral)* twice
inempatse *(numeral)* four times

ineneŋe *(numeral)* six times

ino what

ino ty what, which

ino ty antoe why

intelo *(numeral)* thrice

intiaŋe *(locative)* here

intsive *(numeral)* nine times

io this

ipaŋafaŋe *(verb)* to heal {Form III}

ipaiaŋe *(verb)* to look for, to search {Form III}

ipetraha *(verb)* to sit down {Form III}

ireŋe these

ireo these

ireroa those

irery those

iroa that

iroroaŋe *(verb)* to sleep {Form III}

irota *(honorific, verb)* to sleep {Form II}

iry that

isa *(noun, numeral)* number

isae *(locative)* inside

isambaeŋe *(verb)* to observe {Form III}

isamboraŋe *(verb)* to catch

isanandro *(temporal)* every day

isaroŋa *(noun, verb)* *(fauna)* to cover {Form II}

isiaŋe *(verb)* to add {Form III}

isintagaŋe *(verb)* to take something to, to move apart, to separate {Form III}

isira *(verb)* to move {Form III}

isy *(root)* exist

ity this

ivo *(noun)* *(kinship terms)* second born

izahay, zahay *(pronoun)* we (exclusive)

izao *(temporal)* now

jakake[1] *(noun)* *(fauna)* crab

jakake[2] *(noun)* *(fauna)* shellfish

joma *(temporal)* Friday

jotso *(root)* descend

ka[1] *(conjunction)* because, then

ka[2] *(adjective)* emphatic

kamisy *(temporal)* Thursday

kanao finally

kanelo *(noun)* cinnamon, Cinnamomum zeylanicum

katrafae *(noun)* *(flora)* *Cadrelopsis grevei*

kay *(conjunction)* because

kede a little, small

kedekede a little, small

kedevitsy some

keleanake *(noun)* *(kinship terms)* nibling

kelianake *(noun)* *(kinship terms)* cousin

kembory *(noun)* *(fauna)* grasshopper, *Oedaleus infernails*

kibaba *(noun)* *(livelihood)* small basket

kibo *(noun)* *(body part)* stomach

kibory *(noun)* *(ritual)* grave

kifafa *(noun)* *(livelihood)* broom

kijeja *(noun)* *(fauna)* grasshopper, Gastrimargus marmoratus

kilalao *(noun)* toy

kile *(noun)* tamarind

kiloa *(noun)* *(fauna)* dairy heifers

kimalao *(noun)* *(flora)* *Spilanthes acmella*

kininiky *(noun)* dance

kininy *(noun)* *(flora)* *Eucalyptus*

kiraikiraike a little

kitapo *(noun)* bag

kitra *(noun, honorific)* *(livelihood)* saucepan

kitsoke *(adjective)* half-boiled

-ko *(pronoun)* I, my

koa also

koaky *(noun)* *(fauna)* crow

kokoriko *(noun)* *(fauna)* larva of the ant-lion

kotra *(noun)* pistol belt

kotrilake *(body part)* cripple

laŋe smell

laŋetse *(noun)* *(nature)* sky

lafariny *(noun)* powder, flour

lafenete *(noun)* *(house)* window

laha-draza *(noun)* *(ritual)* traditional riddle

lahady *(temporal)* Sunday

lahara *(noun, honorific)* *(body part)* face

lahy *(noun)* man

lakaŋe *(noun)* canoe

lakilasy *(noun)* school

lako many

lakolosy *(noun)* bell
lakozy *(noun)* cooking
laláñe *(noun)* rule
lalaosy *(noun)* *(flora)* sisal
laleke *(adjective)* deep
lalitse *(noun)* *(faum)* fly
laloasy *(noun)* *(flora)* sisal
lalovaŋe *(adjective, honorific)* *(body part)* deaf
lamake *(noun)* mat
lamba *(noun)* *(livelihood)* clothes
lambo *(noun)* pig, grunter
lamotiŋe *(noun)* *(flora)* flacourtia
langoriŋe *(noun)* drum
langro *(noun)* drum
lany *(adjective)* finished, used up
laŋonaŋe *(noun, honorific)* statement, conversation
laro *(adjective)* ugly
larobia *(temporal)* Wednesday
lava *(adjective)* long
lavaʔe *(noun)* *(flora)* leave
lavilavitse *(adjective)* a little far away
lay *(verb)* to run {Form I}
le[1] *(conjunction)* because
le[2] *(noun)* euphemism
leha action of going bound root
lehe *(conjunction)* if
lenteke *(noun, honorific)* burial
lilia *(verb)* to cut {Form II}
lily *(root)* cut, slice
line *(root)* wait
liniŋeŋe *(verb)* to wait {Form II}
loha *(noun)* *(body part)* head
lohataoŋe *(temporal)* spring
lolo[1] *(noun)* ghost
lolo[2] *(noun)* *(fauna)* butterfly
lonake *(noun, honorific)* grave
longo *(noun)* *(kinship terms)* family, kin

maŋadily *(verb)* to limit {Form I}
maŋalakaŋe *(verb)* to prepare {Form I}
maŋaliŋo *(verb)* to forget {Form I}
maŋalivo *(verb)* to forget
maŋandro *(verb)* to determine the lucky or unlucky day {Form I}
maŋary *(verb)* to throw away; to divorce {Form I}
maŋary rano *(verb, honorific)* *(body part)* to urinate
maŋatreke *(locative)* in front of
maŋavelo *(verb, honorific)* to go {Form I}
maŋemboke *(verb)* to incense {Form I}
maŋente *(verb)* to observe {Form I}
maŋetake *(verb)* to conceal, to cover {Form I}
mafiry *(adjective)* tasty, exquisite
mahafa po enough
mahafinaritse *(verb)* to make someone happy {Form I}
mahameŋatse *(verb)* to be ashamed {Form I}
mahaoniŋe *(verb, honorific)* to listen, to hear {Form II}
maharey *(verb)* to hear {Form I}
mahavazoho *(verb, honorific)* to see {Form I}
mahavy *(verb)* to bring something {Form I}
mahay *(verb)* to be able to {Form I}
mahery *(adjective)* strong
maŋifatse *(noun)* bite (insect)
maŋilaŋe *(verb, honorific)* to vomit {Form I}
maina *(adjective)* dried
mainte *(color)* black
mainte laŋe *(idiom)* clothes covered with dust
maintso *(color)* green, blue
mainty hatoke *(noun)* *(fauna)* cattle whose neck is white
maŋisake *(verb)* to count {Form I}
maŋitse *(verb)* to smell sweet {Form I}
makanga *(noun)* *(fauna)* cattle whose body is mostly white but have some black dots
malake *(verb)* to take {Form I}
malaza *(adjective)* famous
malio *(adjective)* *clean*
maloaŋe slowly

mambole *(verb)* to cultivate {Form I}
mamitake *(verb)* to deceive {Form I}
mamoha *(verb)* to wake somebody up {Form I}
mamoŋo *(verb)* to cover {Form I}
mamorike *(verb)* to follow {Form I}
mamory *(verb)* to gather {Form I}
mampiasa *(verb)* to use {Form I}
mampisoaŋe *(verb)* to amuse, to entertain {Form I}
mampmamoŋo to let cover {Form I}
manaŋe *(verb)* to have {Form I}
manalake *(verb)* to meet {Form I}
manalatse *(verb)* to shame {Form I}
manandratse *(verb)* *(ritual)* to treat, to cure
manasa *(noun)* *(flora)* pineapple
manda *(noun)* rampart
mandá *(verb)* to refuse {Form I}
mandaŋitse *(verb, honorific)* to lie {Form I}
mandamake *(verb)* to cover with a mat {Form I}
mandeha *(verb)* to go {Form I}
mandeveŋe *(verb)* to bury the body {Form I}
mandia *(verb)* to go {Form I}
mandiŋe *(verb)* to wait {Form I}
mandily *(verb)* to cut {Form I}
mandoa *(verb)* to vomit {Form I}
mandoza dangerous {Form I}
mandrae *(verb)* to receive {Form I}
mandraoke *(verb)* to gather {Form I}
mandrara *(verb)* to prohibit {Form I}
mandrioŋe *(verb)* to pass
mandrohy *(verb)* to attach {Form I}
manga *(color)* blue; beautiful, beauty
maniŋa *(verb)* to feel lonely {Form I}
manifatse *(verb)* to bite, to sting {Form I}
manjotso *(verb)* to dismount {Form I}
manoratse *(verb)* to write {Form I}
manta *(adjective)* raw, uncooked
mantiŋe *(verb)* to smell bad {Form I}
maŋohatse *(verb)* to measure {Form I}
maŋome *(verb)* to give {Form I}
maŋorike *(verb)* to follow {Form I}
maparary *(adjective)* poisonous
maro many, much
maroy *(noun, honorific)* *(body part)* hair
masiaka *(adjective)* unkind
masika quickly
maso *(noun)* *(body part)* eye
masoandro *(noun)* *(nature)* sun
matahotse *(adjective)* afraid, get scared
mate *(adjective)* dead
mateteke often
matsiro *(adjective)* tasty, delicious
mavo *(color)* yellow
mba[1] if possible
mba[2] please
mbia how many, how much
mbo not yet
mboe not yet
mbola not yet
meŋatse *(verb)* to be ashamed
mena *(color)* red; shy; vicious; baked, fried
menaloha *(noun)* *(fauna)* cattle whose body is white but have a reddish head
mereŋe[1] only
mereŋe[2] *(noun)* *(fauna)* snake
miadaŋe slowly
miakahake *(honorific, verb)* to laugh {Form I}
miakanjo *(verb)* to wear {Form I}
miakatse *(root)* going out
mialoŋe *(verb)* to get jealous {Form I}
mialoke *(verb)* to shelter {Form I}
mialy *(verb)* to fight {Form I}
miambeŋe *(verb)* to guard {Form I}
miambesatse *(verb, honorific)* to sit down {Form I}

miamboho *(locative)* behind
miamoto *(verb, honorific)* *(body part)* to go to toilet, to defecate {Form II}
miandro *(verb)* to wash {Form I}
mianjiŋe *(verb, honorific)* to be quiet
miaoly *(verb, honorific)* to eat {Form I}
miasy *(verb)* to respect {Form I}
mibabe *(verb)* to carry on one's back
mibeko *(verb)* to sing {Form I}
mienga *(verb)* to break, to separate, to leave {Form I}
mietake *(verb)* to hide {Form I}
mifamamono *(verb)* to fight each other
mifehe *(verb)* to bind {Form I}
mifily *(verb)* to look for
mifoha *(verb)* to get up {Form I}
mihariry *(verb, honorific)* *(body part)* to wash
mihina *(verb)* to eat {Form I}
mihinaŋe *(verb)* to eat {Form I}
mihisalahy *(noun)* *(fauna)* cow (between *kiloa* and *reniaombe*)
mihomokomoko *(verb)* to rinse one's mouth {Form I}
mijaoŋe *(verb)* to stop, to come to a stand {Form I}
mijara *(verb)* to divide {Form I}
mijotso *(verb)* to descend {Form I}
mikama *(verb, honorific)* to eat {Form I}
mikama rano *(verb, honorific)* to drink {Form I}
mikanjy *(verb, honorific)* to call {Form I}
mikekeo *(verb)* *(fauna)* to cry cock-a-doodle-doo {Form I}
milinolino *(adjective)* noisy
mineŋe fool
miomaŋe *(verb)* to prepaire {Form I}
mipaŋake *(verb)* to fix up, to heal {Form I}
mipay *(verb)* to look for {Form I}
mipetrake *(verb)* to stand, to stay
mipiteke *(verb)* to stick {Form I}
mipoke *(verb)* to stop, to discontinue {Form I}
miraviravy *(adjective)* suspended
miroro *(verb)* to sleep {Form I}
mirotse *(verb, honorific)* to sleep
misakafo *(verb)* to eat
misamake *to give birth to a baby* *(verb, honorific)* *(verb, honorific)* *(body part)* {Form I}
misamba *(verb)* to observe {Form I}
misambotse *(verb)* to catch {Form I}
misaontsy *(verb, honorific)* to speak {Form I}
misarimbo *(verb, honorific)* to wear {Form I}
miseho *(verb)* to appear
misehoseho *(verb)* to appear in a grand manner {Form I}
misintake *(verb)* to take something to, to move apart, to separate {Form I}
misitse *(verb)* to move {Form I}
misokake *(verb)* to open
misy *(verb)* there is, there are {Form I}
mitafa *(verb)* to paint {Form I}
miteny *(verb)* to speak {Form I}
miteraka to bear, to breed {Form I}
miteraka fito lahy *(idiom)* to have many children
miteraka fito vavy *(verb)* to have many children {Form I}
mitilihitse *(verb)* to steal a glance at {Form I}
mitohy *(verb)* to continue {Form I}
mitoly *(verb)* to send
mitono *(verb)* to bake, to cook {Form I}
mitovitovy *(adjective)* similar
mitovy same
mitsela *(verb)* to lick {Form I}
mitsiŋe *(verb)* to keep quiet {Form I}
mitsontso *(verb, honorific)* to drink {Form I}
mivaŋoŋe *(honorific, verb)* *(body part)* to wake up {Form I}

mivazoho *(verb, honorific)* to see {Form I}
miveiŋe *(honorific, verb)* *(body part)* to sneeze {Form I}
mivily *(verb)* to purchase
moako if
mokiŋe *(noun)* *(fauna)* mosquito
mokimbey *(noun)* *(fauna)* mosquito
mokonasy *(noun)* *(flora)*
mosare *(noun, honorific)* *(body part)* starvation
mosareŋe *(verb, honorific)* *(body part)* to be hungry, to be starve {Form I}
mpaŋarivo rich person (who has thousands of zebus)
mpaharey *(noun)* ear-hustler
mpamosavy *(noun)* *(ritual)* sorcerer, killer
mpanjaka tantely queen bee
mpiarakambe *(noun)* *(ritual)* cattle herder, cowboy
mpibeko *(noun)* singer, vocalist
mpifitra *(noun)* logger
mpilongo *(noun)* *(kinship terms)* a member of family, a good friend
mpimasy *(noun)* *(ritual)* diviner, fortune-teller

na *(conjunction)* or
ŋaŋaŋaŋa *(adjective)*
unskillful
naho[1] than
naho[2] and
naho[3] *(conjunction)* when, at that time
nahoda *(noun)* man (50 to 60 years old)
nampirafe *(noun)* *(kinship terms)* polygamist
ndaty *(noun)* person
ndre a few
nene *(noun)* *(kinship terms)* mother, mama
nenebe *(noun)* *(kinship terms)* grand mother
nenetoa *(noun)* *(kinship terms)* aunt
nenetse, fanenetse *(noun)* *(fauna)* wasp
nify *(noun)* *(body part)* tooth
nofotse *(noun)* body
nonoke *(noun)* *(flora)* noni, *Morinda citrifolia*
-ntika, -ntikaŋe *(pronoun)* we, our (inclusive)

-ʔo *(pronoun)* you, your (singular)
ohatse also
olaŋe *(noun)* rain
olioli tane *(noun)* *(nature)* earthquake
omale *(temporal)* yesterday
ombiasa *(noun)* *(ritual)* magician, sorcerer
ome *(root)* give
omea *(verb)* to give {Form II}
oraŋe *(noun)* lobster
orihe *(verb)* to follow {Form II}
orike *(root)* follow
oroŋe *(noun)* *(body part)* nose
ose *(noun)* *(fauna)* goat

paŋafe *(verb)* to fix up, to heal, to reconcile {Form II}
paŋake *(noun)* memory, healing
paie *(verb)* to look for, to search {Form II}
parasy *(noun)* *(fauna)* flea
pay *(verb)* to search {Form II}
petrahaŋe *(verb)* to sit down {Form II}
petrake *(root)* to sit down
pia *(noun)* *(fauna)* flea
pilio *(noun)* *(fauna)* cat
pindy *(noun)* *(fauna)* cicada
piso *(noun)* *(fauna)* cat; bless you!
pistash vazaha *(noun)* *(flora)* cacao
piteke *(root)* to stick

raŋaotse *(noun)* *(kinship terms)* spouse of one's brother or sister
rabitro *(noun)* *(fauna)* rabit
rae[1] *(verb)* to take {Form II}
rae[2] *(noun)* *(kinship terms)* father
rae[3] *(root)* receive
raeso *(verb)* to receive {Form II}
rafanvale *(noun)* *(kinship terms)* mother-in-law
rafazandahe *(noun)* *(kinship terms)* father-in-law
rafe *(noun)* rival
rafoza *(noun)* *(kinship terms)* parents-in-law
raha *(noun)* thing
rahalahe *(noun)* *(kinship*

terms) brother
rahavave *(noun) (kinship terms)* sister
raho *(pronoun)* I
raike *(numeral)* one
raketa *(noun) (nature)* mountain; cactus
rame *(noun)* fragrance, incense
rangahe *(noun)* man (50 to 60 years old)
rano *(noun)* water
ranomaso *(noun) (body part)* tear
ranompalie *(noun, honorific)* to spit
ranom-pihaino *(noun, honorific) (body part)* tear
rantsaʔe *(noun)* stalk
raofe *(verb)* to gather {Form II}
raoke *(root)* gather
rara[1] *(root)* prohibition
rara[2] *(verb)* to prohibit {Form II}
rarake *(adjective)* poor
rarandrake *(adjective)* poor
raty *(adjective)* bad, ugly
ravaʔe *(noun) (flora)* leaf
ravaka ambozo *(noun) (livelihood)* necklace
ravembia *(noun, honorific) (body part)* ear
ravinala *(noun) (flora)* traveler's palm, traveler's tree
ravintoto *(noun) (flora)* cassava leaf
ray *(numeral)* one
raza *(noun) (kinship terms)* grandparents
razaŋe *(noun)* ancestor
razako *(noun) (fauna)* monkey
razambe *(noun) (kinship terms)* grand-grand father
raza'ondaty *(noun)* head of a clan
reha *(noun)* word
rehake *(noun)* word
rehe *(pronoun)* you (singular)
reke, re *(pronoun)* he, she, it
rene *(noun) (kinship terms)* mother
renetantely *(noun) (fauna)* queen bee
reniaombe *(noun) (fauna)* delivered cow
renintantely *(noun) (fauna)* worker bee
reraka tired
riake *(noun) (nature)* sea
riha *(noun)* store, shop
rindriŋe *(noun) (house)* wall
ringa *(noun) (ritual)* martial arts (traditional)
ro *(noun)* focus marker
roe *(numeral)* two
rohizaŋe *(verb)* to attach {Form II}
rohy[1] *(verb)* to put handcuffs on {Form II}
rohy[2] *(noun)* rope, string
ro indroy over there (visible)
roio *(noun) (livelihood)* necklace
rokake *(adjective)* tired
rolongo *(noun) (kinship terms)* family
rongoŋe *(noun)* bush, bosket
ronono *(noun)* milk
roro *(root)* sleep
roroa *(verb)* to sleep {Form II}
roso *(noun) (fauna)* lizard
rotse *(root)* sleep
rova *(noun)* town
roy *(noun)* thorn

sabaka *(noun, honorific) (livelihood)* hat
sabotse *(temporal)* Saturday
sadiaŋe *(noun, honorific) (livelihood)* clothes
safary *(temporal)* December
sahafa sieve basket
sahala like this
sahiraŋe *(adjective)* busy
sakafo *(noun)* food
sakamasay *(temporal)* June
sakavey *(temporal)* July
sakaviro *(noun) (flora)* ginger
sakoa *(noun) (flora)* *Sclerocarya*
sakorikita *(noun) (fauna)* chameleon
salaka *(verb)* to meet {Form II}
salake *(root)* meet
salatse *(verb)* to be ashamed
samba *(verb)* to watch curiously
sambá *(noun)* sandals
sambaeŋe *(verb)* to observe {Form II}
samboreŋe *(verb)* to catch {Form II}
sambotse *(noun)* slave
sandratse *(verb)* to treat,

to cure {Form II}
sandry *(noun) (body part)* body
sangoririke *(noun) (fauna)* water scorpion
sansy *(noun)* chance, luck
sara to pretend
sarimbo *(noun, honorific) (livelihood)* clothes
saroŋe *(verb)* to wear {Form II}
sarotse *(adjective)* difficult
sasy not any more, no more
satria *(conjunction)* because
satroke *(noun)* hat
savony *(noun)* soap
seaky *(noun) (fauna)* caterpillar
sery *(noun)* nose
sifotse *(noun) (fauna)* shellfish
sihanake *(noun)* puddle
sintake *(noun)* separating
sira[1]; *(noun)* salt
sira[2] *(verb)* to move {Form II}
siramamy *(noun)* sugar
sisa *(noun) (body part)* jaw
sitse *(root)* move
sive *(numeral)* nine
soanambo *(noun) (flora)* bread fruit
sobiky *(noun)* basket
sofiŋe *(noun) (body part)* ear
sokake *(noun) (fauna)* turtle
sokatry *(noun) (livelihood)* loincloth
sokitse *(noun)* sculpture
sokotry *(noun)* loincloth
soky *(noun) (fauna)* sea urchin
solike *(noun)* oil
solo *(noun)* tail
soloa *(verb)* to replace {Form II}
solomaŋjira *(noun) (body part)* middle finger
soly *(noun)* flute
somotse *(noun) (body part)* jaw
sosona a lot of
sotro *(noun) (livelihood)* spoon
soŋy *(noun) (body part)* lip

taŋanjomba *(noun, honorific) (kinship terms)* spouse
taŋataŋa *(noun) (flora)* castor, *Ricinus communis*
tafo *(noun)* roof
taho *(noun)* branch
taimboany lahy *(noun) (fauna)* young ox
taimboay vavy *(noun) (fauna)* young cow
talata *(temporal)* Tuesday
taliŋereŋe *(honorific)* thirsty
taliva *(noun, honorific) (body part)* jaw
tambarimba *(noun) (fauna)* wood louse
tambio *(noun) (flora)* *Roupellina boivini*
tamo *(color)* yellow
tamotamo curry; yellow
tamotamo ty vavako sakaviro ty lelako *(color)* person who always lies (refers to second person) {Although it is referred to as the forest person singular, this proverb is used to address the second person to avoids mentioning things directly.}
tampake *(verb)* to discuss {Form II}
tampetse last
tanaŋe *(noun)* hand
tanáŋe *(noun)* village
tangiriky *(noun)* cattle whose body is totally black with some white dots
tanora *(adjective)* young
tantely *(noun)* honey
tantely mpanjaka *(noun) (fauna)* queen bee
tanty *(noun)* basket
taoŋe *(noun) (temporal)* year
taolaŋaolo *(noun) (kinship terms)* firstborn
taondasa *(noun) (temporal)* last year
taŋora *(adjective)* young
tara late
tarehy *(noun) (body part)* face
taritorika *(noun) (flora)* *Leptadenia madagascariensis*
tatakampela *(temporal)* April
tava *(noun)* jaw
tavoangy *(noun)* bottle
te: *want to, would like to*
tea *(verb)* to love, to like {Form II}
telo *(numeral)* three
tena very, really
teny *(noun)* language
terabao *(noun) (fauna)* newborn vow
tezitra *(adjective)* angry

tihy *(noun)* mat
tika, tikaŋe *(pronoun)* we (inclusive)
tikaŋe, tika *(pronoun)* us (inclusive)
tinainy *(temporal)* Monday
tinapake *(verb)* to cut
tinoŋo *(verb)* to say
tinofe *(verb)* to blow, to breeze
tinorake *(verb)* to throw {Form II}
tioke *(noun)* *(nature)* wind
toe intoaŋe *(conjunction)* therefore
toeraŋe *(noun)* *(locative)* location
toets'andro *(noun)* weather
tohoke *(noun)* honey-comb
toka gasy *(noun)* *(ritual)* Malagasy alcohol
toktok *(adjective)* crazy, mad
tomb *(noun)* grave
tomboke *(noun)* *(body part)* leg
tondrobe *(noun)* *(body part)* thumb
tongatse *(noun)* *(flora)* *Catharanthus roseus*
tongolo maintso *(noun)* *(flora)* green onion
tora?e *(noun)* *(flora)* branch
toy this
trafo *(noun)* *(fauna)* cattle
traka[1] *(noun)* *(flora)* vegetables
traka[2] *(noun)* *(flora)* potato leaf
trambo *(noun)* *(fauna)* centipede
trandrake *(noun)* mole
tranomaiziŋe *(noun)* prison
traŋo *(noun)* *(house)* house
traŋomboroŋe *(noun)* *(fauna)* bird's nest
tratran-kena[1] *(noun)* *(body part)* sternum
tre *(noun)* cry, voice
trenaŋombe *(noun, honorific)* conversation, speech
trevoke *(noun)* *(body part)* sweat, perspiration
troke *(noun)* *(body part)* belly, stomach
tsafoŋe *(noun)* *(ritual, fauna)* hump of a zebu
tsako[1] *(noun)* *(flora)* maize, corn
tsako[2] *(verb)* to bite, to chew
tsakotsako *(verb)* to bite, to chew smth. to well, to crump
tsaramaso *(flora)* bean
tsena *(noun)* market
tsiela early
tsikoboke *(noun)* *(fauna)* predaceous diving beetles
tsindroŋe *(noun)* injection
tsindroke *(noun)* food
tsinefo *(noun)* *(flora)* *Zizyphus vulgaris*
tsinela *(verb)* to lick {Form II}
tsinepa *(verb)* to catch
tsipeko *(noun)* *(fauna)* *(noun)* *(fauna)* mantis
tsipike *(noun)* line
tsiririy *(noun)* *(fauna)* *Dendrocygna viduata*, duck
tsiriry *(noun)* *(fauna)* cattle whose head is white and black
tsiro *(noun)* taste, flavor
tsitso?e *(noun)* *(kinship terms)* last born
tsy *(particle)* not
tsy ampe rano *(noun)* dehydration
tsy aŋoŋo *(noun)* psychological ill
tsy efa many
tsy mafiry stinking, smelling
tsy mahatante mena miraviravy *(idiom)* not to be able to bear or to be patient
tsy maha vazoho *(honorific)* blind
tsy tsiarofaŋe?e *(verb, honorific)* to forget {Form II}

vahatse *(noun)* root
vahiny *(noun)* outsider, foreigner
vaho[1] *(conjunction)* and
vaho[2] *(conjunction)* but
vahome *(noun)* *(flora)* aloe
vakimira *(noun)* half
vaky *(adjective)* broken
valake *(adjective)* tired
valala *(noun)* *(fauna)* locust, grasshopper
valasia *(temporal)* January
vale *(noun)* *(kinship terms)* spouse
valo *(numeral)* eight
valy bey *(noun)* *(kinship terms)* first wife

valy ive *(noun) (kinship terms)* third wife
valy masay *(noun) (kinship terms)* second wife
valy tsitsoʔe *(noun)* last wife
vantaŋe straight
vantoʔe *(noun) (fauna)* dairy heifers
vao *(root)* new
vaovao *(adjective)* new
varavaraŋe *(noun)* gate
vary *(noun) (livelihood)* rice
vasia *(noun) (nature)* star
vata *(noun)* box
vataŋe *(noun) (body part)* body
vataʔe really
vatan-draha *(adjective)* important
vato *(noun)* stone
vatravatra *(temporal)* November
vava *(noun) (body part)* mouth
vava fo *(noun) (body part)* stomach
vavarabe fohe *(noun) (nature)* valley
vavatane *(noun) (nature)* field
vave *(noun)* woman
vavy *(noun)* woman
velaŋe *(noun) (livelihood)* pan, pot
velaŋe bey *(noun) (livelihood)* kettle
velarae *(noun)* surface
veloŋe *(adjective)* alive
vera *(noun)* glass
vetevete immediately
vilasy *(honorific)* dead
vilin draha *(noun)* price, cost
vilon'aŋombe *(noun, honorific) (livelihood)* food, nutrition
vinono *(verb)* to kill {Form II}
vita soa completely
vitika *(noun) (fauna)* ant
vitike *(noun) (fauna)* ant
vitivity a bit of, a bit
vitsike *(noun) (fauna)* ant
vitsy *(adjective)* small, a little
vity *(adjective)* a little, a small number of
voa[1] *(noun) (body part)* kidney
voa[2] *(adjective)* damp, gunky, wet
voa[3] *(noun)* yawn
voalavo *(noun) (fauna)* rat
voalohaʔe first
voangory *(noun) (fauna)* goldbug
voangroy dragon *(noun) (fauna)* stag beetle
voavaky *(adjective)* to be sentenced, to be confessed
voŋe yellow
voho *(noun) (body part)* back
vokatse *(noun)* harvest
vola *(noun)* money
volaŋe *(noun) (nature)* moon, month
volaŋe ambone[1] *(temporal)* next month
volafoty *(noun)* silver
volamaka *(temporal)* April
volambita *(temporal)* August
volamena *(noun)* gold
volandasa[1] *(noun)* last month
volantakae *(temporal)* May
volo *(noun) (body part)* hair
volomaso *(noun) (body part)* eyelash
volon-draha *(noun)* color
volondraketa *(noun) (flora)* thorn
volongoroŋe *(noun)* feather, plume
volonkieke *(noun) (body part)* eyebrow
volontsomoke *(noun) (body part)* whisker
volovolo *(noun)* fur, wool
vondrake *(adjective)* fat
vonieaŋe *(noun)* confession
vonoe *(verb)* to kill {Form II}
vore *(noun)* foam, bubble
voroŋe *(noun) (fauna)* bird
voroke *(adjective)* broken, dirty
vosy katrake *(noun) (fauna)* humped cattle
votre *(noun) (fauna)* termitarium
votro *(adjective)* lazy
vovo well
vozake *(adjective)* tired
vozontaŋa *(noun) (body part)* fist
vy *(noun)* iron

Zaŋahare *(noun) (kinship terms)* God
zaŋahare *(noun, honorific) (body part)* dead

body

za-draharaha *(noun)* expert, skillful

zaŋe *(noun)* *(flora)* baobab

zafeafe *(noun)* *(kinship terms)* child of nibling

zaitse *(noun)* sewing

zao *(temporal)* now

zato lahy the best

zavoŋe *(noun)* *(nature)* fog

zay that (relative) see *'ze'*

ze that (relaive pronoun)

zoke *(noun)* *(kinship terms)* firstborn

zono *(noun)* *(nature)* fog

zoron-tane *(noun)* cardinal directions

西本希呼（にしもと　のあ）
京都大学白眉センター、京都大学東南アジア地域研究研究所特定助教。
2006 年大阪外国語大学（現大阪大学）外国語学部地域文化学科南欧地域文化専攻卒業後、2011 年京都大学大学院アジア・アフリカ地域研究研究科アフリカ地域研究専攻 5 年一貫制博士課程修了。博士（地域研究）。第 1 回日本学術振興会育志賞受賞。
フランス国立東洋言語文化研究所（INALCO）客員研究員、ハワイ大学マノア校言語学科客員研究員、クワラ州立大学（ナイジェリア）客員研究員等を経て、2013 年 4 月より現職。

〈茨の国〉の言語
——マダガスカル南部タンルイ語の記述

2018 年 2 月 28 日　初版第 1 刷発行

著　者————西本希呼
発行者————古屋正博
発行所————慶應義塾大学出版会株式会社
〒 108-8346　東京都港区三田 2-19-30
TEL〔編集部〕03-3451-0931
〔営業部〕03-3451-3584〈ご注文〉
〔　〃　〕03-3451-6926
FAX〔営業部〕03-3451-3122
振替　00190-8-155497
http://www.keio-up.co.jp/
装　丁————耳塚有里
印刷・製本——株式会社理想社
カバー印刷——株式会社太平印刷社

Printed in Japan　ISBN 978-4-7664-2450-8